Lena Haug

Junge StaatsbürgerInnen?

VS RESEARCH

Lena Haug

Junge StaatsbürgerInnen?

Politik in Zukunftsvorstellungen
von Kindern

Mit einem Geleitwort von Prof. Dr. Barbara Moschner

VS RESEARCH

Bibliografische Information der Deutschen Nationalbibliothek
Die Deutsche Nationalbibliothek verzeichnet diese Publikation in der
Deutschen Nationalbibliografie; detaillierte bibliografische Daten sind im Internet über
<http://dnb.d-nb.de> abrufbar.

1. Auflage 2011

Alle Rechte vorbehalten
© VS Verlag für Sozialwissenschaften | Springer Fachmedien Wiesbaden GmbH 2011

Lektorat: Dorothee Koch | Britta Göhrisch-Radmacher

VS Verlag für Sozialwissenschaften ist eine Marke von Springer Fachmedien.
Springer Fachmedien ist Teil der Fachverlagsgruppe Springer Science+Business Media.
www.vs-verlag.de

Umschlaggestaltung: KünkelLopka Medienentwicklung, Heidelberg
Gedruckt auf säurefreiem und chlorfrei gebleichtem Papier
Printed in Germany

ISBN 978-3-531-18154-7

Geleitwort

Lena Haug geht in ihrer Untersuchung der Frage nach, ob sich bereits Kinder für politische Themen und Probleme interessieren. Sie beschäftigt sich gezielt mit Studien zur politischen Sozialisation von Kindern und zeigt anhand der Ergebnisse von zwei großen Kindheitsstudien (dem LBS-Kinderbarometer und der World Vision Kinderstudie) auf, dass für Kinder politische Themen eine sehr hohe Relevanz haben und diese Themen auch häufig angstbesetzt sind (Krieg, Umweltverschmutzung, Umweltkatastrophen, Arbeitslosigkeit, Armut, Bildung). Dabei gibt es teilweise auffällige Unterschiede zwischen Mädchen und Jungen.

In ihrer eigenen Untersuchung hat Lena Haug 230 Kinder im Alter von 4-10 Jahren gebeten, Bilder zu ihren Zukunftsvorstellungen zu malen. Die Kinder wurden in ihrem institutionellen Setting (Schule oder Kindergarten) untersucht, Einverständnisse von vorgeordneten Behörden, Schul- und Kindergartenleitungen, den Eltern und den Befragten lagen vor. Die Aufgabenstellung war kindgerecht formuliert, alle Kinder wurden zudem gebeten, ihren Bildern einen Titel zu geben und ihre Zeichnung kurz zu beschreiben.

Die Auswertung der Zeichnungen ist vorbildlich. Sie ist methodisch an bereits vorliegenden Studien zu Kinderzeichnungen orientiert. Die Bilder wurden von einer mehrköpfigen Auswertungsgruppe klassifiziert. Für 10% der Bilder wurde ein Übereinstimmungskoeffizient mit den Kategorisierungen einer weiteren unabhängigen Person berechnet. Die hohe Übereinstimmung zeigt die besondere Sorgfalt und die eindeutige Instruktion, die für die Kategorisierung und Klassifizierung der Bilder gewählt wurde.

Etwa ein Viertel der Bilder zum neutralen Thema „Zukunftsvorstellungen" beinhaltet politische Themen oder Symbole. Dabei sind die am häufigsten vorkommenden Themen „Krieg und Frieden" und die Umweltproblematik. Anhand von prototypischen Bildern werden die gewählten Auswertungskategorien sehr gut veranschaulicht. Dabei zeigt sich, dass sich die Mädchen aller Altersgruppen in ihren Bildern häufiger mit persönlichen Fragen beschäftigen, die Jungen sich dagegen mit zunehmendem Alter immer mehr politische Themen in ihren Bildern zuwenden. Die Kinder thematisieren in ihren Bildern eine gesellschaftliche Realität, die ihnen (auch) durch die Medien vermittelt wird. Ihre Zukunftsvorstellungen und ihre politischen Themen sind somit ein Spiegel aktueller gesellschaftlicher Diskussionen und Situationen.

Lena Haug kann mit ihrer Untersuchung eindrucksvoll zeigen, dass viele Kinder sich Gedanken um politische und gesellschaftliche Themen machen, die von Erwachsenen im Alltag häufig verdrängt werden. Die Bilder zeigen die Ernsthaftigkeit der kindlichen Auseinandersetzung mit diesen Themen. Sie fordern geradezu dazu auf, Kinder ernster zu nehmen, als dies im privaten und im institutionellen Kontext häufig geschieht. Ihre Sicht auf politische und gesellschaftliche Probleme ist teilweise durch ein hohes Reflexionsvermögen und durch eine klare Sicht auf die Dinge geprägt.

Ich wünsche dem Buch viele interessierte Leserinnen und Leser. Lassen Sie sich von den kindlichen Zukunftsvorstellungen beeindrucken und freuen Sie sich auf ein theoretisch wie empirisch anspruchsvolles Buch.

Barbara Moschner

Danksagung

Ich gehöre zu den Menschen, die selbst gerne Danksagungen lesen, weil sie zeigen, dass hinter einer erfolgreichen Arbeit nicht nur eine Person steht, sondern oft ein ganzes Netzwerk aus Personen, das den Erfolg erst möglich gemacht hat. Daher möchte ich hier die Gelegenheit wahrnehmen, all den Personen zu danken, die mich unterstützt und zum Gelingen meiner Arbeit beigetragen haben.

Mein ausdrücklicher Dank gilt den Schul- und Kindergartenleitungen, Lehrkräften und Erzieherinnen, die mir die Durchführung der Erhebungen gestattet haben, mich konstruktiv beraten und mir ihre wertvolle Zeit zur Verfügung gestellt haben. Ganz besonders möchte ich mich natürlich bei den teilnehmenden Kindern bedanken – ohne euch wäre ich nicht weitergekommen und die Zusammenarbeit mich euch hat mir viel Freude bereitet! Herzlichen Dank auch an die Eltern, die mir vertrauten und die Zustimmung zur Teilnahme ihrer Kinder gegeben haben. Für finanzielle Unterstützung sowohl bei der Erhebungsdurchführung als auch bei der Veröffentlichung der Arbeit danke ich der AG Pädagogik der Universität Oldenburg gleich zweifach. Meinen Betreuerinnen Barbara Moschner und Andrea Anschütz danke ich für ihre kompetente und liebenswerte Unterstützung und ihr Vertrauen in das Projekt. Meine Freundinnen Katrin und Doro verdienen meinen Dank für ihre wertvollen Ratschläge, aufmunternden Gespräche und dafür, dass sie immer Zeit für mich übrig hatten, auch wenn sie eigentlich keine hatten. Meinen Eltern und meiner Oma bin ich sehr dankbar für ihre immerwährende und bedingungslose Unterstützung und ihr Vertrauen. Meiner Schwester Maike und ihrem Freund David danke ich für die Gewährung von Obdach und Ruhe in schwierigen Arbeitsphasen und ihre Unterstützung bei der Auswertung der Daten und Korrektur der Arbeit. Jörg danke ich für konstruktive Kaffeepausen. Für ihre äußerst wertvolle Hilfe bei der Entwicklung der Aufgabenstellung möchte ich meiner kleinen Nachbarin und Freundin Sarah danken.

Schließlich gebührt ganz besonderer Dank meinem Freund und Lebenspartner Lars, der an mich geglaubt und mich in schwierigen Phasen aufgemuntert hat. Er hat mir immer den Rücken frei gehalten, indem er sich um Haushalt und Kinderbetreuung gekümmert hat und war mein wichtigster Gesprächspartner, mit dem ich stundenlang einzelne Aspekte der Arbeit diskutieren konnte.

Lena Haug

Inhalt

1   Einleitung 15

2   Aufbau der Arbeit 19

3   Theoretische Konzepte und Konstrukte 21
    3.1   Kinder und Kindheit – Kindheit als Konstrukt 21
      3.1.1   Die Entdeckung der Kindheit 21
      3.1.2   Kindheit im Wandel 23
      3.1.3   Kindheit heute 24
      3.1.4   Generationing 26
      3.1.5   Paradigmenwechsel in der Kindheitsforschung 29
    3.2   Politische Sozialisation 30
      3.2.1   Sozialisation und Geschlecht 33
      3.2.2   Politische Sozialisation und Geschlecht 35
      3.2.3   Politik und Moral? 37

4   Forschungsstand 39
    4.1   Forschungsstand zur politischen Sozialisation bei Kindern 39
    4.2   Kindheitsstudien 43
      4.2.1   LBS-Kinderbarometer 44
      4.2.2   World Vision Kinderstudie 2007 48
      4.2.3   Zusammenfassung der Ergebnisse 51
    4.3   Zukunftsvorstellungen, Wünsche und Ängste 52
      4.3.1   Quantitative Studien 52
      4.3.2   Qualitative Studien 56
      4.3.3   Zusammenfassung der Ergebnisse 60
    4.4   Inhalte der Kinderzeichnung 62

5   Methodisches Vorgehen **67**

5.1   Forschungsfragen 67
5.2   Definition des Politikbegriffs 69
5.3   Untersuchungsdesign 71
   5.3.1   Entwicklung der Aufgabenstellung 71
   5.3.2   Kinderzeichnungen als Erhebungsinstrument 72
5.4   TeilnehmerInnen 76
   5.4.1   Auswahl der teilnehmenden Schulen 76
   5.4.2   Beschreibung der Untersuchungsgruppe 77
5.5   Untersuchungsdurchführung 81
   5.5.1   Pretest 81
   5.5.2   Datenerhebung in der Schule 82
   5.5.3   Datenerhebung in den Kindertagesstätten 86
5.6   Datenanalyse 88
   5.6.1   Qualitative Datenanalyse - Das Bildanalyseverfahren ... 88
   5.6.2   Exkurs: Auswertungsrelevante Merkmale der
              Kinderzeichnung 89
   5.6.3   Durchführung der Bildanalyse 98
   5.6.4   Quantitative Auswertung der Daten mit SPSS 102

6   Ergebnisse **107**

6.1   Ergebnisse zu den zentralen Fragestellungen 107
6.2   Politische Aspekte - Bildinhalte 110
6.3   Gruppenvergleiche 120
   6.3.1   Themenwahl nach Geschlecht 120
   6.3.2   Themenwahl nach Alter 123
   6.3.3   Themenwahl nach Klassenstufe 128
   6.3.4   Themenwahl nach Migrationshintergrund 132
   6.3.5   Themenwahl nach Wohnumfeld 137
6.4   Weitere Beobachtungen 139
   6.4.1   Darstellung von Krieg bei Jungen und Mädchen 139
   6.4.2   Kategorienwahl nach Sitzordnung 142
   6.4.3   Politische Diskussionen 144
6.5   Methodenkritik 146

7   Diskussion **149**

7.1   Zusammenfassung der Ergebnisse 149
7.2   Vergleich der Ergebnisse mit dem bisherigen Forschungsstand 151
7.3   Die Themen Krieg und Umweltzerstörung 157
   7.3.1   Kriegsdarstellungen im Kinderbild 157
   7.3.2   Kriegsangst bei Kindern? 158
   7.3.3   Angst vor Umweltzerstörung? 161
   7.3.4   Kriegsangst und Umweltprobleme als Stressoren 164
   7.3.5   Einflussfaktoren politischer Ängste 166

8   Zusammenfassung und Ausblick **171**

9   Fazit **173**

   Anhang **177**

   Literatur **209**

Auf den Anhang kann in Farbe im OnlinePLUS Programm unter www.vs-verlag.de und Lena Haug zugegriffen werden.

Abbildungen und Tabellen

Abbildung 1:   Kinder je Klassenstufe nach Lage der Einrichtung 78
Abbildung 2:   Jungen- und Mädchenanteil in den Einrichtungen 79
Abbildung 3:   Anteile der Altersgruppen an der Gesamtgruppe 80
Abbildung 4:   SchülerInnen mit Migrationshintergrund je Einrichtung 81
Abbildung 5:   Bildbeispiel zur Prägnanztendenz: Superstar 91
Abbildung 6:   Bildbeispiel zur Prägnanztendenz: Reichstagsgebäude 92
Abbildung 7:   Bildbeispiel Formübernahme - Gemeinsame Geschichte 95
Abbildung 8:   Bildbeispiel Formübernahme - Gemeinschaftsbild 95
Abbildung 9:   Bildbeispiel „Heiteres Mundschema" 97
Abbildung 10:   Kategorienverteilung 108
Abbildung 11:   Kategorienverteilung in % der Codings 109
Abbildung 12:   Bildbeispiel - Ich habe Angst vor Krieg, Mädchen 112
Abbildung 13:   Bildbeispiel - Ich habe Angst vor Krieg, Junge 112
Abbildung 14:   Bildbeispiel Klimawandel 114
Abbildung 15:   Bildbeispiel Luftverschmutzung 115
Abbildung 16:   Bildbeispiel Umweltschutz 116
Abbildung 17:   Bildbeispiel Naturkatastrophen 116
Abbildung 18:   Bildbeispiel Nationalfahnen und Nationalfarben 118
Abbildung 19:   Bildbeispiel Nationalfarben und Sport 118
Abbildung 20:   Bildbeispiel Armut und Reichtum 119
Abbildung 21:   Kategorienverteilung nach Geschlecht 120
Abbildung 22:   Mädchen- und Jungenanteil in den Kategorien 121
Abbildung 23:   Altersmittelwerte in den Kategorien 124
Abbildung 24:   Themenwahl von jüngeren und älteren Kindern 124
Abbildung 25:   Darstellung politischer Aspekte in den Altersgruppen 125
Abbildung 26:   Wahl der Kategorie Politik nach Alter und Geschlecht 126
Abbildung 27:   Unterkategorien von „Politik" nach Altersgruppen 128
Abbildung 28:   Politische Bilder je Klassenstufe nach Geschlecht 129
Abbildung 29:   Unterkategorien von Politik nach Klassenstufe 130
Abbildung 30:   Anteil einzelner Klassen an der Kategorie Politik der
                 jeweiligen Klassenstufe 131
Abbildung 31:   Bilder mit politischen Aspekten nach Klasse und Schule 132
Abbildung 32:   Kategorienwahl nach Migrationshintergrund 133

Abbildung 33:   Kategorienverteilung nach Migrationshintergrund und
                  Geschlecht.. 135
Abbildung 34:   Unterkategorien von Politik nach Migrationshintergrund.... 136
Abbildung 35:   Kategorienwahl nach Wohnumfeld...................................... 138
Abbildung 36:   Häufigkeit politischer Aspekte je Einrichtung.................... 139
Abbildung 37:   Bildbeispiel Kriegshandlungen in Star-Wars-Bildern 140
Abbildung 38:   Bildbeispiel Zerstörung und Verletzungen.......................... 140
Abbildung 39:   Bildbeispiel Kampfhandlungen zwischen Menschen........... 141

Tabelle 1:   Übersicht über die Kategorien und ihre Inhal 99
Tabelle 2:   Anzahl der Bilder in den Unterkategorien von Politik............. 110
Tabelle 3:   Verteilung der Unterkategorien von Politik nach Geschlecht... 122
Tabelle 4:   Kreuztabelle Kategorie Politik und Jüngere/Ältere................. 125
Tabelle 5:   Politische Hauptthemen in den Altersgruppen........................ 127
Tabelle 6:   Anzahl Bilder je Kategorie nach Migrationshintergrund......... 134
Tabelle 7:   Übersicht über meistgemalte Kategorien je Einrichtung 137
Tabelle 8:   Kreuztabelle Geschlecht und Politik mit der Kontroll-
               variablen Sitzordnung 143

1 Einleitung

Zur Zeit der Terroranschläge auf das New Yorker World Trade Center arbeitete ich in einem Osnabrücker Kindergarten. Als ich am 12.09.2001 zur Arbeit ging, von den Bildern des vorigen Tages selbst noch erschüttert, merkte ich, dass die aktuellen Ereignisse auch die Kinder stark beschäftigten. In der Bauecke des Gruppenraumes wurden aus Bauklötzen Hochhäuser gebaut, die durch hinein fliegende Flugzeuge zum Einsturz gebracht wurden. Am Maltisch wurde dieses Geschehen auf Papier gebannt. Die Kinder verarbeiteten die erschreckenden Bilder, die sie im Fernsehen gesehen hatten im Spiel. Wir Erzieherinnen waren daher gefragt damit umzugehen und diese Erlebnisse, die uns ebenso erschütterten wie die Kinder, gemeinsam mit ihnen zu verarbeiten.

In meiner Arbeit mit Kindern merkte ich immer wieder, dass diese sich mit politischen Themen beschäftigten und diese verstehen wollten. Dabei kamen immer wieder die Themen Rassismus, Armut, Rechtsextremismus, Umweltzerstörung und Krieg zur Sprache. Den Kindern erschien es dabei oft unverständlich, warum wir Erwachsene gegen diese Probleme nichts unternahmen, wo ihnen doch die Lösungen der Probleme oft so einfach und logisch erschienen. Ich merkte oft, dass ich bemüht war das Verhalten von uns Erwachsenen zu rechtfertigen oder zumindest zu erklären, stieß aber dabei nicht selten an meine Grenzen, weil die Argumente der Kinder, die meist auf hohen moralischen Werten basierten, einfach die besseren waren. Sie hinterfragen Gegebenheiten, die mir zu hinterfragen gar nicht mehr in den Sinn kamen, weil ich schon zu lange mit ihnen gelebt und mich an sie gewöhnt hatte. Ihre Fragen folgten einer humanistischen Logik, die sich schwer entkräften ließ. Warum muss eine Firma Gewinn machen? Reicht es nicht, wenn sie Produkte herstellt, die die Menschen brauchen und die Menschen zufrieden sind? Warum müssen Atomkraftwerke gebaut werden, wo sie doch ein solch großes Risiko darstellen und ihr Müll die Welt für Jahrtausende vergiftet, wenn es doch auch andere Möglichkeiten der Energiegewinnung gibt? Warum lassen wir es zu, dass Menschen an Hunger sterben, wenn doch genug Essen da ist? Immer wieder musste ich den Kindern Recht geben und fühlte mich als Erwachsene von ihnen herausgefordert. Zwar mag ihr Wissen über die politischen und wirtschaftlichen Zusammenhänge eingeschränkt sein, Lobbyarbeit, Kapitalismus und machtpolitische Bestrebungen sind ihnen fremd, aber sie benötigen solches Wissen auch gar nicht, um sich eine Meinung zu bilden, weil sie das Wohl der Menschen und der Menschheit in den Mittelpunkt stellen. Dieses Denken bekommen sie von uns Erwachsenen so anerzogen. Man muss gerecht sein und teilen, man darf nicht hauen und stehlen, man darf andere nicht ausgrenzen und auslachen, man darf nicht lügen und verheimlichen. All dies sind Sätze, die Kinder von den erziehenden Erwachsenen immer wieder zu hören bekommen und an die wir uns doch so fleißig selbst nicht halten. Dieses Verhältnis ist paradox. Unseren Kindern impfen wir moralische Werte ein, deren Nicht-Einhaltung sanktioniert wird und selbst akzeptieren wir den Verlust dieser Werte im täglichen Miteinander und in der Politik und rechtfertigen dies durch Sachzwänge. Wir trauen Kindern das Politische nicht zu, weil wir meinen sie seien kognitiv noch nicht dazu in der Lage oder ihre moralische Urteilsfähigkeit sei noch nicht ausgereift genug, wobei die Beurteilung der kognitiven Fähigkeiten und der Urteilsfähigkeit selbstverständlich nach von Erwachsenen erdachten Maßstäben erfolgt. Das täglich moralisierte Kind wird von uns demoralisiert. Sollte es uns dennoch mit moralischen Einwänden behelligen, können wir diese mit dem Hinweis auf mangelnde kognitive Fähigkeiten und fehlendes Wissen abtun. Auch das Politische wollen wir Kindern nicht zutrauen und zumuten. Wir stellen uns auf den Standpunkt Politik sei zu komplex und uninteressant für Kinder. Dabei bemühen wir uns aber auch nicht Politik verständlich zu machen und Kindern Zugänge zu eröffnen. Politisches Desinteresse von Kindern und Jugendlichen schieben wir auf ihr Alter und ihren Entwicklungsstand, dass wir sie systematisch aus der Politik ausgrenzen und ihre Abgrenzung nicht der Unwissenheit und dem Desinteresse, sondern einem Gefühl des Nicht-Zugehörig-Seins entspringen kann sehen wir dabei nicht.

Warum jedoch sollten Kinder Politik nicht wahrnehmen. Auch Kinder sind ein Teil unserer Gesellschaft, wenn sie auch durch demographischen Wandel zu einer gesellschaftlichen Minderheit werden. Kinder leben nicht außerhalb der Gesellschaft, sondern mitten in ihr. Auch sie sind direkt und indirekt Betroffene politischer Entscheidungen und vor allem sie müssen die Konsequenzen dieser Entscheidungen in Zukunft tragen, bei denen sie nicht das geringste Mitspracherecht hatten. Sie müssen sich darauf verlassen, dass die Erwachsenen sich um ihre Belange kümmern. Doch behandeln wir die Erwachsenenbelange vorrangig. Kinder haben kein eigenes politisches Gewicht, keine eigene Lobby. Der Ausschluss von Kindern von der Mitbestimmung in vielen gesellschaftlichen Bereichen wird mit fehlendem Interesse, Wissen und Kompetenzen auf Seiten der Kinder begründet. Sind diese Defizite aber tatsächlich vorhanden oder werden sie aufgrund eines bestimmten Kinder- und Kindheitsbildes den Kindern nur unterstellt? Die zentrale Fragestellung der vorliegenden Arbeit lautete daher: Interessieren sich bereits Grundschulkinder für politische Themen und Probleme? Zur Ergründung dieser Fragestellung wurden 230 Grundschulkinder in einer

offenen Fragestellung zu ihren Zukunftsvorstellungen befragt, welche sie zeichnerisch darstellten. Die Ergebnisse sorgten auf Seiten der beteiligten Erwachsenen durchaus für Überraschungen.

2 Aufbau der Arbeit

Im ersten Abschnitt der Arbeit werden die der Untersuchung zugrunde liegenden theoretischen Konzepte (politische Sozialisation) und Konstrukte (Kindheit) sowie der bisherige Forschungsstand dargestellt. Wegen der in der für die Kinder formulierten Aufgabenstellung enthaltenen Themen[1] Zukunft, Wünsche und Ängste werden Studien, die sich mit Zukunftsvorstellungen und mit Wünschen und Ängsten von Kindern und Jugendlichen befassen, vorgestellt. Die vorgestellten Studien beziehen sich allerdings in der Regel auf ältere Kinder als die Kinder der untersuchten Gruppe in der vorliegenden Studie, da für die hier untersuchte Altersgruppe kaum Studien vorliegen. Zusätzlich werden Studien zum Gesellschaftsverständnis und zum politischen Interesse und Wissen bei Kindern vorgestellt, da sie mit der zentralen Fragestellung der Studie verknüpft sind. Studien, die gleich mehrere Bereiche aus den Themengebieten Politik, Zukunft, Wünsche und Ängste umfassen, werden gesondert dargestellt. Da in der vorliegenden Studie mit Kinderzeichnungen als Erhebungsinstrument gearbeitet wurde, werden auch Erkenntnisse aus der Forschung über Inhalte im Kinderbild kurz vorgestellt. Im zweiten Abschnitt der Arbeit wird das methodische Vorgehen ausführlich erläutert. Dabei wird auf Fragestellungen, Entwicklung der Untersuchungsmethode, Konstruktion und Zusammensetzung der untersuchten Gruppe, Durchführung der Erhebungen und Auswertungsmethoden eingegangen. Der dritte Abschnitt der Arbeit ist der Darstellung der Ergebnisse gewidmet, welche im vierten Abschnitt in Hinblick auf die Fragestellungen der Studie diskutiert werden.

---

[1] Aufgabenstellung: „Stell dir einmal vor, du bist erwachsen. Wie wirst du oder wie werden andere Menschen dann leben. Worauf freust du dich oder wovor hast du Angst?"

3   Theoretische Konzepte und Konstrukte

3.1   Kinder und Kindheit – Kindheit als Konstrukt

Der Begriff Kindheit bzw. die Auffassung von Kindheit war im Laufe der Jahrhunderte verschiedensten Veränderungen unterworfen. Kindheit und damit auch Kinder wurden zu verschiedenen Zeiten unterschiedlich wahrgenommen und bewertet. Kindheit ist jedoch nichts statisches, sondern „wird in einem permanenten gesellschaftlichen Prozess geschaffen und rekonstruiert" (Wilk & Wintersberger, 1996, S. 31) und stellt somit eine soziale Kategorie und ein gesellschaftliches Konstrukt dar. Die Erkenntnis, dass Kindheit eine Konstruktion ist und „sich nicht allein durch seine biologische Natürlichkeit definieren lässt" (Hurrelmann & Bründel, 2003, S. 61; vgl. Gloger-Tippelt & Tippelt, 1986), macht erst eine kritische Reflexion unserer Auffassung von Kindheit möglich.

Also ist „Kindheit . . . nicht durch genetische, biologische oder anthropologische Kriterien ein für alle Mal definiert, sondern wird auf dieser ‚natürlichen' Basis in jeder historischen Epoche neu begriffen und gedeutet" (Hurrelmann & Bründel, 2003, S. 61)[2]. Bestimmte Merkmale von Kindheit bleiben konstant, wie beispielsweise die Tatsache, dass Kinder, wenn sie auf die Welt kommen Fürsorge und Schutz bedürfen, dass sie erst laufen und sprechen lernen müssen und eine bestimmte Zeit lang aufgrund ihrer natürlichen körperlichen Entwicklung von Erwachsenen abhängig sind. Die Betrachtungsweise dieser ‚Entwicklungstatsache' ist jedoch vom Zeitgeist (z.B. Reformpädagogik) abhängig.

3.1.1   Die Entdeckung der Kindheit

Die „Entdeckung" der Kindheit begann erst im 14. Jahrhundert. Bis dahin wurden Kinder als „kleine Erwachsene" betrachtet und ein Verständnis der Kindheit als eigenständige Lebensphase gab es nicht (vgl. Ariés, 1975/1960, Kap. 2). Kinder wurden nicht als Individuen mit speziellen kindlichen Bedürfnissen wahrgenommen, sondern waren vielmehr in ihrer Vielzahl und in Hinblick auf ihren praktischen Nutzen von Bedeutung. Dies hing eng mit der Kindersterblich-

---

[2] Auslassungen in Zitaten sind entsprechend der APA-Norm durch drei Punkte gekennzeichnet (. . .).

keit und der Notwendigkeit einer wirtschaftlichen und sozialen Absicherung durch eigene Kinder zusammen. Kinder stellten eine notwendige „Sozialversicherung" dar.

Natürlich waren auch im Mittelalter Kleinkinder in den ersten Lebensjahren auf Unterstützung und Versorgung angewiesen, jedoch wechselten sie danach „übergangslos und ohne Schonfrist in die Gemeinschaft der Großen . . . ." (Hurrelmann & Bründel, 2003, S. 59). Die Lebens- und Tätigkeitsbereiche von Erwachsenen und Kindern waren eng verknüpft. Auch Bildung und Erziehung fand in diesem gemeinsamen Rahmen statt. Die Kinder lernten alles, was sie für das Erwachsenenleben brauchten im täglichen Miteinander (vgl. ebd.).

Erst im 14. Jahrhundert begann eine Hinwendung zum Kind. Durch ein verstärktes wirtschaftliches Interesse an Erziehung und Bildung wurde dem Kind und seiner Persönlichkeitsentwicklung mehr Aufmerksamkeit gewidmet. Die Vorbereitung des Kindes auf das Leben in der Gesellschaft gewann an Bedeutung und damit auch die Auseinandersetzung mit den Bereichen der Bildung und Erziehung (vgl. Ariés, 1975/1960, S. 560-562). Diese fand nun nicht mehr nur durch die Teilnahme am Erwachsenenleben, sondern in speziellen Einrichtungen statt, was eine „Entflechtung" des Kinderlebens und Erwachsenenlebens bedeutete und schließlich zum Beginn des 19. Jahrhunderts zur Prägung des Begriffs „Kindheit" führte. Mit der Etablierung der Kindheit als einer eigenen Lebensphase ging auch eine veränderte Sichtweise auf Kinder einher. Kinder wurden nicht mehr als kleine Erwachsene wahrgenommen, sondern als unfertige Menschen, die „erst durch Bildung und Erziehung geformt und ‚erwachsen gemacht' werden" (Hurrelman & Bründel, 2003, S. 62-63) müssen. Diese Auffassung findet sich auch in dem 1762 zum ersten Mal erschienenen Erziehungsroman „Emile" von Rousseau (1989). Zwar wurden den Kindern nun auch besondere kindliche Bedürfnisse zugesprochen, dies ging aber gleichzeitig mit einer Abwertung von Kindern als defizitär und unfertig einher, woraus folgte, dass Kindern „noch nicht alle Handlungsmöglichkeiten und Teilnahmerechte eines Erwachsenen zugesprochen werden können" (Hurrelmann & Bründel, 2003, S. 60). Kindheit als eigenständige Lebensphase wurde also als Entwicklungsaufgabe begriffen. Damit verbunden war eine verstärkte Auseinandersetzung mit Aspekten der Bildung und Erziehung (vgl. Honig, 1999, S. 41). Die Pädagogik gewann an Bedeutung und immer mehr Familien schickten ihre Kinder zur Schule. Diese Entwicklung betraf zu Beginn allerdings hauptsächlich bürgerliche Familien, die sich dies leisten konnten. In den armen Familien wurden die Kinder als Mitverdiener gebraucht. Eine Entflechtung von Kindheit und Erwachsenenleben fand daher in diesen Familien erst später statt und war vor allem bedingt durch die Einführung der gesetzlichen Schulpflicht (in Preußen 1891) und dem gleichzeitigen Verbot von Kinderarbeit bis zur Vollendung der Schulpflicht. Dadurch wurde schließlich die Lebensphase Kindheit für alle sozialen Schichten etabliert und es entstanden durch die Einrichtung von Bildungsinstitutionen kindspezifische Lebensräume, die zu einer weiteren Abgrenzung zwischen Kinder- und Erwachsenenleben führten (vgl. Ariés, 1987/1960, S. 562; Hurrelmann & Bründel, 2003, S. 61).

3.1.2 Kindheit im Wandel

Die Sicht auf Kindheit hat sich seit deren gesellschaftlichen Etablierung mehrfach verändert. Anfang des 20. Jahrhunderts grenzte sich die Reformpädagogik von der vorwiegend defizitären Sicht auf Kinder und Kindheit ab. Die Autonomie des Kindes wurde betont und ein „Denken vom Kinde aus" wurde proklamiert. Die kindliche Individualität fand mehr Beachtung (vgl. Hurrelmann & Bründel, 2003, S. 62-63). In dieser Zeit prägte die Reformpädagogin und Feministin Ellen Key den Begriff „Jahrhundert des Kindes" (Key, 1992/1900).

Die reformpädagogische Vorstellung von der Autonomie der kindlichen Entwicklung entwickelte sich bis zur Mitte des 20. Jahrhunderts „teilweise bis zu einem Mythos des Kindes als reines Wesen und moralisches Vorbild des Erwachsenen" (Hurrelmann & Bründel, 2003, S. 63). Die Varianten der Mythologisierung werden bei Lenzen (1985) vorgestellt. Durch den „Mythos Kind" (Honig, 1996) wurde Kindheit in eine „gesellschaftsfremde irreale ‚Eigenwelt'" (Zeiher, 1996, S.18) gedrängt. Es kam zu einer „Romantisierung" von Kindheit, die noch bis heute spürbar ist (vgl. Honig, 1996, S. 15). Allerdings überwiegt heutzutage eine Sichtweise, in der Kinder zunehmend als Subjekte und Kindheit als soziale Kategorie und nicht mehr als defizitäres Entwicklungsstadium aufgefasst wird (vgl. Wilk & Wintersberger, 1996, S. 30). Kindheit wird nicht mehr vorrangig als Vorstufe der menschlichen Entwicklung, sondern als eigenständige Lebensphase begriffen (vgl. Hurrelmann & Bründel, 2003, S. 95). Dabei sind Subjektivität, Individualität und Selbstbestimmung der Kinder zu zentralen Konzepten der Erziehungs-, Sozialisations- und Entwicklungstheorien geworden (dazu z.B. Hurrelmann & Ulich, 1991; Leu, 1996). Die Geltung des Individualitätsprinzips bleibt dabei allerdings beschränkt, denn Kindern werden nur innerhalb der pädagogischen Bezüge Subjekteigenschaften zugestanden. Die Eingrenzung in Familie und Kinderinstitutionen wird nicht aufgebrochen. Die Wahrnehmung von Kindern und Kindheit bleibt auf die „Binnenperspektive" beschränkt (vgl. Zeiher, 1996, S. 17).

3.1.3   Kindheit heute

Nicht nur die Sichtweise auf Kinder und Kindheit hat sich gewandelt. Auch strukturelle gesellschaftliche Änderungen bedingen unsere heutige Sichtweise auf Kinder und Kindheit. Als erstes zu nennen wäre die veränderte Funktion des Kinderkriegens heute. Zur Zeit des Mittelalters und darüber hinaus lag der „Nutzen" von Kindern für die Erwachsenen vorwiegend in der eigenen Existenzsicherung, Altersversorgung und des Familienfortbestands (vgl. Hurrelmann & Bründel, 2003, S. 62). Heute fallen als Gründe für eigene Kinder die ersten beiden Punkte aufgrund sozialer Sicherungssysteme (z.b. Rentensystem, Arbeitslosenversicherung) weg. Zwar ist unser Gesellschaftssystem immer noch in Abhängigkeit von den nachwachsenden Generationen organisiert, aber diese Abhängigkeit ist gesamtgesellschaftlich und nicht mehr individuell zu betrachten. Kinder werden von der Gesellschaft immer noch gebraucht, um die Älteren zu versorgen und um für die physische, soziale und kulturelle Reproduktion zu sorgen, jedoch müssen sie diese Funktion nicht mehr für die einzelnen Gesellschaftsmitglieder erfüllen. Der „Nutzen" von Kindern für die Gesellschaft ist also gleich geblieben, der „Nutzen" für die Eltern allerdings hat sich von wirtschaftlichen und versorgungsbezogenen Aspekten hin zu emotionalen und sinngebenden Aspekten verlagert. Kinder kriegen bedeutet Selbstverwirklichung und ist ein „Luxus", der eben nicht notwendig ist, sondern den man sich gönnt. Die Entscheidung für Kinder wird gut abgewogen, denn Kinder stellen heute keinen finanziellen Vorteil mehr dar, sondern eine teure Investition, wenn nicht sogar ein Armutsrisiko (vgl. Hurrelmann & Bründel, 2003, S. 62; Qvortrup, 1996, S. 68-69). Darüber hinaus bedeutet Kinder zu kriegen eine Lebensumstellung und geht oft mit einer Störung von Lebensläufen und Arbeitsprozessen von Erwachsenen einher (Stichwort: Kind und Karriere). Daher entscheiden sich viele Erwachsene heute gegen Kinder, was zum gesellschaftlichen Problem des demographischen Wandels führt. Diese Problematik dürfte mittlerweile hinreichend bekannt sein: Der ältere Teil der Bevölkerung nimmt stetig zu (durch höhere Lebenserwartung) und der jüngere Teil der Bevölkerung nimmt kontinuierlich ab (durch niedrigere Geburtenraten) mit bekannten Konsequenzen für z.B. das Rentensystem. Durch diese Verschiebung von der „Pyramide" zur „Bergkiefer" (Hurrelmann & Bründel, 2003, S. 66) sind die jüngsten der Gesellschaft nun nicht mehr nur Minderjährige, sondern auch noch eine Minderheit. Dem demographischen Wandel soll mit verschiedenen politischen Mitteln entgegengewirkt werden (z.B. Elterngeld, Ausbau von Kinderbetreuungen, bessere Vereinbarkeit von Beruf und Familie), dennoch bleibt fraglich, ob solche elternfreundlichen Maßnahmen vor dem Hintergrund einer vordergründig kinderfreundlichen, aber in ihren Strukturen kinderfeindlichen Gesellschaft greifen können.

Das von Ellen Key (1992/1900) ausgerufene „Jahrhundert des Kindes" findet heute in vielen Bereichen seine Entsprechung. Maßnahmen zum Kinderschutz und zur Sicherstellung der Versorgung von Kindern sind allgemein akzeptiert und vielfältig vorhanden. Die Gesellschaft zeichnet sich durch ein hohes Maß an Wohlwollen gegenüber Kindern aus (vgl. Zeiher, 1996, S.12). Dieser Kinderfreundlichkeit im privaten Bereich des Alltagslebens steht allerdings eine „Kinderfeindlichkeit und Erwachsenenzentriertheit der institutionellen, politischen und ökonomischen Strukturen" (vgl. Zeiher, 1996, S.12) entgegen. Es besteht also ein Paradoxon in der Wahrnehmung von Kindern: Kinderfreundlichkeit im persönlichen Umgang steht der Rücksichtslosigkeit gesellschaftlicher Strukturen gegenüber (vgl. Qvortrup, 1996, S. 58-63; Zeiher, 1996, S.12). Die Gründe dafür finden sich nach Zeiher (1996) in einem Ungleichgewicht der „Binnenperspektive" und „Außenperspektive" auf Kinder. Bei der Wahrnehmung aus der Binnenperspektive steht die Sicht auf Kinder als aufwachsende, abhängige, schutz- und erziehungsbedürftige Wesen im Vordergrund. Dementsprechend sind die Themen der Binnenperspektive Schutz und Vorbereitung. Die „Außenperspektive" fragt nach der gesellschaftlichen Konstruktion von Abhängigkeiten zwischen den Generationen, also danach, wie Kinder in die Gesellschaft integriert und wie gesellschaftliche Macht und Ressourcen zwischen den Generationen verteilt sind. Dabei wird kritisch beleuchtet, wie die entwicklungsbedingte Abhängigkeit der Kinder von den Erwachsenen durch die Konstruktion von Kindheit zu spezifischen Herrschaftsverhältnissen der Erwachsenen über Kinder geführt hat (vgl. Zeiher, 1996, S.11).

Zeiher (1996) sieht eine gesellschaftliche Bevorzugung der Binnenperspektive und als Resultat daraus eine übermäßig starke Asymmetrie des Generationenverhältnisses zugunsten der Erwachsenen. Aus der Unterordnung der Kindheit unter Erwachsensein entsteht aus ihrer Sicht eine Erwachsenenzentriertheit unserer Gesellschaft, die es kritisch zu reflektieren gilt (vgl. ebd., S.11). Daher hält Zeiher eine Verschiebung der Gewichtung weg von der entwicklungsbezogenen Binnenperspektive zur gesellschaftsbezogenen Außenperspektive für nötig, wobei sie aber zu bedenken gibt, dass nur beide Perspektiven gemeinsam „das ganze Bild ergeben" (Zeiher, 1996, S. 12). Eine Überbetonung der Binnenperspektive führt nach Zeiher zu einer Eigendynamik der Entwicklung der Wahrnehmung von Kindern und Kindheit. Als Folge davon sieht sie die primäre Wahrnehmung von Kindern als Opfer, die vorrangig Schutz bedürfen. Die Kinder werden demnach als schwach, verletzlich und wehrlos wahrgenommen. Darüber hinaus wird ein Konflikt zwischen Kindern und der modernen Gesellschaft unterstellt, der zu Protektionismus führt, wobei für sie auf der Hand liegt, „daß die Lösungen nicht gegen die Interessen der Protektoren gerichtet sein werden, daß sie vielmehr auch mehr oder weniger auf ‚adultistisch verzerrten Vorstellun-

gen vom Kindeswohl' . . . gründen können" (Zeiher, 1996. S. 13). Ein weiterer
Aspekt ist die Wahrnehmung von Kindern als defizitär. Kindern fehlen Kompetenzen, die von der Erwachsenengesellschaft verlangt werden. Dem Abbau dieser Defizite widmen sich Experten. Dabei werden Entwicklungsstufen festgelegt
und altersabhängige Normen festgeschrieben, mit deren Hilfe Defizite diagnosti-
ziert und behandelt werden. Dabei besteht die Gefahr, dass Defizite erst erzeugt,
bzw. gesellschaftlich konstruiert werden (vgl. Zeiher, 1996, S.14; Dazu: Bühler-
Niederberger, 1991, Beispiel Legasthenie). Durch die Defizitorientierung kommt
es zu einer „Normierung, Pathologisierung und Therapeutisierung von Kindheit"
(Zeiher, 1996, S. 14).

Die Unterscheidung zwischen Binnenperspektive und Außenperspektive
spielt auch in ökonomischer Hinsicht eine Rolle. Zwar sind Kinder aus der Außenperspektive betrachtet heutzutage ökonomisch bedeutsam für den privaten
und öffentlichen Dienstleistungssektor und den Konsumgütermarkt (dazu z.B.
Hengst, 1985), „in der Binnenperspektive erscheinen sie jedoch als ökonomisch
nutzlos" (Zeiher, 1996, S.14), was vor allem auf der Sicht von Kindheit als „Bil-
dungsmoratorium" beruht (ebd.).

3.1.4 Generationing

Der Begriff des „Generationing" wurde von Leena Alanen (1992) in Analogie
zum Begriff des „Gendering" geprägt (vgl. Hurrelmann & Bründel, 2003, S.86):
„Sie versteht ‚Generation' als eine ebenso zentrale Dimension personaler und
sozialer Organisation wie Geschlecht, Schicht und Ethnie, also als eines der
wichtigsten personalen und sozialen Ordnungskriterien von modernen Gesellschaften" (ebd., S. 83-84). Der Begriff „Generationing" soll zum Ausdruck bringen, „dass in die Auseinandersetzung eines Menschen mit seiner inneren und
äußeren Realität die Tatsache der Geschlechtszugehörigkeit ebenso dynamisch
hineinspielt, wie die Tatsache der Zugehörigkeit zu einer der Generationen"
(ebd., S. 84; Dazu auch Lüscher, 1993). Die Generationszugehörigkeit stellt
demnach ebenso wie die Geschlechtszugehörigkeit ein Merkmal dar, mit dem
Einordnungs- und Zuschreibungsprozesse, sowie Erwartungshaltungen verbunden sind. Damit sind auch generationenspezifische Stereotypisierungen wahr-
scheinlich.

Ein gesellschaftliches Konzept des „generation mainstreaming" scheint hier
also angebracht. Dazu gehört unter anderem die kritische Betrachtung der Gene-
rationenordnung und damit verbunden eine Reflexion der Erwachsenenzentriertheit unserer Gesellschaft. Mit der gesellschaftskritischen Betrachtung der Gene-
rationenordnung befassen sich bereits mehrere Arbeiten (u.a. Alanen, 1992;

Chisholm, Büchner, Krüger, & du Bois-Reymond, 1995; Maydall, 1994; Prout & James, 1990; Qvortrup, Bardy, Sgritta, & Wintersberger, 1994). Gegenstand solcher Betrachtungen sind Fragen nach der Verteilung von Macht und Ressourcen unter den Generationen. Ergebnis dieser kritischen Betrachtungen ist die Feststellung einer ungleichen Verteilung von Macht und Ressourcen in unserer Gesellschaft. Älteren kommen aus verschiedenen Gründen mehr Macht und Ressourcen zu. Zum einen wäre da die Binnensicht auf Kindheit zu nennen, wie im vorangegangenen Abschnitt beschrieben. Dazu kommen aber auch andere Faktoren wie der demographische Wandel, der eine Fokussierung der Politik auf die älteren Generationen bedingt. Die Älteren stellen eine große Wählergruppe dar, wohingegen Kinder überhaupt nicht wählen dürfen. Außerdem gehören die meisten politischen Akteure selbst zur Generation der Älteren. Kindern wird zwar in letzter Zeit mehr politische Hinwendung zuteil, diese ist aber in der Regel darauf fixiert verstärkte Bildungsanforderungen an die Kinder zu formulieren. Dabei liegt das Augenmerk nicht vorrangig auf dem Kindeswohl, sondern auf dem späteren wirtschaftlichen Nutzen. Dies veranschaulicht die Broschüre *„Auf den Anfang kommt es an"* des Bundesministeriums für Familie, Senioren, Frauen und Jugend [BMFSFJ] (2007) sehr anschaulich (dort wird die Bedeutung von guter Bildung und früher Förderung vor allem in Hinblick auf gesellschaftliche Konsequenzen wie steigende Arbeitslosigkeit und damit verbundene Kosten hervorgehoben). Ansonsten sind Kinder kaum Gegenstand der Politik. Wenn es um Kinder-Themen geht, sind diese in der Regel nur Subthemen der Bereiche Bildung, Familie oder Gesundheit. Bezüglich Kindern gibt es in der Politik ein System aus „organisierter Nichtverantwortlichkeit" (Wilk & Wintersberger, 1996, S. 32). Dies zeigt sich schon am zuständigen oben genannten Ministerium. Dort werden Kinder einfach unter Familie subsumiert. Dass es auch anders geht zeigt Norwegen, das als erstes europäisches Land ein Ministerium für Kindheit eingerichtet hat[3]. Das ist deshalb so bedeutend, da dadurch die Generation der Kinder eine eigene, von der Familie losgelöste, politische Lobby bekommt, eine Stelle, die *ihre spezifischen Interessen* vertritt, denn es ist nicht unbedingt zu erwarten, dass die Interessen von Familien bzw. Eltern und Kindern immer deckungsgleich sind (vgl. Wilk & Wintersberger, 1996, S. 34).

Eine kritische Reflexion des Generationenverhältnisses macht deutlich, dass Kinder aufgrund ihrer Generationszugehörigkeit benachteiligt werden. Die gesellschaftliche Diskriminierung stützt sich dabei auf das Entwicklungsdefizit von Kindern, was einen weitgehenden Ausschluss aus der Gesellschaft mit sich bringt. Kinder bewegen sich außerhalb der Gesellschaft (vgl. Zeiher, 1996) und

---

[3] Ministry of Children, Equality and Social Inclusion: Englischsprachige Internetpräsentation unter: http://www.regjeringen.no/en/dep/bld.html?id=298 (Stand 07.03.2011).

sind zugleich von ihr abhängig. Kinder haben keine (oder nur sehr eingeschränkte) Mitbestimmungsmöglichkeiten und keine politische Lobby, sind jedoch auch Betroffene gesellschaftlicher Probleme und politischer Maßnahmen. Eine Emanzipationsbewegung der Kindergeneration ist unter anderem aus Gründen der finanziellen und entwicklungsbedingten Abhängigkeit der Kinder von Anderen nicht möglich. In der Regel wird sie auch nicht für nötig gehalten, da im Gegensatz zur Frauenemanzipation die Benachteiligung der Kinder nur zeitlich beschränkt stattfindet (bis zur Volljährigkeit). Daher wird diese Benachteiligung auch nicht als Problem wahrgenommen: „Ein solches kann nur erkennbar werden, wenn Kindheit als gesellschaftliche Konstruktion und diese im Machtverhältnis der Generationen gesehen wird" (Zeiher, 1996, S.19).

Unter denen, die sich kritisch mit dem Generationenverhältnis auseinandersetzen, häufen sich daher die Forderungen nach verstärkter gesellschaftlicher Partizipation von Kindern und einer veränderten Kindheitspolitik (z.B. Mansel, 1994; Merk, 1998; Neubauer & Sünker, 1993; Hattenhauer, 1998; Hurrelmann, 1994, 1998, 2001; Stein-Hilbers, 1994; Qvortrup, 1996; Wilk & Wintersberger, 1996), welche vor allem die Regelung des Generationenverhältnisses im Hinblick auf den Abbau von Benachteiligungen der jüngsten Generation, der Kinder, zugunsten anderer Generationen im Blick hat. Dazu bemerkt Qvortrup (1996, S. 71):

> „Es gilt, Kindheit nicht nur als abhängige Variable in einer politisch-ökonomischen Gleichung zu verstehen, die man nur dann berücksichtigt, wenn es gerade paßt. Wir halten es . . . nicht aus, daß Kinder verletzt oder beleidigt werden; ihnen aber Rechte zuzugestehen, die unsere ohnehin leicht verwundbare Erwachsenenordnung ins Wanken bringen würde, wäre für uns eine Zumutung."

Die Generation als soziale Kategorie gilt es auch in der Forschung zu beachten. Lange Zeit wurde auch die Geschlechtszugehörigkeit beispielsweise in der Sozialisationsforschung nicht berücksichtigt. Mittlerweile hat sich aber die Erkenntnis durchgesetzt, dass die Geschlechtszugehörigkeit im Sozialisationsprozess eine wichtige Rolle spielt. Ähnliches kann auch für die Generation gelten. So kann zum Beispiel die Kritik der einseitigen Orientierung an männlichen Normen bei der Bewertung von Leistung, Können oder Verhalten (z.B. in den Studien zur Moralentwicklung bei Kohlberg [siehe u.a. Giligan, 1984/1982]) übertragen werden auf eine Kritik der einseitigen Orientierung an Erwachsenennormen. Qvortrup (1996) spricht hier von „Adultismus", der gekennzeichnet ist durch eine Wahrnehmung von Kindern, die „teleologisch und normativ auf das Erwachsensein bezogen" (S. 59) ist.

Eine Erwachsenendominanz könnte so zum Beispiel tatsächliche politische Fähigkeiten und Kenntnisse verdecken, die bei Kindern vorhanden sind, da der

Politikbegriff der Erwachsenendefinition unterliegt und diese auch die Bewertung des politischen Wissens bei Kindern vornehmen, ohne dabei zu reflektieren, dass Politik für Kinder in völlig anderen Bereichen wichtig sein kann als für Erwachsene und dass eine von Erwachsenen definierte Vorstellung bei Kindern eventuell keine Entsprechung findet, was aber nicht gleichzusetzen wäre mit politischem Desinteresse und Unwissenheit. Vielmehr wäre zu hinterfragen, warum Kinder das politische System kennen sollten, wo doch die institutionalisierte Politik Kinder kaum beachtet, Kinder dort nicht vertreten sind und sie auch (fast) keine Möglichkeiten der Beteiligung oder Einflussnahme haben. Eine Erwachsenennorm (die unter der Möglichkeit der eigenen Beteiligung entsteht) wird hier auf Kinder übertragen, um anschließend festzustellen, dass die Kinder *natürlich* Defizite im politischen Wissen aufweisen.

Neben der unreflektierten Übertragung von Erwachsenenbegriffen auf die Kinder kommt die möglicherweise unreflektierte Erwartungshaltung hinzu, die durch stereotype Vorstellungen in Bezug auf Kinder und Kindheit entsteht. Die Betrachtung der Kindheit als defizitäre Entwicklungsphase stellt eine solche stereotype Vorstellung dar. Dieser „Stereotype Threat" (Bedrohung durch Stereotypisierung) kann dazu führen, dass eben diese Stereotypen in der Arte einer Selbst-Erfüllenden-Prophezeiung reproduziert werden. Dass dies bezüglich des Geschlechts vorkommt, haben bereits Studien nachgewiesen (z.B. McGlone, Aronson & Kobrynowicz, 2006; Spencer, Steel & Quinn, 1999).

3.1.5 Paradigmenwechsel in der Kindheitsforschung

Die gesellschaftliche Sicht auf Kinder befindet sich im Umbruch, weg von einer defizitären zu einer kompetenz- oder ressourcenorientierten Betrachtung, auch wenn die defizitäre Sichtweise in vielen Bereichen, z.B. dem Bildungsbereich, noch vorherrschend ist. Dieser Umbruch in der Wahrnehmung von Kindern spiegelt sich vor allem in der Kindheitsforschung wieder. Vor einiger Zeit bestand die Hauptaufgabe der Kindheitsforschung noch darin, Entwicklungsbedingungen zu untersuchen und Fördermöglichkeiten oder Entwicklungshindernisse aufzuzeigen. Dabei Stand vor allem das Interesse am Kind als späterem Erwachsenen im Mittelpunkt (vgl. Wilk & Wintersberger, 1996, S.30). Inzwischen werden Kinder zunehmend als Subjekte wahrgenommen. Die Betrachtungsweise als „Werdende" wurde von der als „Seiende" abgelöst. Das Kind ist in dieser Betrachtungsweise nicht erst zukünftig ein Mensch und ein vollwertiges Gesellschaftsmitglied, sondern schon gegenwärtig. Das wissenschaftliche Interesse der Kindheitsforschung gilt heute also mehr den Kindern selbst und nicht erst ihrer Erwachsenenzukunft. Dadurch haben sich die Themen der Kindheitsforschung

verändert. Mitbestimmung, Handlungsmöglichkeiten, psychosoziale Befindlich-
keiten, Interessen und Wünsche, sowie Lebenswelten und Vorstellungen von
Kindern werden von der Forschung nun stärker ins Auge gefasst (vgl. Wilk &
Wintersberger, 1996, S.31). Das Interesse an diesen *neuen* Themen zeigt auch
eine steigende Anzahl von repräsentativen Kinderstudien, die neben traditionellen Themen der Kindheitsforschung (Ernährung, Gesundheit, Versorgung etc.)
auch verstärkt politisches Interesse, Vorstellungen, Wünsche und Ängste der
Kinder erfassen (z.b. das LBS-Kinderbarometer [LBS-Initiative Junge Familie,
2002] und die World-Vision-Kinderstudie [World Vision Deutschland e.V.,
2007]), dabei die Kinder selbst befragen und ihre Vorstellungen und Sichtweisen
einbeziehen, was lange Zeit in der Kindheitsforschung keineswegs üblich war.
Auch hat sich die Kindheitsforschung davon gelöst, nur Kinder und ihre Eltern
bzw. ihre Familie in den Blick zu nehmen. Der neue Fokus in der Forschung
liegt auch bei Kindern und Gesellschaft. Diese neue Art der Kindheitsforschung
ermöglicht es uns, unsere Erwachsenensicht aufzubrechen und kann uns dabei
helfen ein Denken aus Kinderperspektive der Erwachsenperspektive an die Seite
zu stellen und das Generationenverhältnis kritisch zu reflektieren.

Die vorliegende Arbeit ist in ihrem Erkenntnisinteresse daher auf das Kind
als bereits vollwertiges Gesellschaftsmitglied ausgerichtet. Die Studie hat entsprechend einer kompetenzorientierten Sichtweise nicht den Anspruch „Ent-
wicklungs- oder Bildungsmängel" aufzuzeigen, sondern den Kinder die Möglichkeit zu geben, ihre Vorstellungen zum Ausdruck zu bringen und den Erwachsenen die Chance zu eröffnen, Zugang zu diesen Vorstellungen zu erhalten.

3.2 Politische Sozialisation

Sozialisation ist ein „soziologischer Begriff für das in unterschiedlichen Bezugs-
gruppen vermittelte Erlernen von Werten, Symbolen, Verhaltensweisen, Techniken etc." (Schubert & Klein, 2006, S. 277). Er bezeichnet also die Gesamtheit
aller Lernprozesse, durch die das Individuum in einer Gesellschaft sozial hand-
lungsfähig wird. Diese Lernprozesse finden ein Leben lang statt. Unterschieden
wird dabei zwischen primärer Sozialisation, die hauptsächlich auf die Familie als
Sozialisationsinstanz beschränkt ist und der sekundären Sozialisation, die sich
auch auf andere Instanzen, wie Schule, Beruf, Medien u.ä. erstreckt. (vgl. ebd.).
Politische Sozialisation stellt einen spezifischen Teilprozess der allgemeinen
Sozialisation dar. Das Politiklexikon definiert politische Sozialisation als den
Erwerb von Orientierungsmustern gegenüber politischen Gegenständen in einer
Gesellschaft durch das Individuum (vgl. Meyer, 2003, S. 521). Dabei wird auch
die Komplexität des Sozialisationsprozesses angesprochen: „Der Begriff ist sehr

komplex, da ‚Sozialisation' die gesamte – bewusste und unbewusste – Aneignung gesellschaftsbezogener Kenntnisse, Fähigkeiten, Einstellungen und Werte
bezeichnet und dabei sowohl die Prozesse und Inhalte als auch die Handelnden
betrachtet werden können" (Meyer, 2003, S.521). Bei Tausendpfund (2008)
findet sich eine ähnliche Definition. Demnach umfasst politische Sozialisation
„die Lernprozesse, innerhalb derer politische Kenntnisse, Fähigkeiten und Orientierungen vermittelt werden" (Tausendpfund, 2008, S. 1). Van Deth (2007a)
führt weiter aus, dass „diese Prozesse nicht auf bestimmte Erfahrungen, Umstände oder Altersgruppen beschränkt" (S. 12) sind und außerdem „bewusst oder
unbewusst stattfinden" und „beabsichtigt oder unbeabsichtigt sein" können
(ebd.). „Es handelt sich um einen lebenslangen Prozess des Lernens und des
Sammelns von Erfahrungen" (ebd.). Für Jürgen Mansel (1995) ist Sozialisation
die „produktive Verarbeitung innerer und äußerer Realität" (S. 91). Mit dieser
Definition grenzt er sich bewusst vom statischen Menschenbild in psychoanalyti-
schen oder entwicklungspsychologischen Sozialisationstheorien ab. Auch lehnt
er es ab, Sozialisationsprozesse lediglich als Folgen von Reaktionen auf Umweltbedingungen zu betrachten. Nach Mansel ist Sozialisation und damit auch
politische Sozialisation ein interaktiver Prozess, der sowohl vom Individuum als
auch von den ihn umgebenden Umweltbedingungen gestaltet wird. In seiner
Definition vereint er daher die verschiedenen Sichtweisen der unterschiedlichen
Sozialisationskonzepte zu einer mehrperspektivischen Betrachtungsweise: „Ein
sozialisationstheoretisches Konzept muß deshalb notwendig ein interaktives
Modell der Beziehungen zwischen Mensch und Gesellschaft sein, in dem die
individuelle Entwicklung und die gesellschaftliche Entwicklung in einem Zusammenhang gesehen werden" (Mansel, 1995, S. 91). Auch die Schwierigkeiten
der politischen Sozialisationsforschung greift Mansel auf: „Sozialisation ist zu-
nächst als wissenschaftliches Konstrukt zu verstehen, das in der Realität weder
unmittelbar beobachtbar noch dinghaft greifbar, aber dennoch real existent ist ..."
(ebd.).
       Da Sozialisation sich theoretisch immer und überall in einem ständig an-
dauernden Prozess vollzieht, der bewusst oder unbewusst initiiert wird, gestaltet
sich die Forschung in diesem Bereich schwierig. Aufgabe der Sozialisationsforschung ist es diese Prozesse nachzuvollziehen und „sichtbar" zu machen. Dabei
konzentriert sich die Sozialisationsforschung unter anderem auf die Einflüsse
verschiedener Sozialisationsinstanzen. Zu diesen Instanzen zählen unter anderem
Familie, Schule, Freunde und Medien. Auf diese Instanzen wird im Rahmen
dieser Arbeit nicht weiter eingegangen, da bei der Durchführung der vorliegenden Studie keine Daten zu den einzelnen Sozialisationsinstanzen erhoben wurden. Es ist aber davon auszugehen, dass alle genannten Instanzen, jedoch in
unterschiedlichem Maße, einen Einfluss auf die politische Sozialisation von

Grundschulkindern ausüben (vgl. Tausendpfund, 2008, S. 13; Zur Bedeutung verschiedener Sozialisationsinstanzen: Claußen & Geißler, 1996; Claußen & Wasmund, 1982; Hurrelmann & Ulich, 1991).

Zusammenfassend lässt sich sagen: Politische Sozialisation ist ein Teilprozess der allgemeinen Sozialisation und findet in unterschiedlichem Maße, in Abhängigkeit von individuellen und gesellschaftlichen Faktoren, aber immer und überall (auch in der frühen Kindheit) statt. Umso erstaunlicher ist, dass die politische Sozialisationsforschung meist erst im Jugendalter ansetzt und die frühkindliche Sozialisation vernachlässigt als würde sie gar nicht stattfinden. Dabei gibt es in der Sozialisationsforschung zwei (bisher allerdings nicht wissenschaftlich bewiesene) Thesen (Kristallisations- und Persistenzthese), welche die Relevanz der frühen politischen Sozialisation für die späteren politischen Orientierungen betonen (vgl. Tausendpfund, 2008, S. 1; van Deth, 2007a, S. 14-15). Die Kristallisationsthese betont die *prägende Bedeutung* von früh erworbenen Einstellungen und Kompetenzen für die späteren politischen Orientierungen gegenüber später erworbenen Einstellungen und Kompetenzen. Die Persistenzthese geht noch einen Schritt weiter und nimmt an, dass die früh erworbenen Einstellungen und Kenntnisse *bestimmend* sind für die politischen Orientierungen Erwachsener (vgl. van Deth, 2007a, S. 14-15). Natürlich soll bei beiden Thesen nicht ausgeklammert werden, dass der Mensch sein Leben lang lernt, seine Kenntnisse erweitert und seine Einstellungen überarbeitet. Jedoch kann nach beiden Thesen die frühe politische Sozialisation als Grundstein für spätere politische Orientierungen betrachtet werden. Van Deth (2007a) formuliert dies so: „Was man jung lernt, wird später angewandt und was später gemacht wird, hängt von früheren Erfahrungen ab" (S. 15). Dabei betont er jedoch auch, das Fehlen einer überzeugenden empirischen „Untermauerung" politischer Lernprozesse (ebd.)[4]. Dennoch erscheinen ihm beide Thesen plausibel, solange sie nichtdeterministisch behandelt werden. Folgt man diesen beiden Thesen sollte also der Fokus der politischen Sozialisationsforschung nicht erst bei Jugendlichen, sondern schon bei jungen Kindern liegen. Auf jeden Fall ist davon auszugehen, dass bereits in der Kindheit politische Sozialisation stattfindet, da Sozialisationsprozesse nicht an die Erreichung eines bestimmten Lebensalters geknüpft sind, sondern immer und überall stattfinden. Die politische Sozialisation bei Kindern ist aber noch wenig erforscht und diesbezügliche Studien fanden hauptsächlich in den 60er und 70er Jahren statt. Van Deth (2007a, S. 16) geht daher auch von Veränderungen in der politischen Sozialisation der Kinder im Vergleich zu diesen Studien aus. Die Grundlage für diese Veränderungen bilden seiner Ansicht

---

[4] Eine Darstellung der Kritik an diesen Thesen und eine Vorstellung von Weiterentwicklungen der Theorien findet sich bei Abendschön (2010, Kap.3).

nach gesellschaftliche Prozesse wie Medialisierung, Verringerung der Bedeutung der Familie als dominante Sozialisationsinstanz zugunsten anderer Instanzen, gesellschaftliche Differenzierung und Pluralisierung, Entstrukturierung der Kinder- und Jugendphase sowie physische und psychische Veränderungen (z.b. vorgezogene Pubertät). Infolgedessen kommt van Deth (2007a) zu der Schlussfolgerung, dass politische Sozialisation „deshalb heutzutage eindeutig andere Lernprozesse [umfasst] als noch vor wenigen Jahrzehnten" (S. 16). Vor diesem Hintergrund scheint eine erneute Auseinandersetzung mit der frühkindlichen politischen Sozialisation unbedingt notwendig.

3.2.1 Sozialisation und Geschlecht

Lange Zeit wurde die Geschlechtszugehörigkeit in der Sozialisationsforschung nicht berücksichtigt. Mittlerweile ist allerdings unumstritten, dass Sozialisation geschlechtsspezifisch verläuft. „Kein anderes Merkmal hat so grundsätzliche Auswirkungen auf die Sozialisation wie die Geschlechtszugehörigkeit" (Zimmermann, 2006, S. 176). Die Fragestellung lautet heute nicht mehr, *ob* es zu einer geschlechtsspezifischen Sozialisation kommt, sondern *wie* es dazu kommt. Die Erklärungsansätze sind biologischer, psychologischer und soziologischer Natur[5].

Die biologischen Ansätze versuchen Geschlechterdifferenzen durch biologische Differenzen zu begründen. Dabei ist heute klar, dass männliches und weibliches Verhalten nicht ausreichend auf biologische Aspekte zurückgeführt werden kann (vgl. Zimmermann, 2006, S. 182; Dazu auch Hagemann-White, 1984; H. Keller, 1979; Tillmann, 1989). Auch die Befunde der Hirnforschung, die Unterschiede der Verknüpfungen im Gehirn bei Männern und Frauen zur Erklärung der Geschlechtsdifferenzen heranziehen, sind zu hinterfragen, da sich das Gehirn auch nach der Geburt noch im Entwicklungsprozess befindet und daher die Unterschiede im Gehirn auch durch unterschiedliche Sozialisationsmuster (z.b. weniger Förderung der Emotionalität von Jungen) bedingt sein könnten (vgl. Zimmermann, 2006, S. 184).

Ein anderer Erklärungsansatz kommt aus der Interaktionsforschung. Nach Goffman (1994) ist Geschlechtskategorisierung ein rein kulturelles Phänomen, das durch Interaktion in sozialen Situationen bedingt wird. Dies beginnt schon direkt mit der Geburt und der Einordnung des Kindes in eine Geschlechtsklasse. Dadurch werden Kinder, abhängig von ihrem Geschlecht, von Anfang an unterschiedlich behandelt und sehen sich mit unterschiedlichen Erwartungen und

---

[5] Eine ausführliche Darstellung der einzelnen Erklärungsansätze findet sich bei Zimmermann (2006).

Zuschreibungen konfrontiert. Dies veranschaulichen auch Studien, die z.B. zeigen, dass Erwachsene unterschiedlich interagieren, je nachdem, ob ihnen ein Säugling als Junge oder Mädchen vorgestellt wurde (vgl. Bilden, 1991, S. 281). Die Annahme, dass die Geschlechtsidentität von kognitiven Aspekten abhängig ist, vertritt Kohlberg (1974). Er vermutet eine Parallelität von kognitiver Entwicklung und Geschlechtsrollenentwicklung und sieht daher die „Geschlechtsrollen-Identität als Produkt des kognitiven Wachstums" (Kohlberg, 1974, S. 344). Kohlberg schließt zwar Umwelteinflüsse auf die Entwicklung der Geschlechtsrollen-Identität nicht aus, gesteht ihnen jedoch wenig Einflussmöglichkeiten zu. Stattdessen nimmt er einen durch die kognitive Reife bestimmten regulären Entwicklungsverlauf an (vgl. Kohlberg, 1974, S. 459-461).

Die behavioristische Lerntheorie vermutet dagegen ein Lernen der Geschlechtsrollen durch Verstärkung und Modelllernen (vgl. Bandura, 1979/1977). Das bedeutet, dass die Geschlechtsrollen zum einen durch Identifikation und Imitation (Eltern, Medien etc.) und zum anderen durch die bewusste und unbewusste *Förderung von geschlechtstypischen* und *Intervention gegen geschlechtsuntypische* Aktivitäten gelernt werden (vgl. Zimmermann, 2006, S. 191; Hilgers, 1994, S.38).

Eine weitere Herangehensweise ist die Betrachtung der geschlechtsrollentypischen Sozialisation als Konstruktionsprozess. Vertreter dieses Erklärungsansatzes betonen die Bedeutung der sozialen Erwartungen von Interaktionspartnern und Sozialisationsagenten (vgl. Zimmermann, 2006, S.193). Von Bedeutung ist dabei auch der Erwartungs-Verhaltens-Zirkel (Self-Fulfilling-Prophecy), der besagt, dass geschlechtstypische Erwartungen und geschlechtstypisches Handeln sich gegenseitig stabilisieren und damit Geschlechterdifferenzen reproduzieren (vgl. Geis, 1993). „Kinder erkennen bereits sehr früh ‚Geschlecht' als fundamentales Ordnungsprinzip . . . und verorten und präsentieren sich nach dieser Maßgabe" (Zimmermann, 2006, S. 195). Dieser Erwartungs-Verhaltens-Zirkel spiegelt sich auch in den Untersuchungen zum „Stereotype Threat", bei denen die Probanden ihr Verhalten bzw. ihre Leistung den ihnen bekannten stereotypen Erwartungshaltungen anpassten (vgl. McGlone, Aronson & Kobrynowicz, 2006; Spencer, Steele & Quinn, 1999). Zimmermann (2006) fasst auf der Basis der vorgestellten Theorien zusammen:

> „. . . dass wir unsere Vorstellungen über ‚Mannsein'/,Frausein' im alltäglichen Konstruktionsprozess schaffen. Es ist nicht das biologische Geschlecht, nach dem sich unsere Vorstellungen über das Geschlecht und gleichsam unsere Geschlechtsidentität ausrichtet, sondern die tätigen und soziale Realität interpretierenden Subjekte konstruieren im Interaktionsprozess weibliche und männliche Identität." (S. 196)

Nach Zimmermann ist also Geschlechtsidentität eine soziale Konstruktion, ein Produkt aus Interaktionsarbeit („doing gender") und kulturellem Kontext. Daher ist für ihn wichtig, „dass nicht die Geschlechterdifferenz im Vordergrund steht, sondern die Konstruktion der Differenz" (ebd., S. 197). Als Konsequenz für die Sozialisationsforschung ist aus diesen Erkenntnissen zu ziehen, dass nicht nur die beobachtbaren Geschlechterdifferenzen als Forschungsergebnis, sondern viel mehr ihre Entstehung und Konstruktion sowohl bei der Interpretation des Datenmaterials, bei der Reflexion der Forschungsmethoden und bei der Operationalisierung der Forschungsfragen bedacht werden müssen. Konkret bedeutet dies Erhebungsinstrumente und Erhebungssituationen kritisch hinsichtlich ihres Geschlechterdifferenzen konstruierenden Potenzials zu überprüfen. Dies gilt sowohl für die Auswahl und Erstellung von Messinstrumenten, die Konstruktion von Experimenten, Interviewsituationen und Erhebungssituationen und die Auswertung und Interpretation des Datenmaterials.

3.2.2   Politische Sozialisation und Geschlecht

Da die politische Sozialisation einen Teilbereich der allgemeinen Sozialisation darstellt, ist davon auszugehen, dass auch sie geschlechtsspezifisch verläuft. Für die Entstehung von Geschlechtsdifferenzen gelten die gleichen Erklärungsansätze wie für die allgemeine Sozialisation. Auch in Bezug auf die politische Sozialisation kann daher von einer sozialen Konstruktion der Geschlechtsdifferenzen ausgegangen werden (vgl. Kapitel 3.2.1). Geschlechtsdifferenzen in Hinblick auf die politische Sozialisation sind aus der Politikforschung vor allem bezüglich des politischen Interesses (vgl. Neller, 2002, S. 492), des politischen Wissens und der politischen Partizipation bekannt (vgl. Fuchs, 2006; Westle, 2000). Frauen zeigen demnach ein geringeres politisches Interesse und ein insgesamt distanzierteres Verhältnis zur Politik als Männer (vgl. Meyer, 2002, S. 150-155). Allgemeine Erklärungsansätze für dieses Phänomen wurden bereits vorgestellt. Hier sollen nun noch spezielle Erklärungsansätze für den „gender gap" im Politischen vorgestellt werden. Der Unterschied im politischen Interesse von Männern und Frauen kann sozialisationstheoretisch, situativ, strukturell und politisch erklärt werden (vgl. Neller, 2002, S. 492), wobei auch ein Zusammenspiel der unterschiedlichen Erklärungsansätze möglich ist. Der *sozialisationstheoretische Erklärungsansatz* geht von der Annahme aus, dass Geschlechtsidentität sozial konstruiert wird. Daher wird angenommen, dass die politische Distanz von Mädchen und Frauen in ihrer immer noch stärker auf den „privaten" Bereich (z.B. Familie) ausgerichteten Sozialisation begründet liegt. Jungen dagegen werden eher im

Hinblick auf den „öffentlichen" Bereich (z.B. Beruf) sozialisiert (vgl. Westle & Schoen, 2002, S. 216; Bennet & Bennet, 1989). Der *situative Erklärungsansatz* sieht dagegen das geringere politische Interesse von Frauen in den aktuellen Lebensumständen begründet. Frauen sind demnach immer noch stärker im Privatbereich verhaftet, was ihnen weniger Möglichkeiten eröffnet politisches Interesse und politisches Engagement zu entwickeln (vgl. Westle & Schoen, 2002, S. 216).

Im *strukturellen Erklärungsansatz* wird eine strukturelle Diskriminierung von Frauen, z.B. durch Zugangsbarrieren und Mehrfachbelastungen angenommen (vgl. ebd., S. 217). Dies erschwert ihnen den Zugang zur Politik. Ein geringeres politisches Interesse von Frauen wird im *politischen Erklärungsansatz* auf die „geschlechtsspezifische Unzufriedenheit mit den etablierten Akteuren, ihren Leistungen, dem Prozeß und dem gesamten System der Politik" (Westle & Schoen, 2002, S. 217) zurückgeführt. Hauptargument dafür ist, dass Fraueninteressen von der Politik weniger berücksichtigt werden und dadurch bei Frauen mehr Unzufriedenheit mit der Politik besteht. Das geringere politische Interesse der Frauen wäre also Ausdruck ihrer „Politikverdrossenheit". Dies könnte durch die geringe Repräsentanz von Frauen in der Politik verstärkt werden (vgl. ebd.).

Es wäre aber auch denkbar, dass der „gender gap" im Politischen tatsächlich überhaupt nicht besteht und nur ein Scheineffekt ist. Dazu stellt Jacobi (1991, S. 99) die These auf, dass Frauen nicht unpolitischer sind, sondern nur ein männlich definierter Politikbegriff verkennt, dass Frauen *anders* politisch sind. An diese Überlegung, ob es die „Politikferne" der Frauen wirklich gibt, oder ob sie nur konstruiert ist, knüpft die Studie von McGlone, Aronson und Kobrynowicz (2006) an. Sie untersuchten den gender gap im politischen Wissen im Zusammenhang mit dem „Stereotype-Threat" und kamen zu dem Ergebnis, dass das geringere politische Wissen von Frauen auf stereotypisierte Erwartungshaltungen zurückzuführen ist: „A number of recent investigations have shown that negative stereotypes can undermine the intellectual performance of even very talented members of stigmatized groups" (Mc Glone et al., 2006, S. 393). Für die Studie wurden telefonische Befragungen zum politischen Wissen durchgeführt. Einem Teil der Befragten wurde dabei vor der Befragung enthüllt, dass vorangegangene Studien geschlechtsspezifische Unterschiede gezeigt hätten, während dem anderen Teil erzählt wurde, dass vorangegangene Studien *keine* geschlechtsspezifischen Unterschiede gezeigt hätten. Vor allem Frauen, die vorab über das Bestehen geschlechtsspezifischer Unterschiede informiert wurden, zeigten schlechtere Leistungen im politischen Wissen. Auch wurde festgestellt, dass Frauen bei einer Interviewerin bessere Leistungen zeigten als bei einem Interviewer. Bei den Männern dagegen blieben die Leistungen unabhängig von der Information über

Geschlechtsdifferenzen und vom Geschlecht des Interviewers. Für die Forscher steht daher fest, dass der gender gap nur konstruiert ist:

> „These results show that the gender gap in political knowledge narrowed substantially when two potentially stereotype-threatening elements of the survey context were eleminated. Specifically, when women were interviewed by female (rather than male) interviewers and the survey was portrayed as nondiagnostic (rather than diagnostic) of alleged gender differences in political knowledge, the gender gap closed." (McGlone et al., 2006, S. 396)

Dieser Effekt des Stereotype Threat wurde in mehreren amerikanischen Studien untersucht (vgl. Davis & Silver, 2003; Inzlicht & Ben-Zeev, 2000; Spencer, Steel & Quinn, 1999) und unter anderem im mathematischen Bereich nachgewiesen. Auch Westle und Schoen (2002) ermittelten mit Regressionsanalysen zum politischen Interesse die subjektive politische Kompetenz als zentrale Größe zur Erklärung des gender gap (vgl. S. 236).

Bei der Interpretation der Ergebnisse der vorliegenden Arbeit wurden die vorgestellten Erklärungsansätze berücksichtigt, wobei aber davon ausgegangen wird, dass die verschiedenen Ansätze nicht isoliert zu betrachten sind, sondern dass von einem Zusammenwirken verschiedener Faktoren ausgegangen werden kann. Gefundene Unterschiede zwischen den Geschlechtern wurden hinsichtlich der Möglichkeit eines Stereotype Threat reflektiert.

3.2.3   Politik und Moral?

Im Zusammenhang mit politischer Sozialisation taucht immer wieder die Frage nach der Fähigkeit zum moralischen Urteil auf. Diese Fähigkeit wird oft als notwendig für politische Fähigkeiten (z.B. Politikverständnis) und für politische Handlungen (z.B. Mitbestimmung und Wahlen) erachtet. „Gerade für die politische Sozialisation ist die Entwicklung des moralischen Bewusstseins von Wichtigkeit. Von ihr hängt weitgehend der Charakter des menschlichen Wertsystems ab, der Stellenwert gesellschaftlicher und individualer Maßstäbe und die Beurteilung sozialer und politischer Interessenskonflikte" (Pawelka, 1977, S. 116).

Verschiedene entwicklungspsychologische Studien haben sich mit der Entwicklung der moralischen Urteilsfähigkeit befasst. Zu den bekanntesten Forschern auf diesem Gebiet gehören wohl Piaget und Kohlberg (Piaget, 1954; Kohlberg, 1995), die Stufenmodelle zur kognitiven und moralischen Entwicklung erarbeiteten, wobei Kohlbergs Modell als eine Weiterentwicklung und Ausdifferenzierung von Piagets Modell betrachtet werden kann. In beiden Stufenmodellen wird Kindern erst sehr spät eine moralische Urteilsfähigkeit zugesprochen. Die Stufenmodelle sehen sich allerdings auch mit Kritik konfrontiert. Ge-

genstand der Kritik sind unter anderem das methodische Vorgehen, die Vernachlässigung von Umweltfaktoren (vgl. Claußen, 1982, S. 419), das Vorhandensein
eines „kognitivistischen Überhangs" (d.h. die Begrenzung der kognitiven Struk-
tur auf das bewusste Denken und die damit verbundene Vernachlässigung von
Gefühlen [vgl. Overmann, 1977]), die angenommene Geschlossenheit der Ent-
wicklungsstadien (vgl. M. Keller, 1982) und die Orientierung an eher männlichen Mustern individueller Autonomie (vgl. Giligan, 1984). Wegen des Alters
der Studien kann auch ihre Übertragbarkeit auf die heutige Zeit bezweifelt werden. Neuere Studien weisen zudem darauf hin, dass die kognitive Entwicklung
wie sie im Stufenmodell festgeschrieben wurde nicht zwangsläufig vom Alter
abhängt, sondern „. . . could also be caused by the interaction between information available at different age levels and the relevant conceptual structures alrea-
dy possessed by children . . . " (Berti & Andriolo, 2001, S. 368).

Interessanter als die Feststellung eines gegeben Entwicklungsstandes sind
daher meiner Meinung nach eher dessen Bedingungsfaktoren (welche im Stufenmodell nur wenig zum Tragen kommen), in diesem Fall also die inner- und
außerindividuellen Bedingungsfaktoren (Intelligenz, Mediennutzung, Kommunikation etc.) für die Entstehung von politischem Wissen und politischem Interesse, wie sie die im nächsten Abschnitt beschriebene Mannheimer Studie („Demokratie Leben lernen") ansatzweise herausgearbeitet hat. So wurde dort festgestellt, dass bestimmte Faktoren wie Dauer des Schulbesuchs, Wohnumfeld, Herkunft und Geschlecht die Ergebnisse stärker beeinflussten als das Lebensalter
(vgl. van Deth, Abendschön, Rathke & Vollmar 2007), was im Widerspruch zur
Stufentheorie Piagets und Kohlbergs steht. Letztendlich bleibt die Frage nach der
Erhebung des moralischen Entwicklungsstands zumindest fragwürdig, da Moral
ebenso wie Kindheit eine Konstruktion darstellt und dadurch Veränderungen und
Definitionsprozessen unterworfen ist und infolgedessen Ansichtssache bleibt.
Dies findet sich auch bei Claußen (1982, S. 401-405), der betont, dass die herr-
schende Moral die Moral der Herrschenden ist und daher nicht von allen geteilt
wird und in ihrem Interessensbezug erkannt werden muss.

Das Erkenntnisinteresse dieser Arbeit ist explorativ, im Vordergrund steht
die Frage, ob bereits Grundschulkinder Politisches wahrnehmen und sich dafür
interessieren, bzw. wofür sie sich in welcher Art interessieren. Eine Zuordnung
zu bestimmten moralischen Entwicklungsstufen wurde aufgrund der Erwachsenennormierung des Moralbegriffs und der damit verbundenen starken Überbetonung kognitiver Aspekte als nicht sinnvoll erachtet. Darüber hinaus tendieren
solche Zuordnungen stark in Richtung einer Defizitorientierung. Der inhaltlichen
Dimension und der Bedeutung der Themen für das einzelne Kind soll in dieser
Arbeit Vorrang gewährt werden. Dies erlaubt auch die Einbeziehung emotionaler
Aspekte.

4 Forschungsstand

4.1 Forschungsstand zur politischen Sozialisation bei Kindern

Im Rahmen der politischen Sozialisationsforschung wurden verschiedene Studien zum politischen Verständnis bzw. dem Gesellschaftsverständnis von Kindern durchgeführt. Besonders gegen Ende der 60er Jahre wurde hauptsächlich in den USA zu diesem Thema geforscht (vgl. z.b. Easton & Dennis, 1969; Greenstein, 1960, 1965; Hess & Easton, 1960; Hess & Torney, 1967). Dabei wurden vor allem Themenbereiche untersucht, die auch aus dem Bereich der politischen Bildungsforschung bei Erwachsenen bekannt sind. Das Hauptaugenmerk galt Themen wie Wahlen, Regierung, politische Symbole, Parteipräferenzen, politisches Interesse usw. Diese Themen haben nicht gerade einen Bezug zu kindlichen Lebenswelten. Dennoch zeigte sich, „dass Kinder keineswegs politisch noch völlig unbeschriebene Blätter sind, wie gemeinhin angenommen wird, sondern durchaus ein Gefüge von Kenntnissen, Einstellungen und Vorstellungen über die Welt der Politik besitzen" (Wasmund, 1977, S. 63-64).

Die Befassung mit der politischen Sozialisation, den politischen Einstellungen und Kenntnissen von Kindern ist in der Regel demokratietheoretisch motiviert. Die Kinder werden als die Staatsbürger von morgen gesehen, die für den Fortbestand und die Weiterentwicklung der Demokratie sorgen sollen. Erst in neuerer Zeit befassen sich Studien mit dem Thema auch in Hinblick auf notwendige Veränderungen im Bereich der politischen Bildung und der gesellschaftlichen Partizipationsmöglichkeiten. Insgesamt ist die Anzahl der Studien zum Thema der politischen Sozialisation bei Grundschulkinder aber gering (wobei die Studien aus den USA wegen ihres Alters und landesspezifischer Besonderheiten nur bedingt auf den deutschen Raum übertragen werden können; Dazu Abendschön, 2010, S. 85-92). Die geringe Zahl der Studien hängt wohl zum einen damit zusammen, dass Kindern meist die Fähigkeit, das Interesse und das Bedürfnis sich mit Politik auseinanderzusetzen abgesprochen wird. Darin zeigt sich eine Unterschätzung der Wahrnehmungsfähigkeit der Kinder, die sich als Teil der Gesellschaft begreifen und sich für deren Belange interessieren. Auch eine romantisch verklärte Sicht auf Kindheit kommt hier vermutlich ebenfalls zum Vorschein, wenn gerade im heutigen „Medienzeitalter" ausgeblendet wird, dass Kinder gesellschaftliche Prozesse wahrnehmen (müssen) und sich damit auseinandersetzen (müssen). Eine weitere Ursache für die so lange Zeit anhaltende Vernachlässigung der Kindheit in der politischen Sozialisationsforschung ist vermutlich das Problem der Datenerhebung. Standardisierte Befragungen im Grundschulalter sind aufgrund noch unausgereifter Lese- und Schreibfähigkeiten und Ausdrucksschwierigkeiten (z.b. bei Fachbegriffen) nur schwer durchführbar. Es ist nötig, sich der Begriffs- und Vorstellungswelt der Kinder anzunähern und angemessene Erhebungsmethoden zu finden. Die unterstellte unpolitische Kindheit im Zusammenspiel mit den Erhebungsschwierigkeiten führte lange Zeit zu einer Vermeidung der Thematik in der politischen Sozialisationsforschung. So gab es außer den oben genannten (amerikanischen) Studien der 60er Jahre nur vereinzelt weitere Studien, die sich dem Feld „Kinder und Politik" widmen (z.b. Bolscho, 1977; Wasmund, 1976). Auch in diesen zeigte sich jedoch, dass ein Grundpotential an politischen Grundhaltungen und Vorurteilen und ein gesellschaftliches Vorverständnis bereits im Grundschulalter herausgebildet werden (vgl. Wasmund, 1977, S. 65). Dabei kommt Wasmund zu dem Schluss, dass das affektive dem kognitiven Lernen vorausgeht, was er am Beispiel von Parteipräferenzen von Kindern belegt, die getroffen werden, ohne dass eine Problemorientierung und Kandidatenorientierung stattfindet (vgl. Wasmund, 1977, S. 64). Dabei bleibt allerdings fraglich, ob diese Charakterisierung nur auf Kinder und nicht auch auf viele Erwachsene zutrifft (dazu Schoen, 2006).

Für die Studien zum Gesellschaftsverständnis von Kindern gilt ähnliches, wie für die Studien zum politischen Verständnis. Die Studien sind nicht gerade zahlreich und sind oft entwicklungspsychologisch, nicht sozialisationstheoretisch, motiviert (z.B. Furth, 1980; Strauss, 1976). Einen guten Überblick über diese älteren Studien zum Gesellschaftsverständnis von Kindern bietet Wacker (1976). Der entwicklungspsychologische Bezug zeigt sich auch in der Aufstellung eines Stufenmodells für die Entwicklung des Gesellschaftsverständnisses bei Kindern (siehe Furth, 1980). Eine neue Adaption des Themas findet sich bei Moll (2001), die das Gesellschaftsverständnis von Kindern mittels Gruppengesprächen zu ergründen versuchte. Moll machte dabei die Erfahrung, dass die Kinder von ihren Erfahrungen und Beobachtungen her dachten, die sie in ihren alltäglichen Lebensbereichen machten. Darauf bauten auch ihre Gesellschaftstheorien auf (vgl. Moll, 2001, S. 248). Auch Moll bescheinigte den Kindern Empathiefähigkeit und Problembewusstsein, wobei sie bei jüngeren Kindern aber mehr Egozentrismus und gefühlsmäßiges Herangehen wahrnahm (vgl. ebd., S. 249-250). Moll übernahm zwar das Stufenmodell von Furth gelangte jedoch anders als er zu dem Schluss, dass das Erreichen der einzelnen Stufen nicht altersspezifisch, sondern abhängig vom Anregungsgehalt und von der Art der Aufgabenstellung ist (vgl. ebd., S. 253).

Nachdem die politische Sozialisationsforschung lange die Erforschung von Sozialisationsprozessen in der frühen Kindheit vernachlässigt hat, ist heute wieder eine verstärkte Tendenz zur Beschäftigung mit gesellschaftlichen Vorstellungen von Kindern in der Forschung festzustellen. Leider haben die Studien, die sich mit Kindern und Kindheit beschäftigen oft eine starke Fokussierung auf die traditionellen Bereiche der Kindheitsforschung wie Bildung und Leistung oder Schutz und Fürsorge. Diese Ansätze sind oft defizitär gedacht. Jedoch gibt es auch immer mehr kompetenzorientierte Forschungsansätze. So gibt es neben der Vielzahl von Jugendstudien auch mittlerweile einige Kinderstudien, welche die Thematiken Gesellschaft und Politik aufgreifen, (z.B. das LBS-Kinderbarometer [LBS-Initiative Junge Familie, 2002]; die World-Vision-Kinderstudie 2007 [World Vision Deutschland e.V., 2007] und der Unicef-Bericht zur Lage der Kinder in Deutschland [Bertram, 2008]). Diese erfassen allerdings meist nur die Einstellungen von älteren Schulkindern, was vermutlich der oben erwähnten Erhebungsproblematik zuzuschreiben ist. Die meisten Studien zur politischen Sozialisation oder politischen Orientierungen setzten jedoch noch später, nämlich erst im Jugendalter, ein (z.B. Deutsche Shell, 2000, 2002; Projekt Civic-Education [Oesterreich, 2002]; DJI-Jugendsurvey [Gille & Krüger, 2000; Hoffmann-Lange, 1995]). Diese Studien „vernachlässigen so, dass entscheidende Impulse zur Entwicklung demokratischer Persönlichkeiten sehr viel früher stattfinden" (van Deth, 2007a, S. 11). Dadurch werden Kinder zu reinen Objekten der Politik degradiert. Van Deth fordert daher für die Forschung „Kinder nicht als zukünftige, sondern als aktuelle Bürger zu betrachteten" (ebd.).

Seit einiger Zeit wird das Forschungsfeld „Kinder und Politik" wiederbelebt und neue Ansätze zur Erforschung der politischen Sozialisation im Kindesalter werden entwickelt (Als Beispiele wären zu nennen: Berti, 2002; Berti & Andriolo, 2001; Eichholz & Schröder, 2002; Gemmeke, 1998; Götzmann, 2007, 2008; Hafner, 2006; van Deth et al., 2007; Kalcsics, 2010 [Abstrakt der noch nicht abgeschlossenen Schweizer Studie „Was Kinder unter Politik verstehen"]). Auch die gesellschaftliche und wissenschaftliche Diskussion über politische Partizipation von Kindern hat zugenommen, wie man beispielhaft an den Forderungen der UN-Kinderrechtskommission nach mehr Mitbestimmung von Kindern und Jugendlichen und Diskussionen über Kinderwahlrecht oder der Einrichtung von Kinderparlamenten oder Kinderbeiräten sehen kann (siehe z.B. BMFSFJ, 2006, 2008; Hurrelmann & Andresen, 2007; Liebel, 2006; Palentien, 1998, UN-Ausschuss für die Rechte des Kindes, 2004). Die politische Sozialisationsforschung findet heute also auch in einem anderen gesellschaftlichen Kontext statt als frühere Studien. Einen wichtigen Beitrag zur gesellschaftlichen und wissenschaftlichen Diskussion leistet meines Erachtens das Projekt „Demokratie Leben Lernen" des Mannheimer Zentrums für Europäische Sozialforschung (Berton &

Schäfer, 2005; Tausendpfund, 2008; van Deth et al., 2007). In dieser Querschnittsstudie mit Paneldesign wurden Kinder der ersten bis vierten Klassenstufe
mittels eines bildgestützten und damit nicht an Lese- und Schreibkompetenz
geknüpften Fragebogens zu mehreren Messzeitpunkten hinsichtlich ihres politischen Wissens und politischen Interesses befragt. Damit wurde eine neue Herangehensweise an die Befragung von Grundschulkindern erprobt. Gegenstand der
Befragung waren die Themenbereiche: Politische Themen und Probleme, Wahrnehmung von politischen Parteien und Politikern, Geschlechterrollen und Einstellungen zu Geschlechterrollen, Politisches Wissen, Demokratiebegriff und
Demokratieverständnis (vgl. Tausendpfund, 2008; van Deth et al., 2007). Zusätzlich wurden Daten zu kognitiven Fähigkeiten, Mediennutzung, politischer
Kommunikation und Familienzusammensetzung erhoben, um mögliche Einfluss-
oder Bedingungsfaktoren für politisches Wissen und Interesse zu ermitteln.

Mit der Durchführung der Mannheimer Studie fand nicht nur eine Wieder-
aufnahme und deutsche Bearbeitung der Erforschung der frühen politischen
Sozialisation statt, sondern auch eine Veränderung in der Herangehensweise.
Das Projekt „Demokratie Leben Lernen" spiegelt eine veränderte Sichtweise auf
Kinder wieder. Während in den Studien der 60er Jahre Kinder als zukünftige
Bürger betrachtet wurden und deshalb Gegenstand des Forschungsinteresses
waren, sind sie dagegen für die Forscher die Mannheimer Studie „keine kleinen
Staatsbürger in Ausbildung, sondern vollwertige Mitglieder der Gesellschaft"
(van Deth, 2007a, S. 17) „mit klaren Interessen an jetziger Beteiligung" (ebd.).
Die Studie kommt unter anderem zu dem Ergebnis, dass Kindern politische
Themen und Probleme bekannt sind, wobei aber der Bekanntheitsgrad von den
jeweiligen Themen abhängt. Die bekanntesten abgefragten Themen waren Kopf-
tuchtragen, Hunger und Krieg, während die Themen Umweltverschmutzung und
Arbeitslosigkeit weniger bekannt waren (vgl. van Deth, 2007b, S.91-92). Insgesamt wurde eine geringere Bekanntheit der politischen Themen bei Kindern aus
einem niedrigen sozioökonomischen Wohnumfeld und Kindern türkischer Herkunft festgestellt (vgl. ebd., S. 96-97). Für die einzelnen Themen wurden The-
menkompetenzniveaus der Kinder ermittelt. Überraschendes Ergebnis dabei war,
dass die Themenkompetenz altersunabhängig zu sein schien und stärker durch
andere Faktoren wie Herkunft und Gespräche über politische Themen beeinflusst
wurde (vgl. ebd., S. 117). Dies steht im Widerspruch zu verschiedenen entwicklungspsychologischen Stufenmodellen. Van Deth (2007b) bemerkt dazu: „Insgesamt unterstreichen diese Ergebnisse die Bedeutung politischer Themen und
Probleme für sehr junge Kinder. Die Zurückhaltung mancher, auf Entwicklungstheorien á la Piaget basierenden Forscher, welche immer wieder jungen Kindern
politische Kompetenz absprechen, scheint nicht berechtigt zu sein" (S. 117). Im
Gegenteil scheinen bereits junge Kinder in der Lage zu sein „nicht nur weit ver-

breitete Begriffe oder Stichworte [zu] wiederholen", sondern „politische Themen und Probleme zu erkennen und sinnvoll zu benutzen" (van Deth, 2007b, S. 88). Auch die ebenfalls am Projekt beteiligten Forscherinnen Abendschön und Vollmar (2007), kommen auf der Basis von Interviews mit bis zu 800 Sechs– bis Siebenjährigen Kindern zu dem Schluss:

> „... dass alle befragten Kinder über ein (Vor-)Verständnis politischer und gesellschaftlicher Themen und Prozesse verfügen. Dieses kindliche Verständnis deckt sich bei den Wissensfragen nicht immer mit den tatsächlichen ‚Fakten', trifft aber meistens den Kern der angesprochenen Themen und zeigte Reflexions- und Argumentationskompetenz auf Seiten der Kinder, was die besprochenen Sachverhalte anbelangt." (S. 207)

Als Einflussfaktoren konnten sie dabei einen positiven Einfluss der Schulerfahrung ausmachen. Ebenso wie van Deth kommen sie zu dem Schluss, dass nicht das Alter der Kinder für ihr Abstraktionsvermögen und Wissen entscheidend ist, „sondern viel mehr der kognitive und soziale Input, mit dem Kinder durch den Schuleintritt konfrontiert werden" (ebd.). Daher finden auch sie für „entwicklungspsychologische Annahmen, die mit steigendem Alter auch eine höhere kognitive und soziale Kompetenz vorhersagen, . . . keine Bestätigung" (ebd., S. 217).

Das Hauptergebnis der Mannheimer Studie ist sicherlich die Feststellung, dass bereits Erstklässler ein politisches Grundverständnis haben, welches im Verlauf der Schulzeit stetig zunimmt. Darüber hinaus zeigten die Kinder Interesse an gesellschaftlichen Fragen und die Fähigkeit zu politischer Reflexion und Argumentation. Es zeigte sich darüber hinaus, dass vor allem Faktoren wie Dauer des Schulbesuchs, Herkunft, Sozioökonomischer Status, Geschlecht, Kommunikation und Mediennutzung einen Einfluss auf das politische Wissen und die politischen Orientierungen ausübten.

4.2 Kindheitsstudien

Mittlerweile gibt es in Deutschland einige etablierte Kinderstudien (z.B. LBS-Kinderbarometer, World-Vision-Kinderstudie), die hauptsächlich auf den Aussagen von Kindern basieren. Dies ist wie bereits beschrieben in der Kindheitsforschung lange Zeit keine Selbstverständlichkeit gewesen. Die Kinder geben in diesen Studien Auskunft über ihre Lebensbedingungen, ihr Wohlbefinden in Familie, Schule und Gesellschaft, über ihre Wünsche und Sorgen, Interessen und Gewohnheiten, ihre Werte und Einstellungen. Dabei kommen auch immer wieder politische Themen zur Sprache. Da die Kinderstudien verschiedene Themenkomplexe umfassen, die sich sowohl dem Bereich des Gesellschaftsverständnisses als auch der Zukunftsvorstellungen zuordnen lassen, werden diese Kinderstudien an dieser Stelle gesondert aufgeführt. Es werden nur Ergebnisse des LBS-Kinderbarometers und der World-Vision-Kinderstudie vorgestellt, da diese Studien sich explizit mit den Themen Politik und Zukunft befassen. Andere Studien (z.b. Alt, 2005 [Kinderpanel]; Bertram, 2008 [Unicef-Kinderstudie]) befassen sich dagegen vorrangig mit traditionellen Themenbereichen der Kindheitsforschung.

4.2.1 LBS-Kinderbarometer

Das LBS-Kinderbarometer ist als Querschnittsstudie angelegt und wird seit 1997 jährlich in den Jahrgangsstufen vier bis sieben durchgeführt. Ursprünglich jedoch nur im Bundesland Nordrhein-Westfalen. In den Jahren 2006/2007 wurden Daten für das Kinderbarometer erstmals auf breiterer Basis erhoben, nämlich in sieben Bundesländern. Im Jahr 2009 gab es die erste bundesweite Erhebung unter Einbeziehung aller 16 Bundesländer. An dieser aktuellsten Erhebung nahmen über 10.000 Kinder teil.

Ziel des Kinderbarometers ist es gesellschaftliche Themen aus der Sicht von Kindern zu beleuchten und Einflüsse auf das Wohlbefinden der Kinder aufzuspüren. Die Daten werden in allen Studien mithilfe standardisierter Fragebögen erhoben, welche jedoch auch offene Frageformate enthalten. Im Rahmen dieser Arbeit soll nur auf die in mehreren Bundesländern durchgeführten Studien eingegangen werden. Für die ausschließlich in Nordrhein-Westfalen durchgeführten Studien, die sich im Wesentlichen in den Ergebnissen nicht von den bundesweiten Studien unterscheiden, sei auf die entsprechenden Veröffentlichungen des LBS-Kinderbarometers Nordrhein-Westfalen verwiesen[6].

Ergebnisse des LBS-Kinderbarometers 2007

Das LBS-Kinderbarometer 2007 (LBS-Initiative Junge Familie, 2007) war die erste bundesweite Befragung, die nicht nur in Nordrhein-Westfalen, sondern auch in den Bundesländern, Baden-Württemberg, Bayern, Bremen, Hessen, Niedersachsen und Sachsen durchgeführt wurde. Über 6.100 Kinder nahmen an der Erhebung teil. Die Schwerpunktthemen waren Gesundheit, Prävention, Ernährung, Körperbild, Bullying, Mobbing, Medien, Kinderrechte und Wertvorstellungen. Es werden an dieser Stelle, aufgrund des Bezugs zur vorliegenden

---

[6] Alle Studien sind im Internet einsehbar unter www.kinderbarometer.de.

Arbeit, nur die Ergebnisse bezüglich politischer Themen, Zukunftswünschen und Ängsten vorgestellt.

Politische Themen

Den Kindern wurde im Fragebogen die offene Frage gestellt, was sie ändern würden, wenn sie PolitikerInnen wären. Diese Frage wurde auch bereits in den vorherigen Erhebungen in Nordrhein-Westfalen gestellt. Dabei zeigte sich, dass die von den Kindern genannten Politikthemen breit gestreut waren und von aktuellen politischen Ereignissen und vor allem auch von der Medienberichterstattung beeinflusst wurden (vgl. LBS-Initative Junge Familie, 2007, S. 159). Dies zeigte sich beispielsweise im Erhebungsjahr 2006 daran, dass die Kinder die damals intensiv geführte öffentliche Debatte über eine Mehrwertsteuererhöhung aufgriffen. Dementsprechend waren die Top-Themen der Kinder in diesem Jahr Mehrwertsteuererhöhung, Arbeitslosigkeit und Preisniveau. Weitere wichtige Themen für die Kinder waren Armut, Obdachlosigkeit und Bildung. Auch die Themen Frieden und Umweltschutz wurden von den Kindern häufig genannt (vgl. ebd., S.159). Bei den genannten Themen zeigten sich länderspezifische Unterschiede, die ebenfalls mit den aktuellen politischen Debatten auf Landesebene zusammenhingen. Zwischen der Themenwahl von Jungen und Mädchen wurden nur wenige Unterschiede festgestellt. Die Jungen äußerten sich öfter zum Thema Mehrwertsteuererhöhung, während bei den Mädchen Armutsbekämpfung und Umweltschutz häufiger genannt wurden (vgl. ebd., S. 160). Auf dem zehnten Platz der Politikthemen stand für die Kinder das Thema Mitbestimmung und Partizipation für Kinder. Nur vier Prozent der Kinder nannten dieses Thema. Es lag damit knapp hinter den Themen Umweltschutz, Tierschutz und Frieden. Das Top-Thema Mehrwertsteuer nannten 16% der Kinder. Themenspezifische Unterschiede wurden zwischen älteren und jüngeren Kindern festgestellt. Jüngere Kinder äußerten seltener Veränderungswünsche als ältere Kinder und nannten auch deutlich seltener die Themen Arbeitslosigkeit und Mehrwertsteuer (vgl. ebd., S. 162).

Unterschiede nach Migrationshintergrund wurden nicht festgestellt. Dafür wurden jedoch Zusammenhänge zwischen Versagensängsten und der Nennung von Bildungspolitik erkannt. Auch nannten Kinder, „die sich in ihren Rechten auf Zugang zu Informationen, auf Zusammenschluss mit anderen Kindern, auf kindgerechte Medien, auf freie Meinungsäußerung und auf die Wahrung der Intimsphäre verletzt" (LBS-Intitiative Junge Familie, 2007, S. 163) sahen, häufiger das Thema Mitbestimmung und Partizipation als Kinder, die sich in diesen Rechten nicht verletzt sahen (vgl. ebd.).

Zukunftswünsche

Was den Kindern für ihre Zukunft besonders wichtig war, wurde über Fragen zu
bestimmten Themenbereichen ermittelt. Die Kinder konnten angeben, wie wichtig es ihnen ist eigene Kinder zu haben, einen guten Beruf zu haben, ein Auto zu
haben, für die eigenen Kinder da zu sein, in einem eigenen Haus zu wohnen und
nach den Vorschriften einer Religion zu leben. Dabei zeigte sich, dass den Kinder vor allem ein guter Beruf und für die eigenen Kinder da zu sein wichtig war.
Familie und Kinder waren Jungen und Mädchen gleich wichtig. Jungen fanden
aber den Beruf, ein eigenes Auto und ein eigenes Haus wichtiger als Mädchen.
Für ältere Kinder war das Thema Familie bzw. Kinder weniger wichtig (vgl.
LBS-Initiative Junge Familie, 2007, S. 171-179).

Ängste

Wieder mit offenen Fragen wurden die Kinder hinsichtlich ihres schönsten Er-
lebnisses und ihrer größten Angst befragt. Zu den schönsten Erlebnissen gehörten vor allem Ausflüge, Reisen und gemeinsame Erlebnisse mit Familie und
Freunden. Aber auch gute Schulnoten wurden häufig von den Kindern genannt
(vgl. ebd., S.180).
    Als größte Angst äußerten knapp ein Drittel der Kinder schulische Versa-
gensängste, beispielsweise die Angst vor schlechten Noten. Am zweithäufigsten
wurden von den Kindern Angst um Familienangehörige genannt (z.B. Krankheit,
Tod, Gewalt). Zehn Prozent der Kinder gaben an zurzeit keine Angst zu haben.
Politische Ängste, wie Angst vor Krieg oder Angst vor Umweltverschmutzung
äußerten nur wenige Kinder (vgl. ebd., S. 185). Alter, Migrationshintergrund
oder das Geschlecht der Kinder spielten dabei kaum eine Rolle. Mädchen hatten
allerdings häufiger als Jungen Angst um ihre Familienangehörigen oder Freunde
oder Angst davor, Opfer von Gewalt zu werden (vgl. ebd., S.187-188).

Ergebnisse des LBS-Kinderbarometers 2009

Die Erhebungen für das LBS-Kinderbarometer 2009 (LBS-Initiative Junge Familie, 2009a) fanden in den Jahren 2008 und 2009 statt. Sie waren die ersten
Erhebungen, die bundesweit in allen Bundesländern durchgeführt wurden. Über
10.000 Kinder wurden dabei befragt. In dieser Erhebung wurden die Themen-
schwerpunkte Wohlbefinden, Krankheiten und Körperempfinden, Körperbe-
wusstsein und Körperpflege, Ernährung, Familie, Taschengeld und Hinzuver-

dienst, Schule, Freundeskreis, Mediennutzung, Politikthemen und Toleranz gesetzt. Zusätzlich zu den Ergebnissen aus diesen Themenbereichen wurde die
Entwicklung bzw. Veränderung bestimmter Themenbereiche, zum Beispiel der
Politikthemen, seit Beginn der Erhebungen in Nordrhein-Westfalen 1998 betrachtet. Zukunftswünsche oder Vorstellungen wurden 2008 und 2009 nicht
erhoben.

Politikthemen 2008 und 2009

Ebenso wie im Erhebungsjahr 2006 und 2007 wurde den Kindern die offene
Frage gestellt, was sie verändern würden, wenn sie PolitikerInnen wären.
    In dieser aktuellsten Erhebung des LBS-Kinderbarometers war den Kindern
das Thema Bildung am wichtigsten. An zweiter Stelle standen die Themen Um-
welt- /Tierschutz und Armut, dicht gefolgt von den Themen Frieden und Preisniveau. Erstmals seit Beginn der Erhebungen tauchte bei den Themen die Nennung
von Klimawandel bzw. Klimaschutz auf. Beispielhafte Äußerungen dazu waren:
„Autoabgase abschaffen", „Erderwärmung stoppen" und „Polschmelze" (vgl.
LBS-Initiative Junge Familie, 2009a, S. 225). Auch Kinder- und Jugendpolitik
und Kinderrechte wurden in diesem Jahr häufig von den Kindern genannt. Dazu
wurden beispielsweise Äußerungen wie „mehr Ideen für Kinder" und „mehr für
Kinder einsetzen" gezählt (vgl. ebd.).
    Die Themen der Mädchen waren ähnlich wie 2007 bevorzugt Umwelt- und
Tierschutz und Armutsbekämpfung. Aber auch bei den Themen Entwicklungs-
hilfe, Kinderpolitik und Kinderrechte lagen die Mädchen vorn. Die Jungen äußerten dagegen öfter keine Veränderungswünsche und Schulhass. Bei ihnen war
darüber hinaus das Thema Steuersenkung deutlich stärker vertreten (vgl. ebd., S.
227-228). Die Unterschiede zwischen Kindern mit und ohne Migrationshintergrund waren gering. Kinder mit Migrationshintergrund nannten häufiger
Themen wie Toleranz und Integration und Kinder ohne Migrationshintergrund
fanden die Themen Klimawandel und Schulzeitverlängerung wichtiger (vgl.
ebd., S. 228). Auch hinsichtlich des Alters gab es nur geringe Unterschiede.
Jüngere Kinder äußerten wie 2007 seltener Veränderungswünsche. Außerdem
waren ihnen die Umweltthemen wichtiger. Ältere Kinder beschäftigten sich
dafür eher mit den Themen Arbeitslosigkeit, Steuern, Preisniveau und Bildung
(vgl. ebd., S. 229).

4.2.2 World Vision Kinderstudie 2007

Die World-Vision Kinderstudie (World Vision Deutschland e.v., 2007) ist eine
repräsentative Befragung von Kindern im Alter von acht bis elf Jahren und deren
Eltern. Teilweise wurden auch jüngere Kinder qualitativ über Interviews befragt.
Die Stichprobe bestand aus 1592 Kindern aus dem gesamten Bundesgebiet. Die
Befragungen wurden bei den Kindern zu Hause durchgeführt. Die Studie wurde
im Auftrag von World Vision Deutschland e. V. unter der Leitung der Bielefel-
der Sozial- und Erziehungswissenschaftler Prof. Dr. Klaus Hurrelmann und Prof.
Dr. Sabine Andresen durchgeführt. Inhaltlich orientiert sich die Studie am Vorbild der Shell-Jugendstudien. Themengebiete der Studie sind Familie (Familienstrukturen, Migration, Arbeitslosigkeit, Familienleben, Konflikte etc.), Schule
(Bildungschancen, Schulalltag, Mitbestimmungsmöglichkeiten etc.), Gleichaltri-
gen-Gruppen (Freundschaften, Mobbing, Gewalt etc), Freizeit (Freizeitgestal-
tung, Mediennutzung etc.), Wünsche, Ängste und politische Interessen. Die Ergebnisse der Themenbereiche Wünsche, Ängste und politische Interessen wurden von Schneekloth und Leven (2007) vorgestellt.

Wünsche und Ängste der Kinder

Die Kinder wurden im Interview in einer offenen Abschlussfrage nach ihrem
momentan größten Wunsch gefragt. Am häufigsten äußerten die Kinder dabei
materielle Wünsche. Jungen äußerten häufiger materielle Wünsche als Mädchen.
Die Mädchen äußerten dagegen öfter den Wunsch nach Haustieren, der nach den
materiellen Wünschen am zweithäufigsten genannt wurde. Weitere wichtige
Wünsche waren Urlaubsreisen bzw. Ausflüge zu bestimmten Orten gefolgt von
dem Wunsch „ein Star" zu werden. An vierter Stelle stand der Wunsch nach
Zufriedenheit und Gesundheit. An fünfter Stelle der Wunsch nach einer besseren
Welt. Dazu wurden Äußerungen gegen Krieg, Umweltzerstörung oder Armut
gezählt (vgl. Schneekloth & Leven, 2007, S. 203).
        Die Ängste der Kinder wurden im Gegensatz zu den Wünschen nicht mit
einer offenen Frage, sondern mit Hilfe einer vorgegebenen Liste erhoben. Die
Kinder konnten zu den dort angegebenen gesellschaftlichen Ereignissen angeben, wie oft sie sich davor fürchten. Angst vor dem Ausbruch eines Krieges
(21%) wurde als vorherrschende Angst benannt, vor der Angst vor Armut (14%),
vor Umweltverschmutzung (12%) und vor Arbeitslosigkeit der Eltern, Gewalt,
und schlechten Noten (je 10%). Zusätzlich gaben die Kinder an, manchmal
Angst vor schlechten Noten (42%), vor Armut (39%), vor Umweltverschmutzung (33%) und vor dem Ausbruch eines Krieges (31%) zu haben. Bezüglich der

Themen Armut, Krieg und schlechte Noten äußerten also jeweils über 50% der Kinder Ängste. Angst vor Umweltverschmutzung und Angst vor Gewalt nannten über 40% der Kinder (vgl. Schneekloth & Leven, 2007, S. 204). Die Autoren stellten eine Zunahme der Ängste vor Armut, Umweltzerstörung und schlechten Noten mit zunehmendem Alter fest (vgl. ebd.). Auch geschlechtsspezifische Unterschiede in den Ängsten konnten sie ausfindig machen. Mädchen äußerten häufiger Ängste hinsichtlich Krieg und Umweltverschmutzung. Jungen zeigten mehr Angst vor Gewalt und Zuwanderung (vgl. ebd., S. 205). Schichtspezifische Unterschiede fanden sich vor allem bezogen auf die Themen Gewalt, schlechte Noten und Arbeitslosigkeit. Kinder aus der Unterschicht äußerten in diesem Zusammenhang häufiger Ängste als die Kinder aus den oberen Schichten. Dafür war bei ihnen die Angst vor Umweltverschmutzung geringer ausgeprägt. Durch die festgestellten Schichtunterschiede kommen die Autoren zu dem Schluss, „dass es sich bei den benannten Bereichen nicht vorrangig um eher diffuse Kinderängste, sondern um bewusste Wahrnehmungen von realen Problemlagen handelt" (Schneekloth & Leven, 2007, S. 206).

Politische Interessen der Kinder

Die Kinder wurden dazu befragt, ob sie sich für Politik interessieren und konnten eine von vier Antwortmöglichkeiten von *gar nicht* bis *stark interessiert* auswählen. Dabei äußerten die meisten Kinder gar kein oder nur wenig Interesse. Vor allem die jüngeren Kinder zeigten sich weniger interessiert. Als politisch interessiert bezeichneten sich lediglich 10% der Kinder (vgl. ebd., S. 208). Die Autoren warnen jedoch davor diese Ergebnisse dahingehend zu interpretieren, dass die Kinder „entsprechende Fragen grundsätzlich noch nicht verstehen würden oder dass ihnen die gesellschaftliche Umwelt egal wäre" (ebd., S. 209), da Angaben der Kinder zu ihren Ängsten anderes zeigten. Dabei erscheint die fehlende Ausdifferenzierung des Politikbegriffs problematisch. Die Fragestellung zum politischen Interesse kann keinen Aufschluss darüber geben, was die Kinder unter dem Begriff Politik verstehen, der verschiedene (strukturelle, formale, inhaltliche) Dimensionen umfasst. Daher bleibt auch unklar, worauf sich ihr Interesse bzw. Desinteresse bezieht. Dass vor allem jüngere Kinder Schwierigkeiten mit dem Wort Politik hatten, zeigte sich auch im qualitativen Teil der Studie (siehe Picot & Schroeder, 2007). Es bleibt also die Frage bestehen, was die Kinder mit dem Begriff Politik verbinden, um ihre Interessensbekundungen interpretieren zu können.

Einstellungen zu Politikern

In der Befragung wurden die Kinder auch um eine Einschätzung der Aussage „Politiker denken viel an Kinder und daran, was sie tun müssen, damit es Kindern gut geht" (Schneekloth & Leven, 2007, S. 211) gebeten. 43% der Kinder gaben dabei an, dies eher nicht zu glauben. Bei Kindern aus den unteren Schichten wurde diese Antwort am häufigsten gegeben. Allerdings erhielt die Einschätzung „glaube ich eher nicht" in allen Schichten hohe Werte. Bei der „Oberschicht" waren jedoch die Zustimmungswerte („glaube ich") deutlich höher als bei der „Unterschicht" (vgl. ebd.).

Ergebnisse aus den Interviews

In den Interviews mit Kindern der einzelnen Altersgruppen zeigte sich, dass viele der Kinder mit dem Begriff „Politik" wenig anfangen konnten (vgl. Picot & Schröder, 2007, S. 236). Dennoch brachten die Kinder konkrete politische Themen wie Krieg, Armut und Umwelt zur Sprache.

Hinsichtlich der Zukunftsvorstellungen stellten Picot und Schröder fest, dass sich vor allem bei jüngeren Kindern Wunschphantasien und Zukunftsvorstellungen stark vermischten (vgl. ebd., S. 237) Neben Berufswünschen standen technische Entwicklungen, allen voran das Fliegen, z.B. in Form von fliegenden Autos, bei den Zukunftsvorstellungen stark im Vordergrund. Aber auch der Klimawandel war für die Kinder in der Erhebung ein wichtiges Thema im Zusammenhang mit der eigenen und der gesellschaftlichen Zukunft (vgl. ebd.). In einzelnen Fällen zeigte sich auch die Unterscheidung zwischen institutioneller Politik und politischen Themen. So gab beispielsweise die elfjährige Monique an, über Politik nichts zu wissen und sich auch nicht dafür zu interessieren. Im Verlauf des Interviews nannte sie aber verschiedene politische Themen für die sie sich interessierte, über die sie Wissen und auch eine eigene Meinung besaß. Auf die erstaunte Nachfrage, dass sie doch ganz viel von Politik wüsste, antwortete sie: „Ja, schon, von den einzelnen Themen her. Aber ich weiß nicht, was die Politiker . . . was es dann für ein bestimmtes Fach ist, weil es ja auch verschiedene gibt, die ein Thema behandeln sozusagen. Und ich kenn die auch alle gar nicht, und die will ich auch eigentlich gar nicht unbedingt wissen." (Picot & Schroeder, 2007, S. 349). Diese Äußerung deutet in die Richtung, dass der Ausdruck *Politik* von Kindern auf seine formale und nicht auf seine inhaltliche Dimension bezogen wird und unterstützt die Überlegung über die Notwendigkeit einer Ausdifferenzierung des Politikbegriffs für die Befragung von Kindern.

4.2.3 Zusammenfassung der Ergebnisse

Die wenigen Studien, die der Thematik Kinder und Politik nachspüren, kommen zu dem Schluss, dass schon Grundschulkinder ein politisches Vorverständnis besitzen. Zwar sind ihre Kenntnisse noch eingeschränkt, dennoch haben die Kinder politische Einstellungen, Kenntnisse und Fähigkeiten. Nach den Ergebnissen der bisherigen Studien scheint es, als hätten Kinder Vorlieben für bestimmte politische Themen, da von ihnen einzelne Themen immer wieder genannt werden. Erklärungen dafür könnten der Bezug dieser Themen zur Lebenswelt der Kinder aber auch das Vorhandensein von Ängsten oder die Verknüpfung mit eigenen Wertvorstellungen sein. Die Themen Krieg, Armut und Umwelt tauchen immer wieder in unterschiedlichem Ausmaß auf, in der Regel im Zusammenhang mit Ängsten oder wahrgenommen Problemen beispielsweise bei der Zukunftsgestaltung. In den Studien wurde darüber hinaus deutlich, dass aktuelle Ereignisse die politischen Themen der Kinder und ihre Ängste beeinflussen. Darüber hinaus zeigten sich Einflüsse des Geschlechts, der Herkunft und des Alters der Kinder auf das Themeninteresse, die Zukunftsvorstellungen und auf Art und Ausprägung von Ängsten. Unterschiede nach Migrationshintergrund bestanden dagegen eher selten. Bei den in der Mannheimer Studie gefundenen Unterschieden im Zusammenhang mit einem Migrationshintergrund bleibt unklar, ob diese Unterschiede nicht vielmehr mit sozioökonomischen Faktoren zusammenhängen können.

Die Aussagen zum politischen Interesse der Kinder aus der World Vision Kinderstudie und aus dem Projekt DLL sind kritisch zu betrachten, da das Themeninteresse rein verbal im Rahmen einer vorgegeben Antwortskala zu vorgegeben Themen erhoben wurde. Die sprachungebundene Erhebungsmethode und das explorative Forschungsdesign der vorliegenden Arbeit boten jedoch eine gute Möglichkeit, einen anderen Einblick in das Themeninteresse der Kinder und darin enthaltene emotionale Aspekte zu erhalten. Eine Erfassung der für die Kinder interessanten politischen Themen und Probleme war durch die offene Fragestellung möglich, obwohl natürlich eine Einschränkung auf die Zukunftsfragestellung vorhanden war. Es konnte also ermittelt werden, welche politischen Themen die Kinder so interessierten, dass sie aufgriffen wurden, ohne dass eine Liste bestimmter Themen abgefragt wurde.

4.3 Zukunftsvorstellungen, Wünsche und Ängste

Empirische Untersuchungen zu Zukunftsvorstellungen von Kindern sind eher rar. Ähnlich wie bei der politischen Sozialisationsforschung setzen die Studien meist erst im Jugendalter ein. Jüngere Kinder werden seltener befragt. Es werden sowohl die Studien zu Zukunftserwartungen bei Kindern als auch bei Jugendlichen vorgestellt, da diese sich in vielen Bereichen ähneln und darüber hinaus ein Einblick in Veränderungen der Zukunftsvorstellungen mit steigendem Alter möglich ist. Im Folgenden werden quantitative und qualitative Studien zu Zukunftsvorstellungen, Wünschen und Ängsten vorgestellt. Die Einbeziehung von Studien über Wünschen und Ängste wird als sinnvoll erachtet, da die in der vorliegenden Studie verwendete Aufgabenstellung zur Anfertigung der Zeichnungen diese auch direkt ansprach („...worauf freust du dich oder wovor hast du Angst?"). Darüber hinaus hängen Wünsche und Ängste oft eng mit den Zukunftsvorstellungen zusammen, da sowohl Wünsche als auch Ängste in der Regel auf Zukünftiges ausgerichtet sind. In diesem Abschnitt soll jedoch nur ein kurzer Überblick über die unterschiedlichen Studien und ihre wichtigsten Ergebnisse bezüglich der Themenwahl und anderer für diese Arbeit relevanter Ergebnisse gegeben werden. Auf ausführliche Beschreibungen der Erhebungsmethoden wird aus Platzgründen verzichtet und auf die entsprechenden Veröffentlichungen verwiesen. Einige Studien werden nicht gesondert aufgeführt, z.B. die Jugendstudien der deutschen Shell, da diese ausschließlich Jugendliche befragten und keine zusätzlichen Erkenntnisse (im Vergleich zu den vorgestellten Studien) liefern.

4.3.1 Quantitative Studien

In den 80er Jahren befragte ein Team aus Wissenschaftlern (Petri, Boehnke, MacPherson & Meador, 1987) über 3000 Kinder zwischen 9 und 18 Jahren zu ihren Hoffnungen, Wünschen und Ängsten. Dabei sollten die teilnehmenden Kinder zuerst bei einer offenen Frage ihre drei größten Wünsche und Hoffnungen angeben. An erster Stelle wurde dabei die Hoffnung auf Frieden genannt. Bei der ebenfalls offenen Frage nach den drei größten Ängsten wurde dementsprechend Krieg genannt. Im Anschluss sollten die Teilnehmer auf einer Angstskala zu zwanzig vorgegebenen politischen und persönlichen Ängsten den themenspezifischen Grad der Angst angeben. Die Skala reichte von „keine Angst" bis „viel Angst". An erster Stelle stand dabei die Angst vor einem Atomkrieg gefolgt von der Angst vor dem Verlust der Eltern. An dritter Stelle der angstmachenden Themen stand das Thema Umweltzerstörung. Petri (1992) gelangte durch diese Studie zu dem Schluss, dass gerade bei den jüngeren Befragten, die politischen Ängste am größten seien. Dies erklärt er damit, dass bei jüngeren Kindern die Möglichkeiten, diese Bedrohungen aktiv zu bewältigen, eingeschränkt sind und seelische Abwehrmechanismen bei ihnen noch nicht stark ausgeprägt sind (vgl. Petri, 1992, S. 84-85). Ein weiteres Ergebnis dieser Studie, das auch von anderen Studien gestützt wird, war, dass Mädchen stärker unter Ängsten litten als Jungen (dies findet sich auch bei: Boehnke, Fromberg & MacPherson, 1991; Jugendwerk der deutschen Shell, 1985; Sahr, 1990). Die Autoren Boehnke et al. (1991) vermuten eine höhere Sensibilität für makrosoziale Stressoren bei Mädchen. Auch andere Studien (Behnken et al., 1991; Butz, 1996) zeigten eine pessimistischere Zukunftssicht von Mädchen gegenüber Jungen. In diesen beiden Studien war sowohl die persönliche als auch die gesellschaftliche Zukunftserwartung der Mädchen pessimistischer als die der Jungen. Behnken et al. (1991) sprechen daher auch von „Zukunftsoptimismus" als einer „Domäne des männlichen Geschlechts" (S. 82). Darüber hinaus zeigte sich auch bei einer Wiederbefragung von 800 Kindern aus der ersten Studie von Petri et al., dass persönliche Ängste zwar mit zunehmendem Alter abnahmen, politische Ängste bei Jungen ebenfalls abnahmen, bei Mädchen jedoch konstant blieben (berichtet bei Gebhard, 2005, S. 241). Gebhard erklärt dieses Phänomen unter anderem mit gesellschaftlichen Geschlechtsrollenmustern nach denen Mädchen eher „Affekte wie Angst, Besorgnis und Unsicherheit in der Öffentlichkeit äußern dürfen und können" (ebd., S. 249). Bei Jungen sieht er daher einen größeren „Verdrängungsdruck" (vgl. ebd.).

Ähnliche Ergebnisse wie in den bereits beschriebenen Studien finden sich auch in der Studie von Unterbruner (1991), die qualitative und quantitative Ansätze kombinierte und mittels Kinderzeichnungen, Interviews und Fragebögen Zukunftsvorstellungen von Vierzehn- bis Sechzehnjährigen erhob. Umweltverschmutzung bzw. Umweltzerstörung identifizierte sie dabei als eines der Hauptthemen der Kinder, welches von 60% der Kinder genannt wurde. Auch stellte Unterbruner eine überwiegend pessimistische Zukunftssicht der Kinder fest (vgl. Unterbruner, 1991, S. 16). Ein weiteres wichtiges Thema, das sich in den Zeichnungen fand, war das Thema „Industrie und Technik" (vgl. ebd., S.20). Zusätzlich zu ihrer Erhebung der Kinderzeichnung wurden von Unterbruner Zukunftswünsche und Zukunftsängste mittels eines Fragebogens erfragt. Zu den meistgenannten Wünschen gehörten „Arbeit" (65%), „Familie und Partnerschaft" (42%), „Friede" (36%), „saubere Umwelt" (35%) und „Gesundheit" (30%). Bei den Ängsten finden sich nachvollziehbarerweise viele Negationen der Wunschvorstellungen. Am häufigsten wurden Ängste vor „Atomkrieg/Krieg", „Krankheit", „Umweltzerstörung", „Verlust nahestehender Menschen" und „Einsamkeit" geäußert (vgl. ebd., S. 22-27). Darüber hinaus erfasste Unterbruner die themenspezifische Angst mittels der gleichen Angstskala, die schon von Petri et al. (1989) eingesetzt wurde. Dabei stand das Thema Umweltzerstörung an der Spitze, gefolgt von den Themen „Tod der Eltern", „Atomkrieg" und „AKW-Unfall". Angst bezüglich dieser Themen äußerten über 80% der Befragten, viel Angst äußerten noch über 50% (vgl. ebd., S. 27-29). Geschlechtsspezifische Unterschiede stellte Unterbruner hinsichtlich der Themen „Familie und Partnerschaft" „Wohlstand" und „Beziehungen" fest. Mädchen äußerten dabei häufiger den Wunsch nach intakten zwischenmenschlichen Beziehungen, Familie und Partnerschaft, während Jungen häufiger den Wunsch nach materiellem Wohlstand äußerten (vgl. ebd., S.24-25). Hinsichtlich der Ängste gab es ebenfalls signifikante geschlechtsspezifische Unterschiede. Es äußerten mehr Mädchen als Jungen bei der offenen Frage nach Ängsten, Angst vor Krieg und Umweltzerstörung. Ansonsten äußern die Mädchen mehr Angst vor dem Verlust nahestehender Menschen und die Jungen mehr Angst vor persönlichem Scheitern (vgl. ebd., S. 29).

Unterbruner stellte in ihrer Studie fest, dass vor allem die politischen Ängste deutlich im Vordergrund standen. Dazu gehörten bei ihr Ängste bezüglich Umweltzerstörung, Atomkrieg, Super-GAU und Hunger in der Welt. Bei den persönlichen Ängsten gab es vor allem hohe Werte zum Thema Krankheit. Andere persönliche Ängste rangierten in der Angstskala jedoch unter den politischen Ängsten (vgl. ebd., S. 28). Ebenso wie in der Studie von Petri et al. (1989) stellte Unterbruner bei Mädchen ein höheres Angstniveau fest. Mögliche Gründe dafür sieht sie in der geschlechtsspezifischen Sozialisation sowie in einem unterschiedlichen Antwortverhalten aufgrund von sozialer Erwünschtheit. Auch ein höheres Wissensniveau bei Jungen, das sich angstreduzierend auswirken könnte, schließt sie nicht aus (vgl. Unterbruner, 1991, S. 29).

Zukunftsängste wurden auch in zwei aufeinander folgenden Studien des Jugendkompaß Niedersachsen (1985, 1990; berichtet bei Gebhard, 2005, S. 245) erhoben. Bei beiden Studien wurden über 5000 Jugendliche im Alter von 14 – 21 Jahren hinsichtlich ihrer Zukunftssorgen befragt. Ein Großteil der Befragten äußerte manchmal Zukunftssorgen zu haben. Hoffnungsvoll in die Zukunft sahen lediglich ein Viertel der Befragten. Die meistgenannten Themen im Zusammenhang mit Zukunftssorgen waren Umweltzerstörung, Arbeitslosigkeit und Krankheit.

Eine repräsentative Studie des Instituts für Jugendforschung in München (berichtet bei Gebhard, 2005, S. 247-248), die über 1000 sechs- bis vierzehnjährige Kinder befragte, ermittelte überwiegend pessimistische Zukunftserwartungen.

Die teilnehmenden Kinder wurden gefragt „Was glaubst Du, wie wird es mit unserer Welt weitergehen: Wird sie, wenn Du einmal groß bist, also sagen wir so in 20 Jahren, besser sein als jetzt – genauso sein wie jetzt – oder schlechter sein als jetzt?" (ebd., S. 247). Ergebnis war, dass 41 Prozent der Kinder von einer Verschlechterung ausgingen. Dabei zeigten sich für Mädchen und Jungen keine Unterschiede. Allerdings wurde die Zukunftssicht mit steigendem Alter pessimistischer. Während sich in der Altersgruppe der Sechs- bis Achtjährigen nur 20 Prozent pessimistisch äußerten waren es in der Altersgruppe der Zwölf- bis Vierzehnjährigen schon 60 Prozent der Befragten, die eine Verschlechterung erwarteten (vgl. ebd.). Hinsichtlich der optimistischen oder pessimistischen Einschätzung der Zukunft zeigten sich aber in verschiedenen Studien (Behnken et al., 1991; Butz, 1996; Fuchs-Heinritz, 2000) Unterschiede in der Einschätzung je nachdem, ob diese auf die persönliche oder gesellschaftliche Zukunft bezogen war. Die persönliche Zukunft wurde dabei von den Befragten eher optimistisch betrachtet, während die gesellschaftliche Entwicklung eher pessimistisch gesehen wurde (vgl. Walper & Schröder, 2002, S.101).

Auch Walper und Schröder (2002) widmeten sich im Rahmen des LBS-Kinderbarometers (Kindheit 2001) der Frage nach den Zukunftsängsten von Viert- bis Siebtklässlern. Dazu werteten sie Daten aus verschiedenen Erhebungsjahren (1998, 1999 und 2000) aus. Die Kinder wurden danach gefragt, worauf sie sich in der Zukunft, bzw. wenn sie erwachsen sind, freuen und wovor sie Angst haben. 1998 wurde zusätzlich nach dem größten Wunsch bezüglich der Zukunft gefragt. 1999 und 2000 wurden auch Berufswünsche erfragt. Zusätzlich wurden Kinderwunsch, Wünsche an die Rollenverteilung in einer Partnerschaft und die Vorstellung der Beeinflussbarkeit der Zukunft gezielt mit vorgegebenen Antwortmöglichkeiten erhoben.

Am meisten freuten sich die Kinder dieser Studie darauf, ein eigenes Auto zu besitzen, selbständig zu sein und auf ihren späteren Beruf (vgl. ebd., S. 106-107). Die Rangfolge dieser Themen änderte sich jedoch in Abhängigkeit vom Geschlecht der Befragten und des Erhebungszeitpunktes. Insgesamt zeigten sich in einzelnen Bereichen Tendenzen zu traditionellen Rollenmustern. Mädchen maßen der Familie und dem eigenen Heim mehr Bedeutung zu, während Jungen Arbeit und Statussymbole in den Vordergrund stellten. Den Zukunftsoptimismus von Jungen konnten Walper und Schröder nicht bestätigt finden, da vor allem die Jungen in ihrer Studie äußerten, sich auf „nichts" zu freuen (vgl. Walper & Schröder, 2002, S. 108-109).

Zu den größten Zukunftsängsten gehörte bei Jungen und Mädchen die Angst vor Arbeitslosigkeit und Armut, Angst vor dem eigenen Tod und Angst vor Unfällen und Krankheiten. Die Angst vor Krieg und Katastrophen war im

Erhebungsjahr 1999 deutlich höher als im Jahr 2000. Die Autoren gehen daher davon aus, dass die Ängste der Kinder durch aktuelle und medienpräsente Themen beeinflusst werden, da 1999 der Kosovo-Krieg aktuell in den Medien vertreten war (vgl. Walper & Schröder, 2002, S.111).

Einen Zusammenhang zwischen dem Alter und der Art der Ängste konnten die Autoren nur bedingt feststellen. Die Angst vor Arbeitslosigkeit nahm mit steigendem Alter der Kinder zu, während Kriegsängste vor allem die jüngeren Kinder beschäftigten. Sowohl bei den Wünschen als auch bei den Ängsten fanden sich keine bedeutenden Unterschiede zwischen deutschen und ausländischen Kindern (vgl. ebd., S. 112-113).

Nach ihrem eigenen Kinderwunsch gefragt, äußerte eine große Mehrheit der Kinder später selbst Kinder haben zu wollen. Dieser Wunsch war jedoch bei den teilnehmenden GrundschülerInnnen weniger ausgeprägt (vgl. ebd., S. 114-115). Bei der Frage nach der Rollenverteilung im familiären Bereich äußerte die Mehrheit der Kinder den Wunsch nach einer egalitären Rollenverteilung. Jedoch zeigte sich in anderen Bereichen der Studie, dass traditionelle Rollenmuster im Denken der Kinder verankert waren. Dies zeigte sich zum Beispiel hinsichtlich der Berufswünsche, die sich stark zwischen Jungen und Mädchen unterschieden. Insgesamt bevorzugten die Jungen „öffentlichkeitsorientierte" Berufe und die Mädchen helfende oder lehrende Berufe (vgl. ebd., S. 116-120).

Auf die Frage nach den Gestaltungsmöglichkeiten der eigenen Zukunft, mit der die Selbstwirksamkeitsüberzeugungen der Kinder erfasst werden sollten, antworteten die Kinder in Abhängigkeit von Alter und Geschlecht unterschiedlich. Jüngere Kinder sahen weniger Handlungsmöglichkeiten als ältere Kinder, und Jungen waren stärker davon überzeugt ihr Leben selbst bestimmen zu können als Mädchen. Kinder, die glaubten, ihr Schicksal nicht durch eigene Anstrengungen beeinflussen zu können, wiesen auch ein geringeres allgemeines Wohlbefinden auf (vgl. ebd., S. 122). Die geringeren Selbstwirksamkeitsüberzeugungen der Mädchen spiegeln sich möglicherweise in den bei ihnen stärker ausgeprägten politischen Ängsten wieder.

4.3.2 Qualitative Studien

Zu Zukunftsvorstellungen von Kindern gibt es auch einige qualitative Studien. Die quantitativen Studien sind jedoch zahlreicher, was vermutlich darauf zurückzuführen ist, dass die Zukunftsfrage in viele große Kinder- und Jugendstudien eingebaut wird (z.B. beim LBS-Kinderbarometer und in den Shell-Studien), dabei aber nur einen Teilaspekt der Studie darstellt. Der Vorteil dieser großen Studien liegt oft darin, dass zusätzlich viele persönliche Daten über den sozioökonomischen und familiären Hintergrund der Kinder vorliegen. Die Zukunftsvorstellungen können daher auch hinsichtlich ihrer Einflussfaktoren untersucht werden. Die qualitativen Studien bieten dagegen einen vertiefenden Einblick in die Sichtweisen der Kinder und geben den Kindern mehr Möglichkeiten offen, bzw. aus sich selbst heraus, Dinge anzusprechen und zu formulieren. Durch die qualitativen Studien können also die quantitativ erworbenen Erkenntnisse entsprechend vertieft und erklärt werden. Manche Studien, beispielsweise die bereits beschriebene Studie von Unterbruner (1991), verknüpfen auch quantitative und qualitative Ansätze.

Zu den Zukunftsvorstellungen von Kindern findet sich jedoch auch qualitatives Material, das nicht im Rahmen einer wissenschaftlichen Studie entstanden und nur teilweise wissenschaftlich ausgewertet wurde, aber dennoch einen orientierenden Einblick in die Sichtweisen der Kinder erlaubt. Vorrangig handelt es sich hierbei um veröffentlichte Ergebnisse von Schreib- und Malwettbewerben zum Thema Zukunft (z.B. Britten, 2000, 2001; Meinerzhagen, 1988; Rusch, 1989). Diese zeigen oft eindringlich und anschaulich, was den Kindern auf dem Herzen liegt und welche Wünsche und Ängste sie mit dem Thema Zukunft verbinden.

Petri (1992) wertete Zuschriften von Kindern im Rahmen eines Schreibwettbewerbs der IG Metall zum Thema Zukunft aus. Der Schreibwettbewerb fand 1988 statt und richtete sich an Kinder zwischen acht und vierzehn Jahren. Die Fragestellung lautete „Wie werdet ihr in einigen Jahren leben? Wie wird es aussehen in unserer Welt? Was wird besser, was schlechter sein? Freut ihr euch auf die Zeit, die jetzt noch so fern scheint, oder habt ihr Angst vor der Zukunft?" (Rusch, 1989, S. 7). Über fünfhundert Kinder beteiligten sich an diesem Wettbewerb. Die meisten Zuschriften präsentierten jedoch ein erschreckend negatives Zukunftsbild. Die Bilder enthielten „Schreckensbilder einer zerstörten Umwelt, düstere Zukunftsvisionen von Massenarbeitslosigkeit und einem computergesteuerten, phantasie- und lieblosen Leben. Und immer wieder Angst – vor dem Dritten Weltkrieg, vor der nuklearen Vernichtung durch Atomraketen und Atomkraftwerke" (Rusch, 1989, S. 8). Die Kinder bemängelten in ihren Zuschriften immer wieder die fehlende Beachtung der Probleme durch Erwachsene und Politiker. Die Zuschriften der Kinder wurden daher aus dem Interesse heraus veröffentlicht, diesen Kindermeinungen eine Plattform zu geben und ihnen Nachdruck zu verleihen. Petri (1992) analysierte die veröffentlichen Zuschriften bezüglich ihrer inhaltlichen Schwerpunkte. Dafür suchte er die in negativer Bedeutung auftauchenden Begriffe heraus und fasste sie zu 19 Themenkomplexen zusammen. Am häufigsten wurden danach von den Kindern Umweltprobleme thematisiert. Dazu gehörten Zuschriften, die das Sterben von Natur, Tier und

Mensch, Umweltverschmutzung und Umweltzerstörung, Ozonloch und Klima-katastrophe beinhalteten. Auch (Atom)waffen, (Atom)krieg und Atomkraftwerke wurden oft thematisiert. Immer wieder wurden von den Kindern Ängste und Zweifel an der Verantwortungsfähigkeit und Handlungsbereitschaft von Erwach-senen und Politikern geäußert. Diese pessimistischen Zukunftsvisionen tauchten in der Hälfte der von Petri untersuchten Kindertexte auf. Die anderen Texte ent-hielten auch positive Einschätzungen der Zukunft sowie Ideen zum Umgang mit Problemen (vgl. Petri, 1992, S. 91-92).

Die von Uwe Britten (2000) veröffentlichten Kindertexte zum Thema Zukunft entstanden 1998 und 1999 in Schulen in ganz Deutschland. Aus 29 Schulklassen verschiedener Schulformen erhielt er über 400 Zuschriften. Zusätzlich veröffent-lichte Britten einen Schreibaufruf in der Jugendzeitschrift „Bravo" wodurch er weitere 100 Texte erhielt, die anonym eingeschickt wurden. Die Texte stammten von Kindern, Jugendlichen und jungen Erwachsenen zwischen 8 und 21 Jahren. Als zentrale Themen machte Britten (2001) die Themen „Intakte natürliche Um-welt", „Arbeit", „Wohnen" „eigene Kinder" und „Schule" aus. Das Thema „In-takte natürliche Umwelt" umfasste dabei Schilderungen von Umweltzerstörung und Umweltverschmutzung und deren Folgen, sowie den Wunsch nach dem Leben in einer intakten Natur. Bezüglich dieser Umweltthemen stellte er eine Zunahme des Problembewusstseins mit steigendem Alter der Kinder fest (vgl. Britten, 2001, S. 231-232). Zum Thema Arbeit wurden Arbeitslosigkeit, spätere Erwerbstätigkeit und Technisierung der Arbeit angesprochen (vgl. ebd., S. 233-234). Das Thema Wohnen stellte nach Britten einen „Gegenpol" zur Arbeit dar. Das zu Hause wurde als Rückzugsort beschrieben und die Familie war in den meisten Fällen die bevorzugte soziale Wohneinheit. Britten erwähnt jedoch auch viele Beschreibungen von Technisierung im Wohnraum wie z.B. Roboter und „technisch ausgefeilte Haushaltsgeräte" (Britten, 2001, S. 234), welche die Hausarbeit erleichtern oder automatisieren.

Die Mehrzahl der Kinder wünschte sich in den Zuschriften eigene Kinder. Dennoch gab es auch einige Kinder, die dies entschieden ablehnten mit der Be-gründung, dass die Welt zu schlecht wäre, um Kinder zu bekommen: „Es ist zu schade, Kinder in die Welt zu setzen" (ebd., S. 237).

Auch Britten machte in den Zuschriften viele solcher pessimistischen Zu-kunftserwartungen aus, wobei er davon ausgeht, „dass das Negative in den Vor-stellungen den Modus des Erwarteten besitzt, während das Gute, das Wahre und das Schöne dem Modus des Erwünschten entspricht" (ebd., S. 239). Ähnlich wie in anderen Studien machte Britten ebenfalls die Beobachtung, dass die persönli-che Zukunftserwartung positiver ausfiel als die gesellschaftliche (vgl. ebd.).

Die von Astrid Kaiser (2003) durchgeführte internationale Vergleichsstudie zu Zukunftsvorstellungen von Kindern wurde in den Ländern Deutschland, Japan und Chile durchgeführt. In ihrer Studie wurden Grundschulkinder aus den beteiligten Ländern jeweils gebeten, zu der Aufgabenstellung „Ich in 30 Jahren" Zeichnungen anzufertigen (vgl. Kaiser, 2003, S. 7). Diese wurden anschließend mit der Methode der mehrperspektivischen Interpretation verschiedenen Kategorien zugeordnet. Hauptsächlich malten die Kinder zu dieser Aufgabenstellung ihre Berufswünsche oder Berufsvorstellungen auf. Dabei zeigte sich ähnlich den Ergebnissen des LBS-Kinderbarometers 2001 (Walper & Schröder, 2002) eine Orientierung an traditionellen Frauen- und Männerberufen, jedoch mit kulturspezifischen Besonderheiten (vgl. Kaiser, 2003, S.32-35). Es fanden sich aber auch Bilder, die das Thema Krieg und Frieden aufgriffen. Dieses Thema hielt nach Kaiser vor allem aufgrund aktueller Ereignisse Einzug in die Kinderzeichnungen (vgl. ebd., S.36). Während der Erhebungen in Deutschland begann der Kosovo-Krieg und die Datenerhebung in Chile fiel in die Zeit der Ereignisse des 11. Septembers 2001. Diese Ereignisse spiegelten sich in den Kinderbildern wieder. So tauchten beispielsweise in den Zeichnungen der chilenischen Kinder vermehrt brennende Hochhäuser teilweise auch im Zusammenhang mit Flugzeugen auf. Manchmal auch ohne dass ein Bezug zum tatsächlichen Bildthema bestand. So malte ein Junge ein Bild zum Thema „Ich arbeite in der Post" auf dem neben dem Postgebäude ein Hochhaus zu sehen war, in das ein Flugzeug flog. Auch die Darstellungen der chilenischen Kinder, die ihre berufliche Zukunft beim Militär sahen, veränderten sich nach dem 11.09.2001. Vorher zeigten die Bilder eher Darstellungen von Marinesoldaten auf Schiffen in schöner Uniform. Nach den Terroranschlägen wurden dagegen vermehrt Kampfszenen gezeigt (vgl. Kaiser, 2003, S.36-41).

Die von Munker (1985) veröffentlichten Zukunftsbilder entstanden im Rahmen seiner Tätigkeit als Kunstlehrer in einer sechsten Klasse des Gymnasiums. Die Kinder malten zum Thema „Die Welt in 100 Jahren" mehrere Wochen an ihren Bildern. Auch Munker bemerkte dabei eine überwiegend pessimistische Zukunftssicht bei seinen SchülerInnen. Die Bilder zeigten „fast ausnahmslos ... Schreckensvisionen einer apokalyptischen, in Krieg, Naturzerstörung und chaotischer Technisierung untergehenden Welt" (Munker, 1985, S. 7). Bei einer öffentlichen Ausstellung der Bilder im Schulgebäude erntete er, wie er selbst berichtet, empörte Reaktionen von Lehrkräften und Eltern, die sich die negative Zukunftserwartung der Kinder nicht erklären konnten. Munker ließ danach in weiteren Klassen elf bis dreizehnjährige SchülerInnen erneut Bilder malen. Diesmal um die Aufgabe nicht nur das erwartete, sondern auch das erwünschte Zukunftsbild zu erstellen, erweitert. Dabei zeigten sich ähnliche Bildinhalte wie zuvor, mit der

Änderung, dass den erschreckenden Szenarien schöne Wunschwelten gegenübergestellt wurden:

> „Mit wenigen Ausnahmen konnten sich auch diese Kinder die Zukunft nur als tödliche Katastrophe einer von Aufrüstung, atomarem Krieg, monströser Technik und hoffnungsloser Naturzerstörung zugrunde gerichteten Zivilisation vorstellen – und ebenso einmütig zeigten die Wunschbilder eine friedliche Welt fast ohne Technik, in der Tiere, Pflanzen und eine unbeschädigte Natur die Hauptrolle spielen – Imaginationen des wiedergefundenen Paradieses." (Munker, 1985, S. 7)

Auch bei Munker kommen also in den pessimistischen Zukunftsvorstellungen vor allem politische Ängste zum Tragen. Die sehr negative Sichtweise der Kinder wird möglicherweise durch den gesellschaftlichen – nicht persönlichen – Bezug der Aufgabenstellung „Die Welt in 100 Jahren" ausgelöst. Dies wird vor allem deutlich, wenn im Vergleich die Studie von Kaiser (2003) betrachtet wird, die einen persönlichen Bezug in der Aufgabenstellung „Ich in 30 Jahren" implementierte.

4.3.3 Zusammenfassung der Ergebnisse

Aufgrund der vorgestellten Studien lassen sich bestimmte Themenbereiche zusammenfassen, die im Zusammenhang mit Zukunft von Kindern und Jugendlichen immer wieder genannt werden. Dabei scheint es von der Fragestellung abzuhängen welche Themen bevorzugt dargestellt werden. Die Fragestellung nach der Zukunft der Welt scheint die Thematisierung von Umweltschäden oder Umweltschutz, Krieg und Frieden und sozialer Probleme, wie Armut und Hunger, zu begünstigen. Die Fragestellung nach dem Erwachsenenleben bzw. „Ich in 30 Jahren" scheint eher die Themen Familie und Beruf anzustoßen. Bei Fragen nach Wünschen, Hoffnungen und Ängsten kamen dagegen immer wieder politische Themen zur Sprache. In vielen der Studien wurden die Themen Umwelt und Krieg bzw. Frieden genannt (z.B. Boehnke et al., 1991; Kaiser, 2003; Petri et al., 1989; Unterbruner, 1991; Walper & Schröder, 2002). Dabei äußerten die Kinder entweder den Wunsch nach Frieden und einem Leben in intakter Natur oder die Angst vor Krieg und Umweltverschmutzung. Andere Themengebiete, die immer wieder im Zusammenhang mit den Zukunftsvorstellungen auftauchten, waren Familie, Technik, Arbeit und Finanzen. Alle diese Themen tauchten dabei sowohl in negativen als auch in positiven Zusammenhängen auf. Die Familie wurde entweder als angestrebtes Ziel in Form eines eigenen Kinderwunsches dargestellt oder aber mit Verlustängsten verknüpft. Der technische Fortschritt wurde einerseits begrüßt, aber auch kritisch hinsichtlich der ökologischen und ökonomischen Folgen erwähnt. Arbeit wurde in Form von Berufswünschen oder Ängsten vor Arbeitslosigkeit angesprochen und beim Thema Finanzen kamen Wünsche nach Wohlstand beziehungsweise Ängste vor Armut zum Ausdruck. Mehrere Studien zeigten, dass die persönliche Zukunft dabei von den Kindern und Jugendlichen positiver beurteilt wurde als die gesellschaftliche Zukunft (Behnken et al., 1991; Britten, 2000; Butz, 1996; Fuchs-Heinritz, 2000; Walper & Schröder, 2002). Dem entsprach auch, dass die politischen Ängste stärker ausgeprägt waren als die persönlichen Ängste.

Hinsichtlich der Zukunftssicht von jüngeren Kindern gab es unterschiedliche Ergebnisse einzelner Studien. Petri (1992) stellte bei jüngeren Kindern ein stärkeres Ausmaß politischer Ängste fest. Auch Walper und Schröder (2002) kamen bezüglich des Themas Krieg zu diesem Ergebnis. Die Studie des Instituts für Jugendforschung (Selbmann 1988, berichtet bei Gebhard, 2005, S. 247-248) dagegen konstatierte älteren Kindern eine pessimistischere Zukunftssicht als jüngeren Kindern.

Auch bezogen auf das Geschlecht gab es unterschiedliche Befunde. Die meisten Studien stellten Unterschiede in den Ergebnissen zwischen Jungen und Mädchen fest. Bei Mädchen wurden dort mehr (politische) Ängste und weniger Zutrauen in die eigene Selbstwirksamkeit gefunden (z.B. Boehnke et al., 1991; Jugendwerk der deutschen Shell, 1985; Walper & Schröder, 2002). Auch zeigte sich wiederholt die Verinnerlichung von traditionellen Geschlechtsrollenmustern (z.B. Kaiser, 2003; Walper & Schröder, 2002).

Zu unterschiedlichen Ergebnissen kamen die Studien auch in Hinblick auf den Zukunftsoptimismus beziehungsweise Zukunftspessimismus von Kindern. In manchen Studien wird von einem überwiegend negativ geprägten Zukunftsbild berichtet (z.B. Petri, 1992; Unterbruner, 1991), während andere vorrangig positive Zukunftssichten sahen (z.B. Behnken et al., 1991; Jugendwerk der deutschen Shell, 1985). Diese unterschiedlichen Einschätzungen hängen möglicherweise mit dem Befund zusammen, dass die persönliche Zukunft positiver eingeschätzt wird als die globale Zukunft. Ob sich Zukunftsoptimismus oder Pessimismus zeigt, hinge dann davon ab, ob die Frage nach der Zukunft von den Befragten auf die persönliche oder gesamtgesellschaftliche Entwicklung bezogen wird. In drei Studien wird darüber hinaus noch der mögliche Einfluss aktueller Ereignisse, z.B. des Kosovo-Kriegs, auf die Zukunftsvorstellungen angesprochen (Kaiser, 2003; LBS-Initative Junge Familie, 2007; Walper & Schröder, 2002).

Da die vorgestellten Studien hauptsächlich mit älteren Kindern oder Jugendlichen durchgeführt wurden, ist fraglich, ob sich die Ergebnisse auf jüngere Kinder übertragen lassen. In der vorliegenden Arbeit wurde überprüft, ob sich bei Grundschulkindern ähnliche Themen, Sichtweisen und Zusammenhänge finden ließen, wie in den hier dargestellten Studien.

4.4 Inhalte der Kinderzeichnung

Im folgenden Abschnitt werden einige Merkmale der Kinderzeichnung sowie Forschungsergebnisse zu Inhalten von Kinderzeichnungen und geschlechtsspezifischen inhaltlichen Unterschieden in Kinderzeichnungen vorgestellt. Aufgrund der gebotenen Kürze werden nur inhaltsbezogene Theorien und Erkenntnisse wiedergegeben. Entwicklungspsychologische, psychologische oder ästhetische bzw. kunstpädagogische Aspekte der Kinderzeichnung werden aufgrund ihrer geringen Relevanz für diese Arbeit nicht behandelt. Die Darstellung der Erkenntnisse über Inhalte von Kinderzeichnungen erfolgt, um einen Vergleich der Inhalte der im Rahmen dieser Arbeit entstanden Zukunftsbilder und der „üblichen" Inhalte im Kinderbild zu ermöglichen.

Die Literatur zur entwicklungspsychologischen und psychologischen Betrachtung, Bewertung und Deutung von Kinderzeichnungen ist vielfältig. Inhaltsanalysen der Themen im Kinderbild gibt es jedoch wenige. Dasselbe gilt auch für geschlechtsspezifische Analysen, die sich in der Regel auf formalanalytische Aspekte wie Farbgestaltung, Menschendarstellung und Raumnutzung beschränken. Die wenigen geschlechtsspezifischen inhaltsanalytischen Untersuchungen, die es gibt, sind darüber hinaus veraltet, was bei der Annahme einer geschlechtsspezifischen Sozialisation bedeutet, dass die Ergebnisse dieser Untersuchungen nicht ohne weiteres auf die Gegenwart übertragen werden können. Dieser Mangel an geschlechtsspezifischen Untersuchungen ist vermutlich auch darauf zurückzuführen, dass die meisten Forschungsarbeiten, die Kinderzeichnungen als Erhebungsinstrument wählten, sich nur mit Zeichnungen zu bestimmten Themen bzw. Aufgabenstellungen befassten. Um aber einen Einblick in die „freien" Themen von Kinderzeichnungen zu erhalten, müssen Zeichnungen analysiert werden, die im freien Zeichnen oder zu sehr offenen Aufgabenstellungen entstanden sind. Im Folgenden werden daher die Arbeit von Reiß (1996), der über 30.000 Kinderzeichnungen nach den dargestellten Themen analysierte, und die Arbeit von Aissen-Crewett (1989), welche die geschlechtsspezifische Themenwahl beim freien Zeichnen untersuchte, vorgestellt.

Wolfgang Reiß (1996) analysierte 34.623 Bilder von Kindern zwischen dem achten und vierzehnten Lebensjahr. Diese Bilder wurden aus einem größeren Bestand zufällig ausgewählt. Alle Bilder entstanden im Rahmen eines Malwettbewerbs zu der Aufgabenstellung: „Male doch mal . . . wie wir Kinder heute leben. Du siehst die Welt mit Deinen eigenen Augen. Du machst dir deine eigenen Gedanken darüber. Mal was dir gefällt oder nicht gefällt. Zeig mit Deinem Bild, wie Kinder heute leben..." (Reiß, 1996, S. 137). Später wurde die Erhebung um 1827 Bilder von Erst- und Zweitklässlern ergänzt, welche die gleiche Aufgabenstellung erhielten. Alle Bilder wurden hinsichtlich der dargestellten Inhalte untersucht und den sechs Hauptkategorien „Umwelt", „Freizeit", „Gesellschaft und Politik", „Familie", „Schule" und „Bildnisse" zugeordnet. Diese unterteilten sich wiederum in untergeordnete Themenbereiche. Die am häufigsten gewählten einzelnen Themenbereiche waren:

- Umweltzerstörung/Umweltprobleme
- Landschaften/Häuser in einer intakten Umwelt
- Spielen auf dem Spielplatz/ in der Natur
- Tiere/Ereignisse mit Tieren
- Sport
- Familie/Zuhause
- Krankheit/Ängste/Traurigkeit/Probleme
- Politische und soziale Probleme
- Krieg/Wettrüsten
- Schule
- Probleme/Behinderungen/Verbote beim Spielen
- Feste/Veranstaltungen/Weihnachten
- Darstellungen von Menschen (Reiß, 1996, S. 138)

Überraschend war nach Reiß die große Bedeutung des Themas Umweltzerstörung/Umweltprobleme für die Kinder. Themen wie Spielplatz, Tiere, Landschaften, Sport, Häuser, Familie und Schule wurden hingegen erwartet (vgl. Reiß, 1996, S. 139). Auch die Positionierung der Bilder zu den Themen „politische und soziale Probleme" und „Krieg/Wettrüsten" vor dem Thema „Schule" hebt Reiß hervor: „Über 3000 Bilder mit gesellschaftlichen, politischen und sozialen Inhalten signalisieren, dass die inhaltliche Bearbeitung gesellschaftlicher Themen und Problemfelder heute auch schon zur Kindheit gehört" (Reiß, 1996, S. 167).

Altersspezifische Themenwahl

Reiß (1996) stellt in seiner Arbeit altersspezifische Themenvorlieben fest. Er sieht bei jüngeren Schulkindern hauptsächlich konkret-gegenständlich Bildinhalte (Das bin ich, Haus, Familie), während er bei älteren Kindern mehr Kritik und ein größeres Problembewusstsein wahrnimmt. Ab dem sechsten Lebensjahr stellt er einen Anstieg der kritischen Bildinhalte und zwischen dem neunten und elften, sowie im zwölften Lebensjahr sogar einen sprunghaften Anstieg der Kritik fest (vgl. Reiß, 1996, S. 66). Dementsprechend finden sich in den einzelnen Themengebieten unterschiedliche Altersmittelwerte. Den höchsten Altersdurchschnitt gab es in der Kategorie Politik und Gesellschaft. Hauptthemen dieser Kategorie waren Krieg, Armut/Reichtum und Not/Überfluss. Die Kinder, die Bilder zu dieser Kategorie malten, waren im Durchschnitt 11,6 Jahre alt. Die Themen Umweltprobleme, Krieg, soziale Ungerechtigkeiten und politische Probleme hatten ihre Höhepunkte im Alter von 13 und 14 Jahren (vgl. Reiß, 1996, Tabelle 11, S. 140). Jüngere Kinder zwischen sechs und neun Jahren befassten sich in den von Reiß ausgewerteten Bildern weniger mit gesellschaftlichen oder politischen Themen, sondern konzentrierten sich mehr auf Freizeitthemen wie Schiff fahren, Abenteuer, Spielplatz und Märchen, deren Anteil mit steigendem Alter sank. Auch das Thema Familie wurde von älteren Kindern seltener gemalt (vgl. ebd., S. 139-140).

Bezüglich der Kategorie Umwelt wurden ebenfalls Altersunterschiede festgestellt. Die Darstellung von heilen Landschaften nahm mit zunehmendem Alter ab, während gleichzeitig die kritische Auseinandersetzung mit Umweltthemen stieg. Das häufigste Thema der Kategorie Umwelt war Umweltverschmutzung. Bildinhalte dazu waren unter anderem qualmende Fabriken, schmutzige Abwässer, mehr Verkehr, „alles wird zubetoniert", Waldsterben, mehr Hochhäuser und Atomkraft/Radioaktivität (vgl. ebd., S. 165-166).

Geschlechtsspezifische Themenwahl

Reiß machte in seinen Analysen geschlechtsspezifische Themenpräferenzen und Darstellungsunterschiede aus. Er merkt an, dass sich bei Jungen häufiger kritische Bildinhalte fänden als bei Mädchen. Diese Differenz löse sich erst bei den Vierzehnjährigen wieder auf (vgl. Reiß, 1996, S. 184). Darüber hinaus fand Reiß nicht nur qualitative und quantitative Unterschiede bei der Menschendarstellung und Farbnutzung (Mädchen waren in diesen Bereichen den Jungen überlegen), sondern auch inhaltliche Unterschiede bezüglich der Themenwahl von Jungen und Mädchen. Die Jungen bevorzugten demnach eher die Themen Krieg, Technik, Abenteuer, Sport und Reisen und malten häufiger aggressive und kritische Bildinhalte. Bei den Mädchen fand Reiß eher „hausarbeitsnahe und sozial orientierte Themen" (Reiß, 1996, S. 184) wie Familie, Märchen/Phantasie, Feste und Umweltverschmutzung vs. Bedrohte Welt. Er schreibt daher den Themen der Mädchen ein „naturnahes, soziales Bewusstseinspotential" (Reiß, 1996, S. 185) zu während die Jungen mit ihren Inhalten eher „Distanz zu Gefühlen" zeigten und bei ihnen „die sachliche Funktion dominiert" (ebd.).

Die festgestellten Unterschiede zwischen Bildinhalten von Jungen und Mädchen beschreibt Reiß exemplarisch an den Themen Krieg und Umweltzerstörung:

> „Während die Jungen bei den Bildern zur Umweltproblematik ihre Kritik unvermittelt und drastisch im Bild äußern, bevorzugen die Mädchen eine andere bildnerische Aussageform. Sie wählten signifikant häufiger die ‚Ja-Nein-Darstellung', ‚heile versus zerstörte Welt' und nahmen somit eine dialektisch argumentierende Haltung ein … Ebenso lässt sich ein bildnerisch ‚argumentierender' qualitativer Unterschied zwischen den Geschlechtern bei den Darstellungen zum Thema ‚Krieg' feststellen." (Reiß, 1996, S. 185)

Mädchen haben laut Reiß dabei an Kampfhandlungen und technischen Kriegsgeräten kein Interesse. Sie wählen eher Darstellungen von Leid und Verletzung, Zerstörung durch den Krieg oder Krieg versus Frieden (vgl. ebd., S. 185-186).

Aissen-Crewett (1989) untersuchte in ihrer Studie die Zeichnungen von Grundschulkindern der ersten Grundschulklasse, die während der Nachmittagsbetreuung im Hort beim freien Zeichnen entstanden, hinsichtlich der Themenwahl von Jungen und Mädchen. Dabei kam sie zu dem Ergebnis, dass sich die frei gewählten Themen der Jungen und Mädchen stark unterschieden. Die Mädchen in ihrer Studie hatten ein verstärktes Interesse an der natürlichen Umwelt, Menschen, Tieren und ästhetischen Fragen. Die Jungen dagegen zeichneten hauptsächlich Konflikte, Macht und technische Apparate (vgl. Aissen-Crewett, 1989, S. 28-29). Ähnliche Ergebnisse brachte eine Untersuchung von Ballard im Jahr 1912 (berichtet bei Lark-Horovitz, Lewis & Luca, 1973), die ebenfalls von Aissen-Crewett erwähnt wird. Diese Untersuchung machte bei Jungen „eine Präferenz für Schiffe, Waffen und Fahrzeuge und bei Mädchen eine Präferenz für Häuser und Pflanzen" (Aissen-Crewett, 1989, S. 27) aus. Ähnliche Ergebnisse brachte nach Aissen-Crewett auch eine weitere Studie, die von McCarthy (1924) durchgeführt wurde (vgl. ebd.).

Zusammenfassung der wichtigsten Unterschiede zwischen den Zeichnungen von Jungen und Mädchen nach Aissen-Crewett

▪ Menschendarstellungen
Mädchen zeichneten häufiger Menschen als Jungen. Diese waren darüber hinaus bei den Mädchen eher in harmonischen Situationen und alleine dargestellt. Nur selten gab es Zeichnungen von Menschen in Konfliktsituationen. Bei Menschenzeichnungen von Jungen handelte es sich oft um egozentrische Darstellungen, d.h. Selbstdarstellungen und Darstellungen von Konfliktsituationen. Häufiger als die Mädchen malten sie Menschen in Gruppen (vgl. Aissen-Crewett, 1989, S. 28).

- Handlungsorte

Die Zeichenhandlungen von Jungen fanden oft an „exotischen Plätzen . . . im Kontext eines Abenteuers oder einer Entdeckungsreise" (ebd.) statt, während die Mädchen eher lokale Orte darstellten.

- Naturdarstellungen

Bei Naturdarstellungen malten Mädchen bevorzugt Tier- und Pflanzendarstellungen. Bei den Jungen kamen öfter Jagdszenen vor (vgl. ebd.).

- Konfliktdarstellungen

Konfliktdarstellungen beherrschten die Jungenzeichnungen. Bei Mädchen kamen sie hingegen selten vor. Zu den Inhalten der Konfliktdarstellungen gehörten Zeichnungen „die den direkten Kampf zwischen Menschen, Tieren oder Maschinen (Roboter) zeigen, wie auch Katastrophen, natürliche und von Menschen herbeigeführte, und Auseinandersetzungen im Weltraum (starwar!)[sic]" (Aissen-Crewett, 1989, S. 29).

Zusammenfassung der Ergebnisse von Reiß und Aissen-Crewett

Sowohl bei der Wahl als auch bei der Darstellung der Themen scheint es Unterschiede zwischen Jungen und Mädchen und zwischen jüngeren und älteren Kindern zu geben. Für jüngere Kinder sind demnach vor allem die Themen Freizeit, Familie und Darstellungen von Selbstbildnissen oder Häusern bestimmend. Dies entspricht den entwicklungspsychologischen Theorien vom Egozentrismus bei jüngeren Kindern. Diese Themen nehmen mit zunehmendem Alter zugunsten von verstärkt kritischen Bildinhalten ab, die sich bei Jungen in höherem Maße als bei Mädchen finden. Insgesamt werden die Zeichnungen von Jungen als aggressiver, kritischer und konflikthafter bewertet, während den Mädchen eine harmonischere, dialektisch argumentierende, den Menschen in den Mittelpunkt stellende Darstellungsweise zugeschrieben wird.

Die in beiden Studien gewählten Themen entsprechen „typischen" Jungen- und Mädchenthemen. Jungen bevorzugten Themen wie Krieg, Abenteuer, Technik und Sport, und Mädchen Natur und Tiere, sowie häusliche und familiäre Themen. Dabei ist allerdings zu berücksichtigen, dass die hier vorgestellten Erkenntnisse sich nur auf sehr wenige Studien stützten und vor allem die Arbeit von Aissen-Crewett als veraltet betrachtet werden muss. Die Studie von Reiß scheint jedoch ihre Ergebnisse zu stützen und auch die Ergebnisse der Zukunftsstudien zeigen ähnliche geschlechtsspezifische Ausprägungen in der Themenwahl.

5 Methodisches Vorgehen

Die im letzten Kapitel vorgestellten Studien machen deutlich, dass bereits Kinder Bezüge zum Politischen haben. Jedoch bleibt die Frage bestehen, ob die Ergebnisse dieser Studien auf Grundschulkinder übertragbar sind. Sind bereits Grundschulkinder politisch sozialisiert? Mit der Studie „Politische Aspekte in Zukunftsvorstellungen von Grundschulkindern und Kindern im letzten Kindergartenjahr" sollte dieser Frage nachgegangen werden. Die Forschungsmethodik und die Ergebnisse dieser Studie werden in den folgenden Kapiteln vorgestellt. In Kapitel 5 wird das methodische Vorgehen ausführlich erläutert. Dabei werden die vorab formulierten Forschungsfragen, die für die Auswertung zugrunde gelegte Definition des Politikbegriffs, das gewählte Untersuchungsdesign, die Konstruktion und Zusammensetzung der Untersuchungsgruppe, und das Vorgehen bei der Datenanalyse vorgestellt. Die Ergebnisse der Studie werden in Kapitel 6 dargestellt und in Kapitel 7 diskutiert.

5.1 Forschungsfragen

Die zentrale Fragestellung der vorliegenden Studie ist, ob bereits Grundschulkinder „Politisches" wahrnehmen und sich dafür interessieren. Die Datenerhebung fand über Kinderzeichnungen statt, da diese sich als Erhebungsinstrument in der gewählten Altersgruppe besonders eignen (s. Kap. 5.3.2). Ziel der Untersuchung war es festzustellen, ob die Kinder selbständig Politisches thematisierten, ohne dass dies in irgendeiner Weise vorgegeben wurde. Um eine unverfälschte, d.h. nicht etwa durch die Fragestellung angestoßene Hinwendung zu politischen Themen und Aspekten feststellen zu können, wurde die Aufgabenstellung so offen wie möglich gestaltet. Daher wurde als Zeichenimpuls für die Kinder eine freie, jedoch auf das Thema Zukunft eingegrenzte, Aufgabenstellung gewählt. Die Eingrenzung wurde aus Gründen der besseren Vergleichbarkeit der Bilder vorgenommen. Die Auswahl des Themas Zukunft für diese Eingrenzung wird im Abschnitt *Entwicklung der Aufgabenstellung* (Kap. 5.3.1) begründet.

Es wurde davon ausgegangen, dass die nicht von außen initiierte Darstellung politischer Aspekte in den Zeichnungen zeigt, dass diese Aspekte nicht nur wahrgenommen werden, sondern für die darstellenden Kinder auch von Interesse oder Bedeutung sind, da sie das Ergebnis eines Entscheidungs- und Auswahlprozesses darstellen. Darüber hinaus diente die offene Formulierung der Aufgabenstellung dazu, die politischen Themen aufzuspüren, welche die Kinder am stärksten interessieren, ohne dass ihnen Themenbereiche vorgegeben oder das Interesse auf einer rein kognitiven Ebene (verbal) erfragt wurde. Dies ermöglicht die Beantwortung der zweiten zentralen Forschungsfrage meiner Studie: Welche politischen Aspekte zeigen die Kinder in ihren Zeichnungen? Weitere Fragen befassen sich mit möglichen Unterschieden in der Themenwahl bei einzelnen Gruppen, die sich bezüglich bestimmter Merkmale unterscheiden wie Mädchen und Jungen, jüngere und ältere Kinder, Kinder mit und ohne Migrationshintergrund. Die Begründung für die Auswertung der Daten hinsichtlich dieser Gruppen wird im Abschnitt *Datenanalyse* (Kap. 5.6) vorgestellt. Da es sich bei der Auswertung der Daten um eine explorative Analyse handelte, wurden keine Hypothesen bezüglich der Ergebnisse formuliert. Die Auswahl einzelner Gruppen zur vergleichenden Analyse fand aufgrund theoretischer Vorüberlegungen und auf der Basis der bisherigen, ähnlichen Studien entstammenden, Forschungsergebnissen statt. Es werden folgende Fragestellungen untersucht:

- Greifen die Kinder bei einer freien Themenstellung politische Themen, Probleme und andere politische Aspekte auf?

- Welche politischen Themen, Probleme und Aspekte greifen die Kinder auf?

- Welchen Stellenwert haben die politischen Zeichnungen im Vergleich zu anderen Zeichnungen?

- Gibt es Unterschiede in der Themenwahl nach Geschlecht?

- Gibt es Unterschiede in der Themenwahl nach Altersgruppen?

- Gibt es Unterschiede in der Themenwahl nach Klassenstufen?

- Gibt es Unterschiede in der Themenwahl nach Migrationshintergrund?

- Gibt es Unterschiede in der Themenwahl nach dem Wohnumfeld der einzelnen Schulstandorte?

- Gibt es klassenspezifische Themenunterschiede? Werden bestimmte Themen in einzelnen Schulklassen von den Kindern besonders bevorzugt oder vernachlässigt?

5.2 Definition des Politikbegriffs

Der Begriff Politik leitet sich vom griechischen „*ta politika*" ab, was bedeutet „*das Öffentliche, das alle Bürger betreffende*" (vgl. Schmidt, 2004, S. 538). Die Webseite „Kindersache" beschreibt Politik folgendermaßen: „Alles, was nicht in deiner Wohnung geschieht, ist Politik. Denn alles, was in der Öffentlichkeit passiert (z.Bsp.: Spielplätze, Verkehr, Schule, Polizei) wird über Politik geregelt" (Deutsches Kinderhilfswerk e.V., o. D.). Dieser sehr weit gefasste Politikbegriff bedarf einer Eingrenzung. Van Deth (2007b) schlägt eine Eingrenzung des Begriffs Politik auf politische Themen und Probleme vor, denn „es sind meistens die konkreten Themen und Probleme, die den Begriff Politik sowie den politischen Alltag charakterisieren und nicht die dahinter stehenden abstrakten Ideen und Theorien" (van Deth, 2007b, S.83). Es liegt nahe, dass Kinder vermutlich diesem Bereich der Politik am Nächsten stehen, da ein Bezug zu ihrer Lebenswelt vorhanden ist. Dagegen ist weniger zu erwarten, dass Kinder Bezüge zu formalen oder prozessualen Aspekten der Politik zeigen, da diese von ihrer Lebenswelt weit entfernt und darüber hinaus komplex und schwer verständlich sind. Darauf wurde bereits im Zusammenhang mit den Studien zum politischen Interesse bei Kindern hingewiesen (s. Kap. 4). Im Rahmen dieser Arbeit sollte also hauptsächlich die inhaltliche Dimension von Politik (in der Politikwissenschaft als „Policy" bezeichnet; vgl. Schmidt, 2004, S. 538), das heißt die konkreten politischen Themen und Probleme, im Vordergrund stehen. Zeigten die Kinder aber Kenntnisse über politische Institutionen, Symbole oder Strukturen wurden diese ebenfalls der Kategorie Politik zugeschrieben.

Welche Themen und Probleme sind aber als *politische* Themen und Probleme zu werten? Auch hier ist eine Eingrenzung notwendig. Politische Themen werden als von der Politik abzuhandelnde Gegenstände verstanden. Bei politischen Problemen handelt es sich um politische Themen, die strittig und kontrovers betrachtet werden und der Lösung bedürfen (vgl. van Deth, 2007b, S.84). Von verschiedenen Autoren werden darüber hinaus die konkreten Themen und Probleme im Zusammenhang mit dem von ihnen ausgehenden Bedrohungspotential betrachtet (z.B. Claußen, 1996; Hurrelmann, 1994; Mansel, 1994, 1995). Vordergründig geht es dabei nicht um die Themen und Probleme, sondern um ihre Auswirkungen, um den Stress und die Ängste, die sie auslösen können, wenn sie als existentiell bedrohlich wahrgenommen werden. Als „Risikothemen" benennt Mansel (1995, S. 9) beispielsweise die Zerstörung der Umwelt, atomare Katastrophen und die „Verelendung der dritten Welt". Das existenzbedrohende Potential der Themen besteht für ihn darin, dass „die Risiken individuell nicht kontrollierbar sind, einer Schädigung nicht vorgebeugt und ein Betroffen-Sein nicht verhindert werden kann" (ebd.). Kinder und Jugendliche sieht Mansel von diesen Risiken zweifach betroffen. Erstens als die Hauptbetroffenen negativer Auswirkungen, da Kinder den Großteil ihres Lebens noch vor sich haben und dementsprechend in ihrem Leben die Folgen der gesellschaftlichen und ökologischen Entwicklung tragen müssen, die sie „weder gewollt noch selbst zu verantworten haben" (Mansel, 1995, S. 10). Zweitens sehen sich die Heranwachsenden bereits in einer Entwicklungsphase ihres Lebens mit diesen Bedrohungen konfrontiert, in der sie möglicherweise noch nicht die Fähigkeiten haben mit dieser Situation angemessen umgehen zu können, d.h. sie kognitiv und emotional bewältigen zu können. Als Folge dessen können bei den Heranwachsenden Stress und (Zukunfts-)Ängste entstehen, die das eigene „physische und psychische Wohlbefinden beeinträchtigen" (ebd., S. 10). Eine ähnliche Einschätzung von politischen Themen und Problemen findet sich bei Klafki (1999). Er formuliert sieben „epochaltypische Schlüsselprobleme" (Klafki, 1999, S. 33), die unter anderem die Umweltfrage bzw. die ökologische Frage, die gesellschaftlich verursachte Ungleichheit, die Frage von Krieg und Frieden und die Frage nach Sinn und Problematik des Nationalitätsprinzips beinhalten (vgl. Klafki, 1999, S. 34-37). Auch Claußen (1996) hält eine Ausweitung des Politikbegriffs über die strukturelle oder prozessuale Dimension hinaus für notwendig und erweitert diesen daher ebenfalls um die risikogesellschaftliche Betrachtungsweise. Als konkrete Themen benennt Claußen Krieg, Umweltrisiken, Atomare Bedrohung, Migration und Wirtschaftskrisen (vgl. Claußen, 1996, S. 379-380).

Welche politischen Themen für *Kinder* relevant und wichtig sind, ist eine Frage, der sich nur wenige Forschungsarbeiten gewidmet haben. So fragte beispielsweise das bereits vorgestellte LBS-Kinderbarometer Kinder, was sie als Politiker verändern würden. Aus den Antworten der Kinder wurden fünf zentrale Themenbereiche - Finanzfragen, Umweltschutz, Kinderrechte, Arbeitslosigkeit und Frieden - ermittelt, die sich allerdings in ihrer Wichtigkeit in verschiedenen Gruppen und zu verschiedenen Erhebungszeitpunkten unterschieden (vgl. Eichholz & Schröder, 2002, S. 94-97). Andere Studien, wie die von Burdewick (2003) oder Gemmeke (1998), erfragten das politische Themeninteresse von Kindern im Interview. Bei Burdewick (2003, S.104-108) wurden die Themen Umwelt, Kernenergie, Finanzen und Frauenpolitik von den befragten Kindern eingebracht. Gemmeke fasste die von den sechs bis dreizehnjährigen Kindern in ihrer Studie genannten Themen in den Kategorien Gleichbehandlung, Krieg, Arbeitslosigkeit, Immigration, Umwelt, Einsparungen, Europa und Hunger zusammen (berichtet bei van Deth, 2007b, S. 88).

Bei allen hier genannten Autoren werden die Themen Krieg bzw. Frieden und Umweltzerstörung bzw. Umweltschutz genannt. Ebenso taucht immer wieder das Thema der gesellschaftlichen Ungleichheit in Form von ungleich verteilten Ressourcen oder Möglichkeiten auf. In der vorliegenden Arbeit wurden daher

Bilder mit Darstellungen zum Thema Krieg und Frieden, Umweltzerstörung und Umweltschutz sowie Armut und Reichtum der Kategorie Politik zugeschrieben. Bilder von Naturkatastrophen wurden in Anlehnung an die risikogesellschaftliche Betrachtungsweise von Claußen (1996) und Mansel (1995) und als Teilbereich des Themas Umwelt ebenfalls als politisch gewertet. Darüber hinaus wurden Zeichnungen von Nationalfahnen oder die bewusste Verwendung von Nationalfarben in den Bildern dem Bereich des politischen Symbolwissens zugeschrieben. Eine solche Zuordnung findet sich auch bei Vollmar (2007, S. 133). Auch nach dem von Klafki (1999, S.36) benannten Schlüsselproblem „Sinn und Problematik des Nationalitätsprinzips" wäre eine Einordnung dieser Nationalsymbole in den Bereich der politischen Themen und Probleme möglich.

Im Rahmen dieser Arbeit wurden also Bilder der Kategorie Politik zugeordnet, wenn sie die Themen Krieg und Frieden, Umweltzerstörung und Umweltschutz, Armut und Reichtum aufgriffen, oder Darstellungen von Naturkatastrophen, Nationalfahnen und Nationalfarben und politischen Institutionen enthielten.

5.3 Untersuchungsdesign

5.3.1 Entwicklung der Aufgabenstellung

In der vorliegenden Studie wurde untersucht, ob bereits Grundschulkinder zu einer freien Themenstellung politische Themen, Probleme und Aspekte aufgreifen. Dabei wurde davon ausgegangen, dass eine Thematisierung von politischen Aspekten gleichzeitig mit entsprechendem Interesse, Wissen und affektiven Bezügen verbunden ist, da eine Entscheidung der Kinder für ein Thema bei einer freien Fragestellung das Ergebnis eines Auswahlprozesses darstellt und das Thema somit für das jeweilige Kind auch einen entsprechenden Bedeutungsgehalt besitzen muss. Für die Aufgabenstellung wurde das Thema Zukunft gewählt. Diese Themenwahl erfüllt zwei Funktionen. Zum einen kann davon ausgegangen werden, dass sich in den Zukunftsvorstellungen auch gegenwärtige Wünsche, Ängste und Einstellungen und deren Bedeutung für das einzelne Kind spiegeln: „Zukunftsvorstellungen sind gleichsam Indikatoren für das, was einen gegenwärtig besonders beschäftigt und bewegt. So werden Visionen, Wünsche oder Ängste vorwiegend dann in solche Zukunftsbilder einfließen, wenn sie besonders wichtig sind" (Unterbruner, 1991, S. 12). Darüber hinaus entwickeln die Kinder ihre Zukunftsvorstellungen auf der Basis ihrer bisher gemachten Erfahrungen und unter Einbeziehung ihres Wissens über die Welt. Daher stellen die Zukunftsvorstellungen eine Neukombination der subjektiven Erfahrungen der Gegenwart und der Vergangenheit dar (vgl. Lersch, 1956, S. 373-374). Das Thema Zukunft wurde zum anderen gewählt, weil es gerade die Kinder sind, die zukünftige Folgen heutiger politischer Entscheidungen zu tragen haben. Zu nennen wären hier beispielhaft die Themen Klimawandel und Staatsverschuldung. Daher war es besonders interessant zu erfahren, ob Kinder aus den heute wahrgenommenen politischen Geschehnissen Folgen für ihre Zukunft als Erwachsene ableiten, d.h. ob sie sich Gedanken über die zukünftigen Konsequenzen der gegenwärtigen Politik machen und gegebenenfalls auch damit zusammenhängende Ansprüche an die Politik formulieren. Einige der vorgestellten Studien zum Thema Zukunft haben bereits gezeigt, dass viele Kinder sich durchaus bewusst sind, dass ihre Zukunft gefährdet ist, was bei ihnen nicht selten auch Zukunftsängste zur Folge hat. Diese Kinder treten daher auch mit entsprechenden Forderungen nach Frieden oder Umweltschutz an die Erwachsenenwelt heran. Die Frage, ob diese Erkenntnisse sich auch auf Grundschulkinder übertragen lassen ist bisher noch offen.

Die Zukunftsfragestellung eignet sich also dazu, politische Themen zu identifizieren, die für die Kinder besonders wichtig sind, sowie damit verbundene Ängste und Wünsche der Kinder in Erfahrung zu bringen. Die Zukunftsvorstellungen der Kinder über Kinderzeichnungen zu erfassen ist ein besonders geeigneter Forschungsansatz, da das Zeichnen eine der „wichtigsten Aneignungs-, Ausdrucks- und Kommunikationsformen in der Kindheit" (Neuß, 2000, S. 131) darstellt und sich Zeichnungen wegen ihrer inhaltlichen Offenheit und Sprachungebundenheit für eine explorative Analyse in der untersuchten Altersgruppe besonders eignen.

5.3.2 Kinderzeichnungen als Erhebungsinstrument

Es gibt bereits einige wissenschaftliche Studien, in denen Kinderzeichnungen als Erhebungsinstrument genutzt wurden (z.b. Götz, 2003 [Medienrezeption]; Kaiser, 1996, 2003 [Zukunftsvorstellungen]; Neuß, 1998, 2000 [Medienrezeption]; Reiß, 1996 [Lebenswelten], Kuhn, 2003 [Sport, Bewegung]). Auch in der politischen Sozialisationsforschung wurde bereits erfolgreich mit Kinderzeichnungen gearbeitet (z.B. Wasmund, 1976 [Bilder zum Thema Wahlen]). Die Anzahl der Studien ist jedoch überschaubar.

Vor allem drei Aspekte sprechen für den Einsatz von Kinderzeichnungen als Erhebungsinstrument der Forschung, nämlich die Möglichkeit des nichtsprachgebundenen Ausdrucks, die Möglichkeit neben der kognitiven Ebene die emotionale Ebene anzusprechen und schließlich die Möglichkeit einen unmittelbaren Einblick in die Vorstellungswelt des Kindes zu erlangen. Der Einsatz von

Kinderzeichnungen als Erhebungsinstrument ist jedoch auch mit Interpretations-schwierigkeiten verbunden. Daher ist eine kommunikative und nach Möglichkeit kontextorientierte Herangehensweise bei der Interpretation der Bilder ratsam.

Die Kinderzeichnung als Nicht-Sprachliches-Kommunikationssystem

Die Kinderzeichnung ist in der Regel kommunikativ orientiert, das heißt sie hat einen Adressatenbezug und es soll mit ihr ein etwas Bestimmtes zum Ausdruck gebracht werde (vgl. Neuß, 2000, S.133; Richter, 1987, S.131). Sie eröffnet durch den Einsatz von Farbe und die Gestaltung der Bildelemente (Größe, De-tailreichtum, Position), Kommunikationsmöglichkeiten, die über sprachliche Möglichkeiten hinausgehen (vgl. Nguyen-Clausen, 1987, S. 32.). Dies betont auch Reiß (1996, S. 21), der die Kinderzeichnung als ein „Kommunikationssys-tem eigener Art" betrachtet, „das subjektive Wahrnehmungen und Vorstellungen in Zeichenformen überträgt, die es dem Kind gestatten, sein Denken und Fühlen prinzipiell unbegrenzt auszudrücken". Den Ausdrucksmöglichkeiten auf der Seite des zeichnenden Kindes stehen die Wirkungsmöglichkeiten auf Seiten des Betrachters gegenüber. Dieser kann unmittelbar die Wirkung des Bildes erfahren und damit auch Informationen übermittelt bekommen, die sich mit sprachlichen Mitteln nur begrenzt darstellen lassen (vgl. Neuss, 2000, S. 132). Daran erinnert auch das Sprichwort: „Ein Bild sagt mehr als 1000 Worte".

Für die vorliegende Studie war es wichtig ein Erhebungsinstrument zu fin-den, dass eine Befragung vieler Grundschulkinder ermöglicht, ohne auf sprach-gestützte Erhebungsmethoden zurückgreifen zu müssen, da viele der befragten Kinder noch keine Lese- oder Schreibkenntnisse besaßen.

Die Kinderzeichnung als Emotionsträger

Die vielfältigen Ausdrucksmittel der Kinderzeichnung erlauben eine verstärkte Einbeziehung von Gefühlen in die Datenerhebung. Diese werden nicht nur durch Bildinhalte, sondern auch durch Farbgebung und Bildgestaltung vermittelt. Das Kinderbild ist kein rein kognitives Produkt, sondern verbindet kognitive und emotionale Anteile. Letztere können bewusst oder unbewusst in das Bild einflie-ßen (vgl. Neuß, 2000, S. 136; Schoppe, 1991, S. 174). Sprachbasierte Erhe-bungsmethoden (vor allem der Fragebogen) zu Vorstellungen und Sichtweisen von Kindern sprechen diese überwiegend auf einer kognitiven Ebene an. Die emotionalen Aspekte können lediglich abgefragt und nicht erlebt werden. Wenn wir uns aber der Vorstellungswelt von Kindern annähern möchten, müssen sowohl Kognition als auch Emotion berücksichtigt werden, um ein vollständiges *Bild* zu erhalten. Auch Kaiser (2003) spricht sich aus diesem Grund für den Einsatz von Kinderzeichnungen als Erhebungsinstrument aus:

> „Ein Mensch besteht nicht nur aus Kognitionen, sondern aus Emotionen, Werthaltungen und Handlungskompetenz. Eine Untersuchung allein des Denkens würde nicht die Gesamtheit der wirklichen Vorstellungen erfassen können. Die Vorstellungen sind immer mit Hoffnungen, Erwartungen, Einstellungen und Ängsten durchsetzt. Um an diese komplexen Vorstellungen der Kinder näher heran zu kommen, lohnt es sich, diese nicht nur per Fragebogen mit Worten zu erkunden. Dies hieße sie lediglich auf der Kopf-Ebene anzusprechen." (S. 7)

Unmittelbarer Einblick in die Vorstellungswelt des Kindes

Die Kinderzeichnung kann uns dadurch, dass sie bewusste, unbewusste und affektive Anteile enthält (vgl. Reiß, 2000, S. 232), einen Einblick in die Vorstellungswelt des Kindes ermöglichen, der über mit Sprache erfassbares hinausgeht, denn es „gilt die Prämisse, die Zeichnung als unmittelbaren Niederschlag des Vorstellungs- und Wahrnehmungsvermögens zu begreifen" (Reiß, 1996, S. 20).
Die Kinder malen ihre Sichtweise auf die Welt, ihre Wahrnehmung der Wirklichkeit und ihre unterschiedlichen Formen der Auseinandersetzung damit auf (vgl. Meili-Schneebeli, 2000, S. 22, S. 28; Reiß, 1996, Vorwort; Schoppe, 1991, S. 176). „So kann das Kinderbild ein Spiegel sein, durch den man direkten Zugang zum Denken und Fühlen des Kindes in der gesellschaftlichen Wirklichkeit erhält" (Reiß, 1996, Vorwort).

Zur Notwendigkeit einer qualitativ-kommunikativen Herangehensweise

Verschiedene ForscherInnen, die bereits mit Kinderzeichnungen oder anderen visuellen Daten gearbeitet haben, sind sich darin einig, dass die Kinderzeichnung aufgrund ihrer Besonderheiten (z.B. Gleichzeitigkeit aller Dinge im Bild, individuelle Symbolsprache, nicht-sichtbare, d.h. imaginierte Bildelemente) kontextgebunden betrachtet werden muss. Dazu gehört auch die Einordnung der Bilder in den jeweiligen historischen und kulturellen Kontext. Nach Möglichkeit sollten auch Selbstdeutungen der Kinder zu ihren Zeichnungen in die Bildanalyse einfließen (vgl. Neuß, 2000, S. 135; Niesyto, 2006, S. 284; Reiß, 1996, S.6; Richter, 1987, S. 100; Schuster, 1993, S.139; Widlöcher, 1984, S. 227), um Fehlinterpretationen zu vermeiden.

Die Bedeutung der Kontextualität für das Bildverstehen veranschaulicht Panofsky (1975, S. 45):

> „Unser australischer Buschmann wäre außerstande, das Sujet des letzten Abendmahls zu erkennen; ihm würde es nur die Vorstellung einer erregten Tischgesellschaft vermitteln. Um die ikonographische Bedeutung des Bildes zu verstehen, müßte er sich mit dem Inhalt der Evangelien vertraut machen. Wenn es sich um Darstellungen anderer Themen als biblischer Geschichten oder historischer und mythologischer Szenen handelt, die dem durchschnittlichen „Gebildeten" zufällig bekannt sind, sind wir alle australische Buschleute. In solchen Fällen müssen auch wir versuchen, uns mit dem vertraut zu machen, was die Urheber jener Darstellungen gelesen hatten oder sonstwie wußten."

Die Bedeutung der Selbstdeutungen der Zeichnenden ergibt sich aus den besonderen Merkmalen der Kinderzeichnung. So sind in den Zeichnungen nicht nur sinnlich wahrnehmbare, sondern auch imaginierte Elemente enthalten (vgl. Neuß, 1998). Dies kann z.b. ein Mensch sein, der sich im Haus befindet und deswegen auf der Zeichnung nicht zu sehen ist, für das Kind aber tatsächlich vorhanden ist und womöglich eine wichtige Rolle spielt. Zu solchen imaginierten Bildelementen kann der Forschende nur durch zusätzliche Informationen vom zeichnenden Kind Aufschluss erhalten. Selbst eine genaueste Analyse der einzelnen Bildelemente könnte solche unsichtbaren Bildelemente nicht zu Tage fördern. Eine weitere Besonderheit, die kommunikative Prozesse der Bildanalyse zwischen Forscher und Forschungssubjekt erfordert, ist die individuelle Symbolsprache der Kinder. Die Kinder entwickeln ihre eigenen Zeichenschemata und Symbole. Sie bewegen sich noch nicht in einem konventionalisierten System von Symboldeutungen und daher lassen sich die Bedeutungen, die sie mit einzelnen Bildsymbolen verbinden, nicht aus einem „allgemeinen Verständnis" ableiten (vgl. Neuß 1998, 2000, S. 134; Richter, 1987, S. 130). Erst durch eine gemeinsame sprachliche Deutung kann das „subjektive Sinnverständnis" des Kindes enthüllt werden. Für eine angemessene Interpretation von Kinderzeichnungen hält es Neuß (2000) daher für unabdingbar, dem Kind die „Selbstdeutung seiner Zeichnung zuzugestehen" (S. 134).

Für eine adäquate inhaltliche Interpretation von Kinderzeichnung ist also nicht nur eine formal-strukturelle Analyse vorzunehmen, sondern es sind nach Möglichkeit die Bildautoren und deren Lebenskontext in die Interpretation mit einzubeziehen. In der vorliegenden Studie wurden daher die Kinderzeichnungen während und nach dem Zeichenprozess mit den einzelnen Kindern besprochen, um Zugang zu ihren subjektiven Deutungen und Symbolisierungen zu erhalten. Dabei wurde darauf geachtet, den Zeichenprozess nicht zu beeinflussen. Die Kinder bekamen durch das Gespräch die Möglichkeit ihre Zeichnungen zu erklären, sprachlich zu ergänzen und besondere Bedeutungen hervorzuheben. Durch die Vergabe eines Titels für das Bild konnten die Kinder zusätzlich das Hauptthema ihres Bildes unterstreichen. Die Selbstdeutungen der Kinder als Ausdruck ihrer subjektiven Sichtweise waren auch Grundlage für die Kategorisierung der Bilder. Informationen zum Lebenskontext der Kinder konnten nicht erhoben werde. Oftmals kamen diese aber während des Zeichenprozesses zur Sprache oder wurden von Lehrkräften eingebracht. Diese Zusatzinformationen, ebenso wie die Entstehungssituation der Bilder, wurden protokolliert und in den Auswertungsprozess einbezogen.

Die Datenerhebung fand also in Form von Kinderzeichnungen zu einer offenen Fragestellung (mit Eingrenzung auf das Thema Zukunft) statt. Die Kinderzeichnungen wurden um Selbstdeutungen der Kinder ergänzt und von diesen mit Titeln bzw. Überschriften versehen, die eine Identifikation des Bildthemas erleichtern sollten, da die Kinder durch die Festlegung einer Überschrift ihr Bild paraphrasierten oder die wichtigsten Elemente hervorhoben. Zusätzlich wurden während der Durchführung der Datenerhebung Protokolle geführt, in denen Anmerkungen zur Erhebungssituation, Störfaktoren, Besonderheiten und erklärende Kontextinformationen festgehalten wurden.

5.4 TeilnehmerInnen

5.4.1 Auswahl der teilnehmenden Schulen

Um mögliche Effekte des sozioökonomischen Wohnumfelds in die Auswertung mit einbeziehen zu können, wurde eine Auswahl der Schulen nach Stadtgebieten getroffen. Für die Auswahl der Stadtgebiete wurden die statistischen Daten der Stadt Oldenburg für das Jahr 2008 herangezogen (Stadt Oldenburg, o. D.). Die ausgewählten Schulen sollten sich nach Möglichkeit bezüglich des Wohnumfelds kontrastieren, d.h. aus mindestens zwei Stadtteilen kommen, die sich möglichst stark voneinander unterscheiden. Da es in Oldenburg eine starke Zentrums-Orientierung gibt, bot sich eine erste Unterscheidung nach Innenstadt und äußeren Stadtgebieten an. Die statistischen Daten der Stadt sind nur zu eingeschränkten Themenfeldern stadtteilspezifisch zu erhalten. Bezüglich des Migrationshintergrunds wurde das Stadtzentrum als Stadtbezirk mit dem niedrigsten Anteil an Menschen mit Migrationshintergrund und einige Bezirke im äußeren Stadtbereich als die mit dem höchsten Anteil an Menschen mit Migrationshintergrund angegeben. Eine Benennung der Bezirke erfolgt nicht, um eine Identifizierung der teilnehmenden Schulen zu erschweren. Stadtteilspezifische Statistiken zur Arbeitslosigkeit o.ä. gibt es in Oldenburg nicht, daher musste auf andere

Indikatoren zurückgegriffen werden, in diesem Fall der Anteil an Reihenhäusern und Sozialwohnungen in den Stadtteilen. In Oldenburg sind die meisten Wohngelegenheiten Einfamilienhäuser. Reihenhäuser bzw. Wohnblocks gibt es aber in den ausgewählten äußeren Stadtteilen vermehrt. Hier befinden sich auch viele Sozialwohnungen.

Zur Kontrastierung wurden ein zentraler Stadtteil und ein äußerer Stadtteil gewählt, bei denen aufgrund dieser Faktoren der größte Kontrast angenommen wurde. Nach der Auswahl der Stadtteile wurde bei den dortigen Schulen schriftlich die Bereitschaft zur Teilnahme an der Studie nachgefragt. Anschließend wurden die Schulen telefonisch kontaktiert. Leider fanden sich im zuerst ausgewählten äußeren Stadtteil keine Schulen, die zu einer Teilnahme bereit gewesen wären. Diese beklagten bereits eine zu hohe Belastung durch Forschungsprojekte und andere Umstände. Zwei Schulen aus dem Stadtzentrum hingegen sagten ihre Teilnahme zu. Da aber eine Kontrastierung so nicht gegeben war, wurde nach alternativen Stadtteilen für eine geeignete Kontrastierung gesucht und weitere Schulen angeschrieben. Zwei Schulen aus verschiedenen Stadtrandbezirken erklärten sich daraufhin zur Teilnahme bereit.

Die Auswahl der Klassen innerhalb der Schulen erfolgte aufgrund der Bereitschaft einzelner Lehrkräfte mit ihrer Klasse an der Studie mitzuwirken. In den so ausgewählten Klassen wurden jeweils zwei Wochen vor dem vereinbarten Erhebungstermin Elterninformationen und Einverständniserklärungen verteilt. Dadurch blieb ausreichend Zeit für Rückläufe und Nachfragen der Eltern und Kinder. Die Anzahl der teilnehmenden Kinder in den einzelnen Klassen schwankte aufgrund höchst unterschiedlicher Rückläufe der Einverständniserklärungen zwischen fast keinem (2 Kinder) und fast allen (23) Kindern einer Klasse.

Die Vorgehensweise bei der Auswahl der Kindertagesstätten entsprach der Vorgehensweise bei der Schulauswahl. Eine Kindertagesstätte aus dem Stadtzentrum und eine Kindertagesstätte aus dem äußeren Stadtgebiet erklärten sich zur Teilnahme bereit. Elterninformationen und Einverständniserklärungen wurden dort an alle Eltern von Kindern, die sich im letzten Kindergartenjahr befanden, herausgegeben. Es nahmen also je zwei Schulen und eine Kindertagesstätte aus dem Stadtzentrum und aus äußeren Stadtbereichen teil.

5.4.2 Beschreibung der Untersuchungsgruppe

Die Studie wurde in vier Grundschulen und zwei Kindertagesstätten der Stadt Oldenburg durchgeführt. An jeder der Grundschulen nahmen Kinder aus der ersten bis vierten Klasse teil. Insgesamt wurden Erhebungen in 16 Grundschulklassen durchgeführt. An den Kindertagesstätten nahmen ausschließlich Kinder teil, die sich im letzten Kindergartenjahr befanden. Insgesamt umfasste die Stichprobe 230 Kinder im Alter zwischen vier und zehn Jahren. Davon waren 41 Kindergartenkinder und 189 Schulkinder. Eine zentrale Kindertagesstätte besuchten 24 Kinder und eine Kindertagesstätte im äußeren Stadtgebiet 17 Kinder. Von den Schulkindern besuchten 88 eine zentral gelegene Schule und 101 eine Schule am Stadtrand.

Insgesamt befanden sich 36 Kinder (15,7%) in der ersten Klasse, 55 Kinder in der zweiten Klasse (23,9%), 50 Kinder in der dritten Klasse (21,7%) und 48 Kinder in der vierten Klasse (20,9%). Die Verteilungen der Kinder in den einzelnen Klassenstufen unterscheidet sich in Hinblick auf die zentraler Lage bzw. Stadtrand-Lage kaum (2. Klasse: 28/27 Kinder, 3. Klasse: 23/27 Kinder, 4. Klasse 24/24 Kinder). Lediglich in der 1. Klasse haben wesentlich weniger Kinder von zentral gelegenen Schulen teilgenommen (1. Klasse: 13/23 Kinder; siehe Abb. 1).

Abbildung 1:   Kinder je Klassenstufe nach Lage der Einrichtung

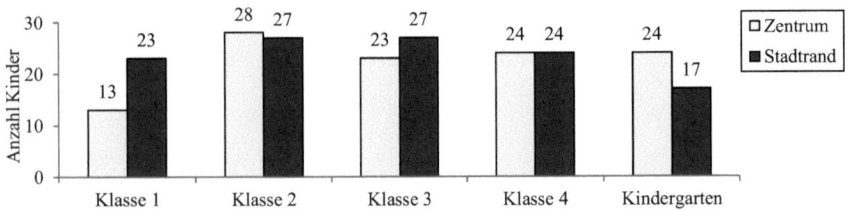

Die einzelnen Schulen sind in der untersuchten Gruppe unterschiedlich stark vertreten. Die Schule „Stadtrand 2" [SR2] ist mit einem Anteil von 28,3 % (65 Kinder) am stärksten vertreten. Danach folgt die Schule „Zentrum 2" [Z2] mit 22,6% (52 Kinder). An der Schule „Zentrum 1" [Z1] und der Schule „Stadtrand 1" [SR1] haben jeweils 36 Kinder (15,7%) teilgenommen.

Zusammensetzung der untersuchten Gruppe nach Geschlecht

Der Jungen und Mädchenanteil in der untersuchten Gruppe lag sehr dicht beieinander und war altersmäßig ausgewogen. Es nahmen 113 Mädchen (49,1%) und 117 Jungen (50,9%) teil. Dieses Geschlechterverhältnis entspricht in etwa dem Verhältnis in der Gruppe der unter zehn jährigen in der Gesamtbevölkerung Deutschlands (51,3% männlich und 48,7% weiblich; vgl. Bundeszentrale für politische Bildung, 2008). An den einzelnen Schulen war das Geschlechterverhältnis ebenfalls relativ ausgewogen. Nur in zwei Einrichtungen gab es eine

größere Differenz zwischen der Zahl der Jungen und Mädchen. An der Schule
Z1 haben mehr Mädchen teilgenommen (61%), während im Kindergarten Stadtrand [Kiga SR] mehr Jungen teilnahmen (65%). In den anderen Einrichtungen
liegen die Werte zwischen 45% und 55% (s. Abb.2).

Abbildung 2:   Jungen- und Mädchenanteil in den einzelnen Einrichtungen

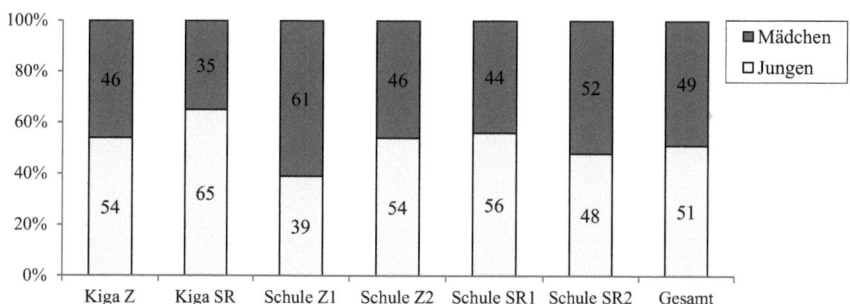

Das ausgewogene Verhältnis findet sich auch in den Klassenstufen mit Ausnahme der Schule Z1. Dort nahmen in der dritten Klasse deutlich mehr Mädchen
(75%) und in der vierten Klasse ausschließlich Mädchen teil. Der Altersmittelwert der Mädchen (M=7,39) in der Gesamtstichprobe ist etwas höher als der
Altersmittelwert der Jungen (M=7,26). Die Mädchen waren also im Durchschnitt
älter als die Jungen. Nur an der Schule Z2 waren die Jungen im Durchschnitt
älter als die Mädchen (Mädchen: M=7,96; Jungen: M=8,25).

Zusammensetzung der untersuchten Gruppe nach Alter

Die teilnehmenden Kinder waren zwischen vier und zehn Jahren alt. Da nur zwei
Vierjährige an der Erhebung teilnahmen wurden die Vierjährigen mit den Fünfjährigen zu einer Altersgruppe zusammengefasst. Die Altersgruppe der Vier- und
Fünfjährigen umfasst *alle* Kindergartenkinder und setzt sich *ausschließlich* aus
Kindergartenkindern zusammen. Insgesamt wurden 6 Altersgruppen gebildet (4
und 5 Jahre, 6 Jahre, 7 Jahre, 8 Jahre, 9 und 10 Jahre). Die Beteiligungsrate war
in den einzelnen Altersgruppen unterschiedlich hoch. Im Vergleich zu den anderen Altersgruppen unterrepräsentiert sind die Sechsjährigen (11,3%, 26 Kinder)
und die Zehnjährigen (6,1%, 14 Kinder). Am stärksten vertreten sind die Siebenjährigen (23,5%, 54 Kinder) gefolgt von den Acht- und Neunjährigen (20,4%, 47
Kinder; 20,9%, 48 Kinder). Die Gruppe der Kindergartenkinder ist etwas kleiner,
aber mit 41 Kindern (17,8%) immer noch stark vertreten (s. Abb.3).

Abbildung 3:   Anteile der einzelnen Altersgruppen an der Gesamtgruppe

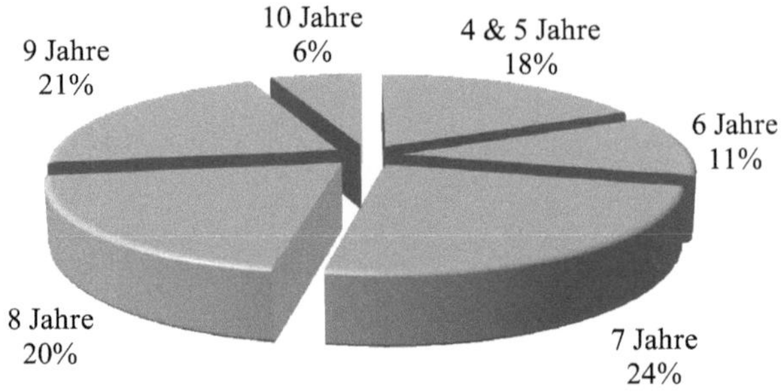

9 Jahre
21%

10 Jahre
6%

4 & 5 Jahre
18%

6 Jahre
11%

8 Jahre
20%

7 Jahre
24%

Gesamtgruppe (N=230)

Die Schule Z2 hat den höchsten Altersmittelwert (M=8,12), da hier nur wenige Kinder der ersten Klasse und viele Kinder der vierten Klasse teilgenommen haben. Die Schule SR2 (M=7,86) und die Schule SR1 (M=7,89) haben ähnliche Mittelwerte. Den niedrigsten Altersmittelwert hat die Schule Z1 (M=7,36), da hier viele Kinder der ersten Klasse, aber nur weniger der dritten und vierten Klasse teilgenommen haben.

Zusammensetzung der untersuchten Gruppe nach Migrationshintergrund

Zweiundfünfzig der teilnehmenden Kinder (22,6 %) hatten einen Migrationshintergrund [MHG], wobei 16 Kinder (30 % der Kinder mit MHG) eigene Migrationserfahrungen hatten. Der Anteil der Kinder mit MHG an der untersuchten Gruppe entspricht dem Anteil der Personen mit MHG an der Gesamtbevölkerung in Niedersachsen (je nach Region zwischen 20% - 30%), der im Mikrozensus 2006 für die Altersgruppe der Zehnjährigen genannt wird (Statistisches Bundesamt, 2009). Von den Kindern mit MHG sind 27 Mädchen (51,9%) und 25 Jungen (48,1%). Das Verhältnis ist also ähnlich ausgewogen wie in der Gesamtgruppe und entspricht in etwa dem Geschlechterverhältnis in der Gruppe der Zehnjährigen mit MHG in der Gesamtbevölkerung Deutschlands (50,8% männlich und 49,1% weiblich; vgl. Statistisches Bundesamt, 2009).

Die Altersmittelwerte der Kinder mit MHG unterscheiden sich stark nach Geschlecht. Der Altersmittelwert für die Mädchen mit MHG liegt mit M=7,93 deutlich über dem Altersmittelwert der Jungen mit MHG (M=7,04). Bei den Mädchen und Jungen ohne MHG liegen die Altersmittelwerte dichter beieinander (Mädchen: M=7,22; Jungen: M=7,33). Die Mädchen mit MHG sind im

Durchschnitt die ältesten Kinder in der Gesamtgruppe, wohingegen die Jungen mit MHG im Durchschnitt die jüngsten Kinder sind.

Der Anteil der Kinder mit MHG ist in den einzelnen Einrichtungen unterschiedlich hoch (s. Abb. 4). Der Kindergarten im Zentrum [Kiga Z] hatte den geringsten Anteil an Kindern mit MHG (4,2%) während der Kindergarten am Stadtrand und die Schule SR1 den höchsten Anteil aufwiesen (29% und 33%).

Abbildung 4:   Anteil SchülerInnen mit Migrationshintergrund je Einrichtung

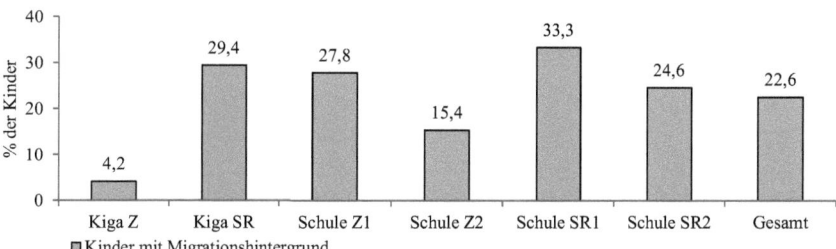

5.5 Untersuchungsdurchführung

5.5.1 *Pretest*

Vor Beginn der eigentlichen Erhebung wurde in zwei Kindergartengruppen die Verständlichkeit der Aufgabenstellung für die Kinder überprüft. Dabei stellte sich heraus, dass die ursprünglich formulierte Aufgabenstellung für die Kinder dieses Alters zu lang und zu kompliziert war. Dies wurde zusätzlich durch Probleme mit dem Begriff Zukunft erschwert. Durch Gespräche mit den Kindern zeigte sich, dass sie mit der bereits durch Astrid Kaiser (2003) eingesetzten Fragestellung *„Male dich, wenn du groß bist"* am besten umgehen konnten. Diese Fragestellung war nicht an einen zeitlichen Bezugsrahmen geknüpft und erleichterte es den Kindern durch den konkret-persönlichen Bezug Zukunftsvorstellungen – zumindest bezüglich der persönlichen Zukunft – zu entwickeln. Da aber diese Aufgabenstellung offensichtlich einen persönlichen und keinen gesellschaftlichen Bezug herstellte, sollten die älteren Kinder eine weniger richtungsweisende Aufgabenstellung bekommen. Diese wurde zusammen mit einer Drittklässlerin auf der Basis der ursprünglichen Aufgabenstellung entwickelt, um eine altersgemäße Verständlichkeit der Aufgabe zu erreichen. Die so entwickelte Aufgabenformulierung lautete: *„Stell dir einmal vor, du bist erwachsen. Wie wirst du oder wie werden andere Menschen dann leben. Worauf freust du dich* *oder wovor hast du Angst?"*. Diese Aufgabenstellung wurde bei allen Erhebungen von den Kindern gut verstanden, wobei sie sich meist auf die Darstellung eines ausgewählten Aspektes beschränkten (z.b. so werde ich wohnen) oder Gegenüberstellungen gegensätzlicher Aspekte (z.b. Freude und Angst) wählten. Die Bilder der Kinder aus den Pretest-Gruppen wurden in die Gesamtauswertung einbezogen, da sich die Bildinhalte trotz der umformulierten Aufgabenstellung inhaltlich nicht von den Bildern anderer Kindergartengruppen unterschieden.

5.5.2 Datenerhebung in der Schule

Die Datenerhebung in der Schule wurde von der Landesschulbehörde Niedersachsen unter den üblichen gesetzlichen Bedingungen genehmigt. Die Erhebung nahm pro Schulklasse zwei Schulstunden in Anspruch, die in vielen Fällen für den Kunstunterricht vorgesehen waren. Die Nutzung der Kunststunden bot sich aufgrund der zeichnerischen Erhebungsmethode an und stellte eine geringere Störung des üblichen Unterrichts dar.

Zusätzlich zu den Zeichnungen der Kinder wurden Alter, Klassenstufe, Geschlecht, Migrationshintergrund und gegebenenfalls das Herkunftsland erfragt. Die Namen der Kinder wurden nicht erfasst. Die Bilder bekamen lediglich vierstellige Codes zugewiesen bei denen die erste Ziffer die Schule, die zweite Ziffer die Klassenstufe und die letzten beiden Ziffern die laufende Nummer angaben. Eine spätere Zuordnung der Bilder zu einzelnen Kindern ist also nicht möglich.

Ebenso wie in den Kindertagesstätten wurden die Elterninformationen und Einverständniserklärungen ein bis zwei Wochen vor der Erhebung in den teilnahmebereiten Klassen ausgegeben. Lediglich zwei Eltern nutzten die Möglichkeit telefonisch Nachfragen zur geplanten Studie zu stellen. In beiden Fällen betrafen die Nachfragen die Anonymität der erhobenen Daten. Für die Schulkinder wurde zusätzlich zu den Einverständniserklärungen für die Eltern eine eigene Einverständniserklärung formuliert. Viele gaben diese unterschrieben wieder ab. Da aber auch viele Kinder vergessen hatten diese zu unterschreiben wurde das Einverständnis der Kinder, mit dem Hinweis auf die Freiwilligkeit der Teilnahme und die Anonymität der Bilder, vor der Erhebung noch mal erfragt und von allen teilnehmenden Kindern mündlich zugesichert. Lediglich drei Kinder wollten trotz vorliegender Einverständniserklärung der Eltern nicht teilnehmen.

Die Datenerhebungen fanden zwischen September 2009 und November 2009, also zu Beginn des Schuljahres, statt. Für jede teilnehmende Klasse standen zwei Unterrichtsstunden zu Verfügung. Die Erhebungen wurden nach Absprache mit den jeweiligen Lehrkräften und abhängig von der Teilnehmerzahl entweder im Klassenraum oder in Gruppen außerhalb des Klassenraums durchgeführt. Bei der Durchführung außerhalb des Klassenraums nahmen ausschließlich Kinder mit Einverständniserklärungen teil. Wohingegen bei Erhebungen im Klassenverband teilweise auch alle Kinder der Klasse teilnahmen. Dies war in der Regel bei den Klassen der Fall, in denen die Erhebungen in die Stunden des Kunstunterrichts gelegt wurden. Die Bilder der Kinder ohne Einverständniserklärung wurden selbstverständlich nicht eingesammelt.

In den meisten Fällen war eine Lehrkraft während der Erhebungen anwesend. Ohne Lehrkräfte fanden nur die Erhebungen mit Kleingruppen außerhalb des Klassenraumes statt. Bei Erhebungen in der ersten und zweiten Klassenstufe wurde eine zweite Erhebungsleiterin hinzugezogen, um die Selbstdeutungen der Kinder und die personenbezogenen Daten, die diese wegen mangelnder Schreibfähigkeiten noch nicht selbst aufschreiben konnten, für sie aufzunehmen.

Um eine gute Vergleichbarkeit der Ergebnisse zu gewährleisten wurde in allen Klassen dasselbe Vorgehen gewählt. Vor der eigentlichen Aufgabenstellung wurde den Kindern die Forschungsarbeit vorgestellt und Begriffsklärungen wie beispielsweise „Forschung" vorgenommen. Die Kinder hatten die Möglichkeit zum Forschungskontext Fragen zu stellen, wobei einige Klassen starkes Interesse und viel kritisches Bewusstsein zeigten. Anschließend wurde den Kindern die Aufgabe vorgestellt. Der Aufgabentext für die Erstklässler und Kindergartenkinder lautete „Male dich, wenn du groß bist" und für die Kinder der zweiten bis vierten Klassenstufe „Stelle dir einmal vor, du bist erwachsen. Wie wirst du oder wie werden andere Menschen dann leben? Worauf freust du dich oder wovor hast du Angst". Zusätzlich bekamen die Kinder das Zeichenblatt gezeigt. Darauf stand „So stelle ich mir die Welt 2030 vor". Anschließend wurde die Aufgabenstellung mit den Kindern besprochen. Dabei wurde zuerst mit den Kindern berechnet, wie alt sie im Jahr 2030 sind, um ihnen das Hineindenken in die Zukunft zu erleichtern. Die Kinder konnten so Vergleiche anstellen und z.B. erkennen, dass sie dann so alt wie ihre Lehrerin sein würden. Viele (vor allem jüngere) Kinder hatten dennoch Schwierigkeiten damit, sich die Zukunft vorzustellen. Da aber von der Forschungsseite keine konkreten Themen vorgegeben werden sollte, wurden in jeder Klasse gemeinsam mit allen Kindern Ideen gesammelt. Ansatzpunkt dafür war die Frage, ob sie glaubten, dass es in der Zukunft anders sein würde als heute, was in der Regel (zumindest ab der zweiten Klassenstufe) einhellig bejaht wurde. Bei der anschließenden Frage nach möglichen Veränderungen wurden verschiedene Aspekte von den Kindern eingebracht, die sich in allen Klassen und Gruppen wiederholten und sich auch in den späteren Ergebnissen zeigten. Viele Ideen wurden auch von den Kindern direkt nach dem Vorstellen der Aufgabe spontan geäußert. In jeder Klasse wurden solange Ideen gesammelt bis ein bestimmter Grundstock an Themen (Arbeit, Umwelt, Erfindungen, Erwachsensein, Technik, Familie, Städte/Häuser) genannt war. Durch die gemeinsame Sammlung der Themen wurde in allen Klassen die gleiche Basis für den Zeichenprozess geschaffen. Dadurch sollte vermieden werden, dass einzelne - in die Klasse gerufene – Themen aufgrund von Alternativlosigkeit von allen Kindern aufgegriffen werden. Ein erweitertes Themenspektrum sollte Auswahlmöglichkeiten schaffen und eigene Ideen anregen. Dabei war es aber wichtig, dass die Themenvorschläge von den Kindern kamen und nicht von außen an sie herangetragen wurden. Nur in einzelnen Fällen wurden Themenbereiche von den Erhebungsleitern genannt, wenn aus der Klasse keine oder immer nur die gleiche Nennung kam. Diese Themenbereiche waren aber sehr grob formuliert und stark an der Aufgabenstellung orientiert (z.b. Vielleicht verändert es sich ja wie die Menschen leben? Vielleicht sind auch die Häuser anders oder es gibt Sachen, die es heute noch nicht gibt?). Das Thema Politik oder verwandte Aspekte wurden dabei absichtlich nicht genannt. Während der Themensammlung wurde auch deutlich gemacht, dass es keine Bewertung der Bildideen in ‚richtig' oder ‚falsch' geben würde, und dass alles richtig sei, was die Kinder sich *wirklich vorstellen* könnten, da schließlich heute keiner sagen könnte, wie es in der Zukunft wirklich sein wird. An dieser Stelle wurde auch nochmals auf die Anonymität der Zeichnungen hingewiesen. Dadurch sollte der ‚Leistungsdruck' auf die Kinder verringert werden, ihre Ergebnisse den von ihnen möglicherweise vermuteten Erwachsenenvorstellungen anzupassen oder bestimmte Erwartungen erfüllen zu müssen.

Nach der Themensammlung wurde den Kindern noch einmal die Aufgabenstellung vorgelesen, um diese wieder ins Gedächtnis zu rufen. Dann durften die Kinder mit dem Zeichnen anfangen, wenn sie keine Fragen mehr hatten. Für die Bildproduktion durften die Kinder alle ihnen zur Verfügung stehenden Mal- und Zeichenutensilien benutzen, mit Ausnahme von langsam trocknenden Farben, die ein Einsammeln der Bilder erschwert hätten.

Die meisten Kinder begannen gleich mit dem Malen. In jeder Klasse gab es jedoch auch einzelne Kinder, die keine Bildidee hatten, oder Probleme hatten ihre Ideen in Bilder umzusetzen, da diese Themen betrafen, die ihnen unangenehm waren oder die sie nicht zeichnen konnten. Bei Kindern, die keine Ideen hatten half oft ein kurzes Gespräch darüber, wie es wohl ist, wenn sie groß sind. Dabei wurde wieder darauf geachtet, keine Themen vorzugeben, sondern durch Fragestellungen die Ideenfindung anzuregen. In der Regel genügte es die einzelnen Bestandteile der Aufgabenstellung mit den Kindern noch mal in Form von einzelnen Fragen zu besprechen? Solche Fragen waren beispielsweise: „Was glaubst du denn wie das ist, wenn du erwachsen bist? Wie sieht die Welt dann aus, in der du lebst?". Als hilfreich erwies sich dabei auch die Aufforderung an die Kinder, die Augen zu schließen und sich das Ganze einmal vorzustellen.

Kinder, die unangenehme Themen im Kopf hatten und diese nicht umsetzen konnten oder wollten, wurden darauf hingewiesen, dass sie sich auch für ein angenehmes Thema entscheiden könnten oder sich zeichnerische Beratung ihrer Klassenkameraden holen dürften. So äußerte ein Mädchen beispielsweise Angst davor an Krebs zu sterben. Sie entschied sich aber dagegen, dieses Thema darzustellen. Stattdessen malte sie ein Bild, in dem sie Luftverschmutzung thematisierte.

Die meisten Kinder arbeiteten sehr konzentriert und ausdauernd an ihren Bildern. Der gewählte Zeitrahmen von zwei Schulstunden erwies sich als ausreichend, wobei etwas mehr Zeit wünschenswert gewesen wäre, da einige Kinder sehr intensiv malten und ihre Bilder vorzeitig beenden mussten. Nur in wenigen Klassen gab es Probleme durch Lautstärke oder andere Störungen. Diese traten vor allem in höheren Klassen auf. In einigen Klassen wurde die Erhebung durch Pausenzeiten unterbrochen, die jedoch die Arbeitsabläufe nicht störten, da die Kinder ihre Arbeit nach den Pausen gut wieder aufnahmen.

Während des Zeichenprozesses wurde mit den einzelnen Kindern schon über ihre Bilder gesprochen. Dabei wurde darauf geachtet keine Suggestivfragen zu stellen und den Zeichenprozess nicht zu beeinflussen, sondern lediglich Anreize für ein Gespräch über das Bild zu geben („Erzählst du mir was zu deinem Bild?" / „Wer ist denn das da?"). In der Regel erzählten die Kinder jedoch gerne von sich aus über ihre Bilder. Nur einige Kinder wollten auch auf Nachfrage zu ihren Bildern oder einzelnen Bildelementen keine weiteren Auskünfte geben. Diese Bilder hatten in der Regel ernste Bildinhalte. Die Weigerung der Kinder, diese Bilder weiter zu erklären, wurde immer respektiert und auf weitere Nachfragen wurde verzichtet.

Kinder, die ihre Bilder fertig gestellt hatten, wurden nochmal in einem kurzen Gespräch gebeten, ihr Bild zu erklären. Diese Erklärung wurde auf der Rückseite des Bildes möglichst wörtlich vermerkt (teilweise war dies aufgrund von Zeitschwierigkeiten nicht möglich) und ansonsten sinngemäß protokolliert. Die Vermerke wurden den Kindern im Anschluss nach Möglichkeit noch einmal zur Überprüfung vorgelesen, um mögliche Missverständnisse oder Verfälschungen der eigentlichen Aussage aufzudecken. Die Aussagen der Kinder zu ihren Bildern wurden nicht elektronisch aufgezeichnet, da sie nur zur Unterstützung bei der Analyse und zur Vermeidung von Fehlinterpretationen erfragt wurden. Die Selbstdeutungen stellten somit keine Interviews, sondern Interpretationshilfen dar.

Kinder, die mit dem Zeichnen fertig waren, erhielten ein neues Zeichenblatt zur freien Verfügung, damit sie sich weiter ruhig beschäftigen konnten. Wenn alle Kinder ihre Bilder abgegeben hatten, bekamen sie als Dankeschön für ihre Teilnahme jeder ein Forschungshelferdiplom verliehen.

Insgesamt zeigten die Kinder viel Interesse an der Studie und ihren Ergebnissen. Sie arbeiteten ruhig, konzentriert und äußerten, dass ihnen die Erhebung viel Spaß gemacht habe. Auch die Forschungshelferdiplome wurden von den Kindern erfreut (teilweise auch mit Applaus für jeden Einzelnen aus der ganzen Klasse) angenommen.

Die teilnehmenden Kinder und Lehrkräfte wurden nach der Auswertung der Bilder über kindgerecht gestaltete Poster, die den jeweiligen Einrichtungen zur Verfügung gestellt wurden, über die Ergebnisse der Studie informiert. Dabei blieb den Schulen und Kindertagesstätten überlassen, in welcher Form sie die Ergebnisse mit den Kindern besprechen wollten. Zusätzlich erhielten die Einrichtungen ein mehrseitiges Arbeitspapier mit weiteren Informationen zu den Ergebnissen, um auf Wunsch mit den Kindern auch vertiefend die Ergebnisse besprechen zu können. Darüber hinaus bestand die Möglichkeit weitere Informationen zu den Ergebnissen anzufragen. Vor allem in den Kindertagesstätten wurden die Poster auch genutzt, um den Eltern die Forschungsergebnisse ebenfalls zugänglich zu machen.

5.5.3 Datenerhebung in den Kindertagesstätten

Die Genehmigung für die Erhebung in den Kindertagesstätten wurde im Vorfeld der Erhebung schriftlich beim jeweils zuständigen Träger beantragt. Die Träger erteilten die Erlaubnis für die Erhebung unter der Auflage einer Anonymisierung der Daten.

Der Ablauf der Erhebungen in den Kindertagesstätten war in weiten Teilen mit dem Ablauf in den Schulen übereinstimmend. Aufgrund des Alters der Kinder wurde aber ein leicht verändertes Vorgehen gewählt, um den Kindern Unsicherheiten zu nehmen. Die Einverständniserklärungen und Elterninformationen wurden in den Kindergärten frühzeitig an alle Eltern, deren Kinder sich im letzten Kindergartenjahr befanden, ausgegeben. Mit den Kindertagesstätten wurde ein Termin eine Woche vor dem eigentlichen Erhebungstermin vereinbart, bei dem ich die Gelegenheit erhielt mich und mein Forschungsvorhaben den Kindern vorab vorzustellen und die Fragen der Kinder zu beantworten. Die Kinder hatten danach noch eine Woche Zeit, um über ihre Teilnahme an den Erhebungen zu entscheiden. Dies hatte den Vorteil, dass die Kinder mich am Erhebungstermin bereits kannten und schon wussten, was sie zu erwarten hatten. Dadurch zeigten die Kinder viel Zutrauen und Offenheit bei den Erhebungen. Das Zeichnen mit den Kindergartenkindern fand bei allen Erhebungen außerhalb des Gruppenraumes in Kleingruppen statt. Dafür stand in der einen Kindertagesstätte der Mitarbeiterraum und in der anderen ein Hortraum zur Verfügung. Die Zu-

sammensetzung der Kleingruppen ergab sich aus der jeweiligen Gruppenzugehö-
rigkeit der angehenden Schulkinder innerhalb der Einrichtung. In allen Fällen
war ein Erzieher bzw. eine Erzieherin aus der Gruppe, zumindest bei der Bespre-
chung der Arbeitsaufgabe, anwesend. In der „Kindertagesstätte Stadtrand" war
während der gesamten Zeichenphase in allen Gruppen eine Erzieherin anwesend.

Zu Beginn der Erhebung wurde mit den Kindern noch einmal wiederholt,
was sie aus dem Treffen vor einer Woche noch erinnerten. Gegebenenfalls wurden Fragen geklärt oder das Vorhaben erneut erklärt. Danach wurde den Kindern
die Aufgabe und das Zeichenblatt vorgestellt und mit ihnen Ideen gesammelt, die
sich meist direkt aus den spontanen Fragen „Dürfen wir auch .... malen?" ergaben. Nachdem klar war, dass alle Kinder die Aufgabenstellung verstanden hatten
und Lust zur Teilnahme geäußert hatten, wurde die Aufgabenstellung erneut
verlesen und die Kinder durften mit dem Malen beginnen. Im Schnitt arbeiteten
die Kinder zwanzig Minuten an den Bildern. Kinder, die mit dem Malen fertig
waren, konnten in die Gruppenräume zurückkehren, nachdem ihre Bildbeschrei-
bungen und personenbezogenen Daten aufgenommen waren. Die Frage nach
dem Migrationshintergrund gestaltete sich etwas schwierig, da viele der Kinder
auch andere Bundesländer Deutschlands als anderes Land interpretierten. Dies
konnte aber im Gespräch mit den Kindern oder durch Nachfragen bei den ErzieherInnen aufgeklärt werden.

Insgesamt zeigte sich bei den Erhebungen in den Kindertagesstätten, dass
vor allem jüngere Kinder Schwierigkeiten mit der Aufgabenstellung hatten. Sie
waren stark im Hier und Jetzt verankert. Dies zeigte sich auch in den Bildern, die
Darstellungen enthielten wie „Ich auf dem Spielplatz" und „Ich wohne bei Mama
und Papa". Diese Gegenwartsbezogenheit war auch in der ersten Klassenstufe
noch stark vertreten. Ab der zweiten Klasse zeigte sich jedoch ein deutlich anderes Zeit- bzw. Zukunftsverständnis. Allen teilnehmenden Kindern wurde zusätzlich zur Aufgabenstellung wie bereits beschrieben die Frage gestellt: „Glaubt ihr,
dass dann alles noch so ist wie heute?". Diese Frage wurde von den Kindergartenkindern und von den Erstklässlern in vielen Fällen bejaht. Diejenigen Kinder,
die in der Zukunft Veränderungen erwarteten, konnten diese dabei oft nicht genau benennen. Ab der zweiten Klassenstufe wurden von den Kindern deutlich
mehr Äußerungen zu Veränderungen in der Zukunft gemacht und konkrete Bereiche benannt.

5.6 Datenanalyse

Die erhobenen Daten waren quantitativer (Alter, Geschlecht, Migrationshinter-grund, Schule) und qualitativer (Kinderzeichnungen und Selbstbeschreibungen) Natur. Die qualitative Analyse wurde mit Hilfe des qualitativen Datenverarbei-tungsprogramms MAXQDA durchgeführt. Anschließend fand eine quantitative Auswertung der Daten mit Hilfe des Statistikprogramms SPSS statt.

5.6.1 Qualitative Datenanalyse - Das Bildanalyseverfahren

Die qualitative Bildanalyse sollte auf einer inhaltlichen, themenbezogenen Ebene stattfinden. Eine psychologische Ausdeutung oder entwicklungspsychologische Einordnung der Zeichnungen war nicht intendiert. Das Analyseverfahren orien-tierte sich daher am von Niesyto (2006, S. 280-285) skizzierten Grundgerüst für ein lebensweltorientiertes Bildverstehen und nicht an klassischen kunstpädagogi-schen Verfahren. Auf dieser Grundlage ergaben sich sieben aufeinander aufbau-ende Analyseschritte der Bildinterpretation, die hier kurz vorgestellt werden:

1. Dokumentation und Auswahl der Bilder
Die Bilder werden systematisch archiviert und abhängig vom Forschungskontext wird eine Auswahl für Einzelbildanalysen getroffen. Für die vorliegende Arbeit wurden erst einmal *alle* Bilder inhaltlich analysiert, um einen Überblick über die Themenwahl zu gewinnen.

2. Erstverstehen
Beim Erstverstehen geht es „um subjektive, intuitive Verstehensversuche jenseits eines differenzierten begrifflichen Instrumentariums, um durch anschauliches Denken und ein Zusammenspiel von Sehen und Fühlen einen Zugang zum Foto zu erhalten" (Niesyto, 2006, S. 281). Es geht also darum sich einen ersten, emo-tionalen Eindruck vom Bild zu verschaffen, das Bild auf sich wirken zu lassen und seine Stimmung einzufangen.

3. Bildbeschreibung und Formalanalyse
In diesem Analyseschritt soll eine „möglichst detailgenaue Beschreibung aller Personen, Gegenstände und formalen Gestaltungs- und Strukturelemente" (Niesyto, 2006, S. 282) stattfinden. Da dies wegen der Stichprobengröße nicht möglich war, wurde für die allgemeine Identifizierung der Themen hauptsächlich die Selbstbeschreibung der Kinder zu ihren Zeichnungen zugrunde gelegt und eine mündliche Bildbeschreibung und Formalanalyse im Rahmen der Auswer-tungsgruppe durchgeführt.

4. Symbolverstehen
Aufbauend auf den vorangegangenen Analyseschritten sollen in diesem Schritt
mögliche Bildbedeutungen und Lesarten herausgearbeitet werden, die am Bild
zu belegen sind. „Inhalt von Symbolisierungen sind Atmosphären, Gefühle,
Stimmungen, Eigenschaften, Themen, Werte, Weltbilder, Motive, Ausdrucks-
und Mitteilungsbedürfnisse . . ." (Niesyto, 2006, S. 282). In diesem Analyseschritt wird also die inhaltliche Dimension des Bildes erkundet. In der vorliegenden Arbeit fand dieser Schritt ebenfalls in mündlicher Form innerhalb einer
Auswertungsgruppe statt.

5. Kontextwissen
Erst nach der Generierung von Lesarten und Bedeutungshypothesen soll nach
Niesyto (2006, S. 283) das Kontextwissen zur Plausibilitätsprüfung herangezogen werden. Dies war mir bei der ersten Codierung der Bilder nicht möglich, da
ich alle Entstehungsprozesse der Zeichnungen begleitet habe und alle Beschreibungen der Kinder zu ihren Bildern kannte. Das Kontextwissen konnte von mir
also nicht ausgeklammert werden. Jedoch wurde bei der Bildanalyse in der Auswertungsgruppe nach diesem Verfahren vorgegangen.

6. Zusammenfassung der Einzelbildanalyse
In Hinblick auf die jeweilige Fragestellung werden die Ergebnisse der einzelnen
Analyseschritte zusammengefasst.

7. Intersubjektive Überprüfung und kommunikative Validierung
Die Ergebnisse der Bildanalyse müssen anderen zugänglich gemacht werden, um
die vorhandenen Lesarten kritisch zu prüfen. Bei der vorliegenden Arbeit fand
dies durch die Einbeziehung einer Auswertungsgruppe und eines weiteren unabhängigen Prüfers des Kategoriensystems und der Bildzuordnungen statt.

5.6.2 Exkurs: Auswertungsrelevante Merkmale der Kinderzeichnung

An dieser Stelle sollen besondere Merkmale der Kinderzeichnung vorgestellt
werden, die sich für die Auswertung der Bilder als bedeutsam erwiesen. Dabei
werden entwicklungspsychologische Aspekte nicht berücksichtigt, da in dieser
Arbeit keine entwicklungspsychologische Auswertung der Zeichnungen vorgenommen wurde. Es geht vielmehr um Merkmale, deren Kenntnis wichtig ist, um
Fehlinterpretationen zu vermeiden, Irritierendes zu erklären und die Identifizierung des Bedeutungsgehalt einzelner Bildelemente, und damit das Erkennen von
inhaltlichen Schwerpunkten, zu erleichtern.

Prägnanztendenz

„Es ist nicht der Wunsch des Kindes, die Dinge so darzustellen, wie sie sind, sondern sie in der Weise zu gestalten, wie wir sie am leichtesten identifizieren können" (Widlöcher, 1974, S. 51).
Die Kommunikationsfunktion stellt eine wichtige (jedoch nicht die einzige) Funktion von Kinderzeichnungen dar (vgl. Reiß, 1996; Richter, 1987; Widlöcher, 1974). Nach Widlöcher ist die Kinderzeichnung ein wichtiges Ausdrucksmittel, mit deren Hilfe das Kind erzählen, informieren und kommunizieren kann: „Die Bedeutung der narrativen Funktion ist nach Widlöcher so dominant, dass das Kind . . . sogar seine Spontanität und Kreativität diesem Ziel unterordnet" (Reiß, 1996, S. 15). Zur Kommunikation gehören Kommunikationssender und - empfänger. Kinder haben also selbstverständlich, wenn sie das Zeichnen kommunikativ nutzen, eine Adressatenorientierung: „Das Kind will durch seine Bilder Geschehnisse erzählen, Gegenstände charakterisieren, so dass das Typische genau wiedergegeben wird und vom Betrachter gut erkannt werden kann" (ebd.). Dieses Anliegen findet seine Entsprechung im Merkmal der Prägnanz. Es geht den Kindern dabei nicht darum etwas möglichst realistisch abzubilden, sondern Einzelheiten mit besonderer Deutlichkeit darzustellen, damit das Dargestellte gut erkannt werden kann (s. Abb. 5 u. 6). Schuster (2010) beschreibt dies folgendermaßen:

> „Wenn eine Zeichnung Ähnlichkeit mit einem Abbildungsgegenstand haben soll, muss sie objektiv gar nicht besonders ähnlich sein, sie muss nur so viel Detailähnlichkeit oder strukturelle Ähnlichkeit haben, dass die Erinnerung aufgerufen wird. Anders ausgedrückt: Es reicht aus, eine gewisse minimale Ähnlichkeit zu erzeugen." (S. 27)

Dieses Merkmal der Prägnanz dürfte jedem geläufig sein, der schon mal bei Gesellschaftsspielen zum Zeichenstift greifen musste und bestimmte Begriffe in möglichst kurzer Zeit erkennbar darstellen musste. Ein Beispiel dafür ist z.B. die Darstellung von Jungen bzw. Männern und Mädchen bzw. Frauen. In unserer heutigen Gesellschaft ist es nicht mehr durchweg üblich, dass die Männer Hüte tragen und die Frauen Röcke. Dennoch tauchen diese Merkmale in der Kinderzeichnung auf, da sie eine einfache Möglichkeit darstellen, eine Person als männlich oder weiblich zu kennzeichnen, selbst dann, wenn es sich bei den dargestellten Personen nur um Strichmännchen handelt (vgl. Schuster, 2010, S.34). Dass im Dienst der Prägnanz und Unterscheidbarkeit hier nicht auf Geschlechtsmerkmale zurückgegriffen wird, liegt möglicherweise an einer mangelnden Akzeptanz für die Darstellung von Geschlechtsteilen, könnte aber auch damit zusammenhängen, dass die Personen eben nicht nackt, sondern angezogen sein sollen.

Die Kinder entwickeln in ihren Zeichnungen also eine starke *Zeichensprache*, die ihren Bildern mehr Eindeutigkeit für den Betrachter verschaffen soll. Dabei offenbaren sie eine gute Beobachtungsgabe. Das Ergebnis ist eine „produktive Synthese aus Darstellungsmöglichkeiten und Erzählabsichten" (Richter, 1987, S. 101). Es ist faszinierend, wie gut es manchen Kindern gelingt mit wenigen Strichen eine Zeichnung von hohem Wiedererkennungswert zu schaffen.

Abbildung 5:   Bildbeispiel zur Prägnanztendenz - Superstar

Links: Entwurf des Gebäudes „Superstar"[7]
Rechts: Die Zeichnung eines sternförmigen Gebäudes, das es in der Zukunft geben wird. Der Zeichner hat ein solches Bild in der Zeitung gesehen[8].

Die Prägnanztendenz ist vor allem deswegen bei der Auswertung der Kinderzeichnungen zu beachten, weil möglicherweise die erkennbare, prägnante Darstellung eines Bildelementes falsch interpretiert werden könnte. Beispielsweise könnte die Darstellung von Frauen mit Kleidern oder Röcken als Wiedergabe eines klassischen Rollenmodells verstanden werden. Möglicherweise dient diese Darstellungsweise jedoch nur dazu, deutlich das Geschlecht der gezeichneten Personen wiederzugeben.

---

[7] Quelle: MAD Ltd.: http://www.i-mad.com/index.asp?go/#/projects/all/67/ vom 16.02.2011
[8] Alle Bilder der Kategorie Politik sind im Anhang inklusive der Selbstbeschreibung und der Kategorienzuordnung aufgeführt.

Abbildung 6:   Bildbeispiel zur Prägnanztendenz - Reichstagsgebäude

Oben: Das Reichstagsgebäude in Berlin.[9]
Unten: Der Zeichner möchte Präsident werden und hat das Parlamentsgebäude gemalt. Das Bild entstand einen Tag nach der Bundestagswahl.

---

[9] Urheber: Jürgen Matern; Quelle: http://de.wikipedia.org/w/index.php?title=Datei: Reichstag_ building_Berlin_view_from_west_before_sunset.jpg&filetimestamp=20071110134423 20071110134423 vom 16.02.2011

Gelernte Konventionen

„Einige Elemente der Zeichnung sind einfach gelernte Konventionen: Der Blitz und der Sonnenstrahl sind solche Konventionen der Kinderzeichnung, die ganz im Sinne einer Kulturgeschichte von einer Kindergeneration zur nächsten weitergegeben werden" (Schuster, 2010, S. 30). Aber auch die uns allen geläufige V-förmige Vogeldarstellung ist eine übernommene Konvention. Dies zeigt sich unter anderem daran, dass viele Kinder gar nicht sagen können, ob der Vogel von vorn oder von der Seite dargestellt ist (vgl. ebd., S.31). Diese gelernten Konventionen machen es daher unerlässlich, zum Verständnis von Zeichnungen auch graphische Konventionen einer Kultur zu berücksichtigen (vgl. ebd.). Kinder malen eben nicht überall auf der Welt gleich, sondern es finden sich nicht nur inhaltliche sondern auch gestalterische Unterschiede der Zeichnungen in verschiedenen Kulturen (vgl. Kaiser, 2003; Row, 1988; Schuster, 1993, S.110-115). Bei der Deutung von Kinderzeichnungen sind daher bestimmte Darstellungsweisen oder die Benutzung von bestimmten Bildelementen hinsichtlich der gelernten Konventionen zu reflektieren, um ihnen nicht einen Bedeutungsgehalt beizumessen, der von den Kindern nicht intendiert war.

Formübernahmen

Das Phänomen der Formübernahmen wird sowohl in der Fachliteratur zum Thema Kinderzeichnungen als auch in Studien, die mit Kinderzeichnungen als Erhebungsinstrument gearbeitet haben, erwähnt. Zu den Formübernahmen gehören die Übernahme des Zeichenthemas, Bildkopien, Übernahme einzelner Bildelemente und die Orientierung am Vorbild anderer Kinder (vgl. Kaiser, 1996, S. 38; Schoppe, 1991, S. 221; Schuster, 2010, S. 35-37). Schuster (2010) schreibt dazu:

> „Es zeigt sich, dass die Ähnlichkeit der Zeichnungen mit zunehmender räumlicher und emotionaler Nähe der Kinder bzw. der Erwachsenen größer wurde. Geschwister zeichnen ähnliche Zeichnungen, aber auch Freunde und Sitznachbarn.... Den Kindern selbst war, wie aus einem Interview hervorging, jeweils bewusst, von wem sie Elemente der Zeichnungen abschauten. Übernommen wurde natürlich nur von Kindern, die besser zeichneten." (S. 35-36)

Darüber hinaus stellt Schuster (2010, S. 36) auch das Bestehen einer „Klassenkultur" fest, also dass sich die Zeichnungen in einer Klasse ähneln. Auch Astrid Kaiser (2002, S. 62) äußert sich zu Formübernahmen: „Situative Faktoren beim Malen relativieren den konkreten Aussagegehalt der einzelnen Berufsvorstellungen. So finden wir mehrfach ähnliche Motive bei TischnachbarInnen". Diese Erfahrungen machte Schoppe (1991, S. 221) bei seinen Erhebungen ebenfalls: „Ein weiteres Phänomen stellte die Übernahme eines Bildmotivs vom Freund/Sitznachbarn oder ‚informellen Führer' der Klasse . . . dar; Dies war auch stärker in den oberen Klassen zu beobachten".

Die Formübernahme scheint also ein generelles Phänomen zu sein, das sich wohl nur vermeiden ließe, wenn die Kinder einzeln malen. In der vorliegenden Studie waren jedoch auch die Gespräche, die zwischen den Kindern während des Malens stattfanden, von Interesse, da sie Einblicke in die Bedeutung des Bildthemas, damit verbundene Einstellungen und den diesbezüglichen Wissensstand zuließen. Eine Trennung der Kinder oder ein Arrangement der Erhebung in eine ‚Klausursituation' hätte dies aber nicht zugelassen und darüber hinaus bei den Kindern vielleicht auch den Eindruck einer Leistungsprüfung erweckt. Dies hätte wiederum dazu führen können, dass die Kinder ihre Bildinhalte einer vermuteten Erwartungshaltung entsprechend anpassen.

Formübernahmen kamen in allen Themenbereichen meiner Arbeit vor. Sie wurden insofern in der Auswertung berücksichtigt, als übernommene Bildelemente, sofern sie isoliert waren und nicht in den Bildkontext passten, nicht zusätzlich kategorisiert wurden. Die Kenntnis des Phänomens der Formübernahmen ist notwendig, um sich zu verdeutlichen, dass die Bilder der Kinder „nicht als unmittelbares Resultat der Vorstellungen der einzelnen Kinder betrachtet werden [können], da sie kommunikativ gestaltet werden" (Kaiser, 1996, S. 38). In Anlehnung an die Aussagen von Schuster (2010, S. 35-36) glaube ich jedoch, dass die Formübernahmen zumindest nicht den Vorstellungen der einzelnen Kinder widersprechen. Sie entstehen wohl nicht aus Ideenlosigkeit, sondern aus einer zustimmenden und begeisterten Haltung heraus. Dies ließ sich häufig während des Zeichenprozesses beobachten. Ideen wurden übernommen, weil sie für gut befunden wurden und mit eigenem Wissen und Interesse am Thema einhergingen. Und einzelne Bildelemente wurden gerne von Kindern übernommen, die ihre *eigene* Bildaussage durch dieses Element unterstützen wollten. Teilweise spiegelt die Formübernahme auch den kommunikativen Prozess während des Malens wider. So malten beispielsweise einige Kinder Bilder, die sich aufeinander beziehen, weil ihnen eine gemeinsame Geschichte zugrunde liegt, z.B. der Wunsch als Erwachsene zusammen zu wohnen und gemeinsam eine Arztpraxis zu eröffnen (s. Abb. 7 u. 8).

Abbildung 7:   Bildbeispiel Formübernahme - Gemeinsame Geschichte

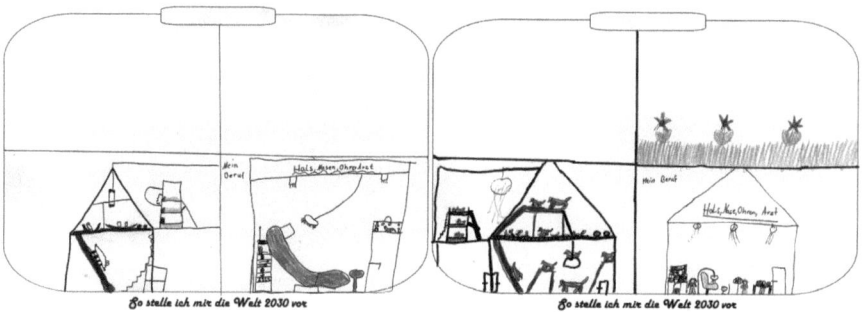

Zwei Bilder von Freundinnen, die als Erwachsene gemeinsam wohnen und arbeiten wollen.

Abbildung 8:   Bildbeispiel Formübernahme – Gemeinschaftsbild

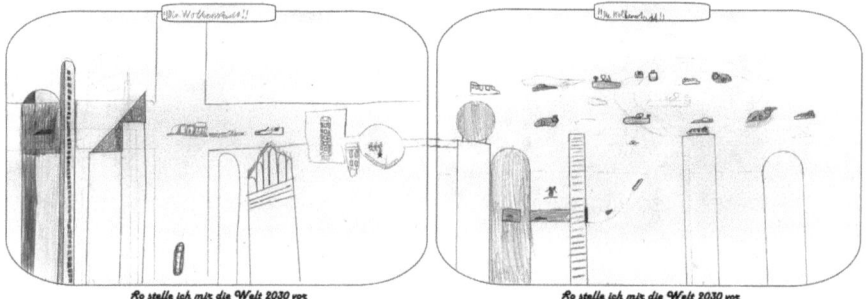

Der gemeinsame Entwurf einer Wolkenstadt mit eingezeichneter Verbindung der Bilder

Größe, Position und Farbe als Kennzeichen der Bedeutungsgröße

Da die Anzahl der Bilder und der zeitliche Rahmen dieser Arbeit eine eingehende Formalanalyse der Zeichnungen nicht zuließ, wurden in der Regel formale
Aspekte wie Größe, Position und farbliche Darstellung der Bildelemente bei der
Auswertung nicht berücksichtigt. Wo sich jedoch Schwierigkeiten bei der Kategorisierung der Bilder ergaben, weil beispielsweise sehr viele verschiedene Bildelemente in einer Zeichnung enthalten waren, wurden diese formalen Merkmale
jedoch einbezogen, um der Bedeutung der einzelnen Bildelemente für den
Zeichnenden näher zu kommen und dadurch die zentralen Bildinhalte zu identifizieren. Berücksichtigt wurden in solchen Fällen vor allem die Größe und Position der Bildelemente, die Detailliertheit und die Farbgestaltung.

a.   Detailreichtum
Der Detailreichtum einer Zeichnung kann Hinweise auf die Wichtigkeit des
Dargestellten geben. So sind detailreiche Bildelemente vermutlich wichtiger als
weniger detaillierte. Dies zeigt Wolfgang Reiß (1996) schön am Beispiel von
Zeichnungen des Weihnachtsmannes. Der Weihnachtsmann wurde umso größer
und detaillierter gemalt, je näher Weihnachten rückte. Nach Weihnachten war
der Weihnachtsmann in den Zeichnungen nur noch klein und wenig detailliert zu
finden (vgl. Reiß, 1996, S. 62). „Somit zeigen sich affektiv bedeutsame Ereignisse nicht nur im übertragenen Sinne, sondern direkt in der Zeichenhandlung"
(ebd.).

b.   Größe und Position der Bildelemente
Nicht nur der Detailreichtum, sondern auch Größe und Position von Bildelementen lassen Rückschlüsse auf deren Bedeutung zu. So sind große Objekte und
Personen wichtiger als kleine und zentrale Objekte bedeutsamer als an den Rand
gedrängte (vgl. Blank-Mathieu, o. D.; Schuster, 2010, S. 108-112).

c.   Die Farbgestaltung
Die benutzte Farbe kann ebenfalls Rückschlüsse über die Bedeutung einzelner
Bildelemente zulassen. Sind manche Elemente farblich besonders hervorgehoben
spielen sie vermutlich auch eine größere Rolle. Die Farbauslegungen sind vielfältig. Es gibt für jede Farbe verschiedene psychologische Ausdeutungen. Wenn
es aber nur darum geht, Bedeutungsgrößen zu erkennen, wie es in der vorliegenden Arbeit der Fall war, können Auffälligkeiten in der Farbgebung erste Hinweise liefern. Zu diesen Auffälligkeiten gehört beispielsweise die besondere farbliche Hervorhebung einzelner Bildelemente (vgl. Blank-Mathieu, o.D.).

Unabhängigkeit der Mimik

Für Erwachsene oft verwirrend sind Zeichnungen von Kindern, die Schreckli-
ches darstellen, aber nur Personen mit glücklich lächelnden Gesichtern zeigen.
Dies scheint uns unangemessen und befremdlich. Tatsächlich ist aber dieser
Widerspruch in einem Großteil der Zeichnungen von Kindern zu finden:

> „In den ersten Jahren der Grundschulzeit bleibt die Mimik selbst bei handlungsent-
> scheidenden Problemen unabhängig vom Inhalt. So zeigen die Bilder der Sechs- bis
> Achtjährigen bei bedrückenden Verkehrsproblemen oder Krankenhausszenen wei-
> terhin das ‚lachende' oder ‚heitere' Mundschema der Menschen." (Reiß, 1996, S.
> 83)

Für Schuster (2010) ist dieses „heitere Mundschema" Ausdruck des Stereotyps einer glücklichen Kindheit: „Im Lachen der Zeichnung wird das Bollwerk ‚glückliche Kindheit' beschworen und verteidigt ..." (S. 167).

Abbildung 9: Bildbeispiel „Heiteres Mundschema"[10]

Alle hier vorgestellten Aspekte wurden bei der Auswertung der Bilder in unterschiedlichem Maße berücksichtigt. *Formübernahmen* wurden, wie bereits erwähnt, nicht zusätzlich einer Kategorie zugeordnet, sofern sich nicht ein Zusammenhang mit den anderen Bildinhalten zeigte. Zur besonderen Berücksichtigung von *Farbe, Größe und Detailliertheit* von Bildelementen kam es nur bei Schwierigkeiten der Kategorienzuordnung, vor allem bei Bildern, die eine Vielzahl verschiedener Bildelemente enthielten. *Gelernte Konventionen* wurden von der Kategorienzuordnung ausgeschlossen, d.h. Darstellungen von Bäumen, Blumen, Vögeln, Sonne etc. wurden nicht weiter berücksichtigt, außer, wenn sie offensichtlich inhaltlich im Mittelpunkt des Dargestellten standen. Die *Prägnanztendenz* fand insofern immer Berücksichtigung, da sie direkt mit der Darstellungsabsicht zusammenhängt. Das Bewusstsein über die Prägnanztendenz veranlasste auch zu zusätzlichen Recherchen über Bildelemente, die Realbezüge der Bilder, wie sie bei den Beispielen zur Prägnanztendenz aufgeführt werden, aufzeigen konnten und dadurch halfen Bildinhalte besser verstehen und einordnen zu können. Die *Unabhängigkeit der Mimik* wurde vor allem bei der Interpretation von Kriegsbildern oder ähnlichen Bildern berücksichtigt. Das Wissen um dieses Merkmal konnte einige Irritationen bezüglich der Darstellung fröhlich grinsender Menschen in ansonsten ernsten Bildern beseitigen.

---

[10] Ausschnitt aus Bild Nr. 2302.

5.6.3 Durchführung der Bildanalyse

In einem ersten Arbeitsschritt wurden die Bilder eingescannt und in das qualitative Datenverarbeitungsprogramm MAXQDA übertragen. Dort wurden ebenfalls die Selbstdeutungen der Kinder zu ihren Zeichnungen, sowie die Titel der Zeichnungen, eingegeben. Zusätzlich wurden wichtige Kontextinformationen zu einzelnen Bildern (z.B. Übernahme von Bildelementen, im Gespräch geäußerte relevante Zusatzinformationen der Kinder über sich selbst) oder zur Erhebungssituation (Lautstärke, Konzentration, Unterbrechungen) in Form von Memos angefügt. Anschließend wurden alle Bilder und dazugehörigen Texte der Selbstbeschreibungen in einem induktiven Verfahren im Sinne der „Grounded Theory" offen kodiert (vgl. Strauss & Corbin, 1990, S. 72-74), das heißt für jedes Bild wurden eigene Codes zur Beschreibung der Bildinhalte entwickelt. Dies wurde durch ein, an der qualitativen Inhaltsanalyse nach Mayring (2008) orientiertes, regelgeleitetes Vorgehen ergänzt, d.h. es wurde nach vorab festgelegten Selektionskriterien vorgegangen. Im Vorfeld wurde also festgelegt, welches Material die Grundlage der Kategorienbildung bilden soll. Dazu gehörte beispielsweise die Konzentration auf die Kernaussagen der Bilder unter Einbeziehung der Selbstdeutungen der Kinder und die Ausklammerung von ausschmückenden – nicht aber symbolträchtigen - Darstellungen. Die daraus entstandenen über 300 Einzelkodierungen wurden anschließend dahingehend überprüft, welche Codes sinnvoll zusammengefasst werden konnten und welche Kategorien sich daraus ableiten ließen. Die Zusammenfassung orientierte sich methodisch an der qualitativen Inhaltsanalyse nach Mayring (2002, S. 115-121). Ziel der Analyse war es, die dargestellten Bildelemente zusammenzufassen, um eine Reduzierung des Materials unter Beibehaltung der wesentlichen Inhalte zu erreichen und so aussagekräftige Kategorien bilden zu können, welche die von den Kindern gewählten Kernthemen verdeutlichen, um eine vergleichende Analyse der Themenwahl bei verschiedenen Gruppen zu ermöglichen. Durch die Strukturierung und Zusammenfassung der einzelnen Codes ergaben sich neun Hauptkategorien bzw. Kernthemen mit verschiedenen Unterkategorien (s. Tabelle 1).

Zuordnung der Bilder zu den Kategorien

Nach der wie beschrieben erfolgten Kategoriengenerierung wurden alle Bilder erneut nach den vorher festgelegten und durch Schwierigkeiten im Codierungsprozess erweiterten, festen Kriterien in das nun bestehende Kategoriensystem eingeordnet, wobei eine Zuordnung zu mehreren Kategorien zulässig und aufgrund der Themenvielfalt in manchen Bildern auch nötig war.

Tabelle 1: Übersicht über die Kategorien und ihre Inhalte

Kategorie	Unterkategorien/Kategorieninhalt
Berufswünsche	Berufswünsche aller Art (z.B. FußballerIn, Lehrerin)
Architektur	Mein Haus/So möchte ich leben; Gebäude und besondere Bauwerke; Stadtdarstellungen
Politik	Nationalsymbole; Armut und Reichtum; Krieg und Frieden; Institutionelle Politik; Umweltzerstörung/Umweltverschmutzung; Umweltschutz; Umweltzerstörung vs. Umweltschutz; Naturkatastrophen
Ich & Meine Familie	Familiensituation (z.B. Alleinerziehend); Kinderwunsch und Partnerwunsch; Familienereignisse (z.B. Hochzeit); Selbstbildnisse; Herkunftsfamilie; Haustiere
Freizeit	Freizeittätigkeiten (z.B. Schwimmen); Erwachsenentätigkeiten (z.B. Autokauf, Führerschein)
Phantasie	Phantasiegestalten und Phantasiewelten (z.B. Einhörner)
Technik	Roboter; Fahrzeuge; Raumfahrt; Erfindungen
Landschaften	z.B. Palmeninsel und Blumenwiese
Abstrakt	Bilder, die keiner der Kategorien zugeordnet werden konnten

Kriterien für die Einordnung der Bilder in das Kategoriensystem

Folgende Kriterien wurden der Kategorisierung der Bilder zugrunde gelegt. Diese galten sowohl für die erste Zuordnung der Bilder zu den Kategorien als auch für die spätere Zuordnung durch die Auswertungsgruppe und die anschließende Überprüfung der Zuordnungen.

- Die Hauptaussage(n) des Bildes sollten kategorisiert werden. Dazu mussten nicht alle Bildelemente einzeln berücksichtigt werden. Bildelemente, die dazu dienten die Hauptaussage des Bildes zu unterstützen oder gelernte Konventionen (z.b. Bäume und Vögel) wurden nicht extra berücksichtigt.
- Ausschlaggebend für die Kategorisierung war vor allem die Selbstbeschreibung der Kinder zu ihrem Bild sowie der Titel des Bildes. Aussagen, die nur in der Beschreibung auftauchten, aber nicht als Bildelement, wurden hier ebenfalls berücksichtigt.
- Selbstdarstellungen im Zusammenhang mit dem eigenen Wohnen und Berufswünschen wurden nicht als Selbstdarstellung, sondern entsprechend in die Kategorien „Architektur" und „Berufswünsche" eingeordnet. Ausnahme: Die Selbstdarstellung stand nicht in direktem Zusammenhang mit diesen Kategorien oder wurde eindeutig stark betont.
- Bei Selbstdarstellungen im Zusammenhang mit Aktivitäten erhielt die Aktivität Vorrang (z.B. Ich gehe zum Spielplatz). Es wurde also die Aktivität der entsprechenden Kategorie zugeordnet und nicht die Selbstdarstellung.
- Von Anderen übernommene Bildelemente, die in keinem Zusammenhang mit dem eigenen Bild standen, wurden nicht kategorisiert.
- Bei Unklarheiten über den Bedeutungsgehalt verschiedener Bildelemente wurde zusätzlich die formale Bildgestaltung in die Kategorisierung einbezogen (z.B. Größe und Position der Bildelemente, Farbgebung,).
- Technische Konstrukte oder Erfindungen wurden nicht bezüglich ihres Realitätsgehalts bewertet, sondern der Kategorie Technik zugeordnet.
- Mehrfachzuordnungen waren möglich.

Kommunikative Validierung des Kategoriensystems

Die - entsprechend den von Niesyto (2006; siehe Kap. 5.6.1) formulierten Analyseschritten - vorgenommene erste Einordnung der Bilder in das Kategoriensystem wurde zusätzlich durch eine vierköpfige Auswertungsgruppe überprüft. Dabei wurde von der Gruppe auch die Zulässigkeit der Kategorien und der Kriterien für die Einordnung der Bilder überprüft und bestätigt. In einzelnen Fällen gab es geringfügige Änderungen, z.B. eine treffendere Benennung der Kategorien und eine stärkere Ausdifferenzierung der Zuordnungskriterien. Bei der Kategorisierung der Bilder durch die Auswertungsgruppe wurde ebenfalls nach den von Niesyto (2006) formulierten Analyseschritten vorgegangen. Die Gruppe verschaffte sich einen Ersteindruck des Bildes, und nahm anschließend eine Benennung und Identifizierung der einzelnen Bildelemente vor. Daraus wurden dann erste Vermutungen über die Hauptaussagen und Themen des Bildes abgeleitet. Erst danach durfte die Auswertungsgruppe für die Zuordnung die Selbstbeschreibung der Kinder und zusätzliche Kontextinformationen (z.B. Entstehungssituation) nutzen, um abschließend das Bild einer oder mehreren Kategorien zuzuordnen. Bei unterschiedlichen Meinungen zur Einteilung eines Bildes wurde in der Gruppe diskutiert bis eine Konsensmeinung und eine begründete nachvollziehbare Argumentation zur Zuordnung erreicht war. Die Zuordnung der Auswertungsgruppe wurde schließlich als Endergebnis übernommen, Änderungen wurden dokumentiert. Zur Bestimmung der Irrtumswahrscheinlichkeit wurden zehn Prozent der Bilder einer weiteren Person zur Kategorisierung vorgelegt, die nach dem gleichen Vorgehen Zuordnungen vornahm. Die Übereinstimmung der Zuordnungen der Auswertungsgruppe und der Kontrollperson wurde mit *Cohens Kappa* berechnet (vgl. Bortz & Döring, 2006, S. 276-277). Der Kappa-Koeffizient zeigt eine hohe Übereinstimmung der Zuordnungen ($k=0.91$).

Schwierigkeiten bei der Kategorisierung der Bilder

Bedingt durch die freie Aufgabenstellung wurden von den Kindern Bilder zu einer Vielzahl an Themen produziert. Die Vermischung der Themen und die in Bildern gegebene „Gleichzeitigkeit" alles Dargestellten, machten die Auswertung schwierig. Dies galt vor allem in Hinblick auf die Kategorisierung von Selbstdarstellungen und Darstellungen von Gebäuden. In den Kategorien „Berufe" und „Politik" gab es hingegen kaum Kategorisierungsschwierigkeiten. Der Gefahr subjektiver Verzerrungen bei der Kategorisierung wurde mit mehrfacher unabhängiger Kontrolle der Codierungen begegnet. Dennoch ist das Kategoriensystem und die Zuordnung der Bilder zu diesem System als subjektiv geprägt zu verstehen. Andere Personen würden vielleicht zu anderen Einschätzungen kommen. Daher wurde Wert darauf gelegt, den Zuordnungsprozess, die Zuordnungskriterien und die inhaltliche Ausprägung der Kategorien darzustellen und nachvollziehbar zu machen.

5.6.4   Quantitative Auswertung der Daten mit SPSS

Die in der qualitativen Analyse entstandenen Bildkategorien wurden in einem weiteren Auswertungsschritt im Hinblick auf Gruppenunterschiede und Zusammenhänge zwischen der Wahl einzelner Kategorien und persönlichen Merkmalen quantitativ mit SPSS ausgewertet. Da Mehrfachcodierungen einzelner Bilder möglich waren, wurden für jede Kategorie und alle Unterkategorien dichotome Variablen gebildet, die für die Auswertung in Variablensets zusammengefügt wurden. Zusätzlich wurden Variablen für Schule, Klasse, Alter, Geschlecht, Migrationshintergrund und Art der Sitzordnung erstellt. Aufgrund sehr niedriger Beteiligungswerte bei den Vierjährigen wurde eine weitere Variable für Altersgruppen definiert, wobei die Vier- und die Fünfjährigen zu einer Altersgruppe zusammengefasst wurden. Für manche Berechnungen wurden auch die Neun- und Zehnjährigen in einer Altersgruppe zusammengefasst, da auch bei den Zehnjährigen geringe Beteiligungswerte vorlagen.

Zur Überprüfung der statistischen Signifikanz von Unterschieden und Zusammenhängen mehrerer Variablen wurden *Chi-Quadrat-Tests* (vgl. Raithel, 2008, S. 138, 141-142) durchgeführt und der Koeffizient *Cramér's V* berechnet. Da es keine Richtwerte zur Interpretation des Cramér's V gibt, wurde ein Zusammenhang zwischen zwei Variablen nur bei unterschiedliche Gruppen (z.B. Jungen und Mädchen) berechnet und auf Unterschiede in der Stärke des Zusammenhangs zwischen diesen Gruppen geprüft. Zur Testung der Signifikanz von Häufigkeitsunterschieden wurde entweder der *Chi-Quadrat-Test nach Pearson* oder der *Fisher's Exact Test* durchgeführt. Der Fisher's Exact entspricht dem Anwendungsgebiet des Chi-Quadrat-Tests nach Pearson, aber liefert zuverlässigere Werte bei einer geringen Anzahl von Erwartungswerten. Er eignet sich allerdings nur für 2x2 Tabellen.

Auswertung der Themenwahl nach Schule und Stadtgebiet

Die im Methodenteil beschriebene kontrastierende Auswahl der Schulen, sollte Rückschlüsse auf den Einfluss des sozioökonomischen Wohnumfelds für die Wahl der Bildthemen zulassen, da die Möglichkeit besteht, dass die Wahrnehmung von Politischem und das Interesse daran auch vom sozialen Umfeld geprägt ist (vgl. Tausendpfund, 2008, S. 10; van Deth, 2007b, S. 116-117). Da jedes Kind entsprechend § 63 Absatz 3 des Niedersächsischen Schulgesetzes grundsätzlich die Schule zu besuchen hat, in deren Schulbezirk es seinen Wohnsitz hat, kann davon ausgegangen werden, dass die sozioökonomischen Merkmale des Stadtteils, in dem die Schule liegt, und des Wohngebiets, in dem die Kinder leben, weitgehend gleich sind (vgl. Tausendpfund, 2008, S.10). Für den Besuch von Kindergärten besteht im Gegensatz zu den Schulen Wahlfreiheit. Es ist jedoch anzunehmen, dass die Kinder in der Regel den Kindergarten besuchen in dessen Einzugsgebiet sie leben.

Da bei der vorliegenden Arbeit aufgrund des damit verbundenen zusätzlichen Arbeitsaufwandes keine gründliche Erhebung von sozioökonomischen Daten möglich war, wurde stattdessen das sozioökonomische Wohnumfeld in die Auswertung einbezogen. Bei der Auswertung der Themenwahl wurde daher auf Unterschiede zwischen den einzelnen Einrichtungen, sowie auf Unterschiede zwischen Einrichtungen im Innenstadtbereich und Einrichtungen im äußeren Stadtbereich geachtet.

Auswertung der Themenwahl nach Klassen

Die Auswertung der Themenwahl nach Klassen erfolgte in zweierlei Hinsicht: Zum Einen bezogen auf die Klassenstufe, da möglicherweise weniger das Alter, sondern vielmehr die Dauer der Schulerfahrung bei der Wahrnehmung von politischen Themen eine Rolle spielt (vgl. van Deth 2007b, S.117), zum Anderen bezogen auf die einzelnen Klassen, da diese für die einzelnen Kinder ein kommunikatives System repräsentieren, „das bestimmte Äußerungen und Vorstellungen eher begünstigt als andere" (Kaiser, 1996, S.38). Dies kann Auswirkungen auf die Ideenentwicklung und damit auf die Themenwahl haben. Auch die bei Schuster (2010, S. 36) beschriebene Klassenkultur machte die Untersuchung der Themenwahl in einzelnen Klassen nötig. Eine Auswertung der Themenwahl der einzelnen Klassen machte so eine Aufdeckung auffälliger Themenhäufigkeiten in einer Klasse möglich.

Auswertung der Themenwahl nach Alter

Die politische Sozialisationsforschung geht davon aus, dass die Bekanntheit von Politik und das Interesse an politischen Themen mit zunehmendem Alter steigen. Dies zeigte sich auch in verschiedenen Studien zum politischen Interesse und Gesellschaftsverständnis bei Kindern (vgl. Kap. 4). Begründet wird dieser Anstieg im Zusammenhang mit dem Lebensalter unter anderem mit dem Anstieg der Möglichkeiten mit politischen Themen in Berührung zu kommen (vgl. Tausendpfund, 2008, S. 9). Die entwicklungspsychologische Perspektive dagegen sieht die Gründe in der Erreichung höherer Stufen der kognitiven und sozialen Entwicklung mit zunehmendem Alter (vgl. Furth, 1980; Kohlberg, 1974; Piaget,

1954). Diese entwicklungspsychologische Sichtweise kann zwar, wie schon in Kapitel 3 dargelegt, in vielen Bereichen kritisch betrachtet werden, ein Ausbau bzw. eine Entwicklung von Fähigkeiten mit steigendem Alter ist jedoch ohne Probleme logisch nachvollziehbar. Dabei bleibt allerdings die Frage, ob diese Entwicklung nur altersabhängig ist, oder von anderen Faktoren beeinflusst wird. Der Theorie der politischen Sozialisationsforschung folgend ist eher zu vermuten, dass ein Anstieg des politischen Wissens und Interesses mit der fortgeschritten politischen Sozialisation und ihren verschiedenen Bedingungsfaktoren zusammenhängt. In diesem Fall wäre weniger das Alter der Kinder für den Anstieg der ‚Politisierung' entscheidend als andere situative (z.b. Mediennutzung, Gespräche über Politisches etc.) und individuelle Faktoren (z.b. Intelligenz), wie in der Mannheimer Studie „Demokratie Leben Lernen" herausgestellt wurde (vgl. Tausendpfund, 2008, S. 14; van Deth, 2007b, S.110; Vollmar, 2007, S. 153-154). Auch eine Veränderung der Wichtigkeit einzelner Themen in unterschiedlichen Altersgruppen ist aufgrund unterschiedlicher Lebenswelten jüngerer und älterer Kinder denkbar. Dies zeigte sich auch in den in Kapitel 4.2 und 4.3 vorgestellten Studien. Es wurden daher Unterschiede in der Themenwahl bei jüngeren und älteren Kindern, sowie in den einzelnen Altersgruppen untersucht.

Auswertung der Themenwahl nach Geschlecht

Aus der Politikforschung ist für Erwachsene bekannt, dass Frauen ein distanzierteres Verhältnis zu Politik haben als Männer. Dies äußert sich in geringerem politischem Wissen und Interesse, sowie schwächerer politischer Partizipation (vgl. Kapitel 3.2.2). Da politische Sozialisation einen Teilbereich der allgemeinen Sozialisation darstellt und die vorliegende Arbeit den Stand der frühen politischen Sozialisation zum Gegenstand hat, ist hier vor allem der Sozialisationstheoretische Erklärungsansatz für diesen „gender gap" im politischen Bereich interessant. Auf der Basis der Annahme, dass Geschlechtsrollenidentität sozial konstruiert wird, wird angenommen, dass Mädchen auch heute noch eher im Hinblick auf den privaten Bereich (z.b. Familie) und Jungen eher im Hinblick auf den öffentlichen Bereich (z.b. Beruf) sozialisiert werden, was zum gender gap im politischen Bereich führt. Aber auch andere Erklärungsansätze wie sie bereits im Abschnitt über *politische Sozialisation und Geschlecht* vorgestellt wurden sind denkbar. In der Auswertung wurde daher untersucht, inwiefern sich die Themenwahl von Jungen und Mädchen unterscheidet. Nach dem bisherigen Forschungsstand wäre eine stärkere Konzentration der Mädchen auf den privaten Bereich und weniger auf den öffentlichen und politischen Bereich zu erwarten.

Auswertung der Themenwahl nach Migrationshintergrund

Es besteht die Möglichkeit, dass die Wahrnehmung politischer Themen je nach Herkunft der Kinder schwankt. So könnten kulturelle Einflüsse oder andere Lebensumstände die Themenpräferenzen beeinflussen (vgl. Tausendpfund, 2008, S.10; van Deth, 2007b, S.95). Um zu untersuchen, ob die Themenwahl im Kinderbild durch die Herkunft beeinflusst wird, wurde bei der Auswertung der Bilder auf Unterschiede in der Themenwahl zwischen Kinder mit Migrationshintergrund und Kindern ohne Migrationshintergrund geachtet.

6 Ergebnisse

6.1 Ergebnisse zu den zentralen Fragestellungen

Bei der Darstellung der Ergebnisse ist zu beachten, dass die Kinder, die politische Aspekte gemalt haben ($n=60$), nur einen Teil der Gesamtgruppe ($N=230$) darstellen. Aufgrund der teilweise sehr geringen Gruppengrößen, ist in vielen Fällen nur eine Beschreibung der Ergebnisse, aber keine weitere Berechnung z.b. der Signifikanz oder der Stärke des Zusammenhangs möglich. Dies wird auch bei der Interpretation der Ergebnisse berücksichtigt. Die jeweiligen Fallzahlen werden zusätzlich, zu den Prozentwerten angegeben, um die Bezugsgrößen deutlich zu machen. Außerdem ist bei der Interpretation der Ergebnisse zu beachten, dass bei der Kategorien- und Unterkategorienzuordnung Mehrfachnennungen möglich waren.

Zeigen die Kinder bei einer freien Themenstellung politische Bezüge in ihren Bildern?

Viele Kinder zeigen in ihren Bildern politische Bezüge. Als politische Bezüge wurden die in der *Definition des Politikbegriffs* (vgl. Kapitel 5.2) genannten Themenbereiche und Aspekte gewertet. Immerhin 60 Bilder von insgesamt 230 Bildern enthalten politische Aspekte. Dies entspricht 26,1% der Fälle. Da aber die meisten Bilder nicht nur ein Thema enthalten, sondern sich verschiedenen Themenbereichen widmen, müssen auch die Mehrfachnennungen berücksichtigt werden. Bezogen auf die Gesamtzahl der Codings (Alle Themennennungen: $N=328$) enthalten 18% der Bilder politische Bezüge. Damit steht die Kategorie „Politik", sowohl an der Gesamtzahl der Bilder als auch an der Gesamtzahl der Codings gemessen, an dritter Stelle der Themenwahl nach den Kategorien „Berufswünsche" und „Wohnen/Architektur" (siehe Abb. 10 u. 11).

Übersicht über die allgemeine Themenwahl

Am stärksten vertreten sind die Kategorien „Berufswünsche" (34,8% der Bilder) und „Wohnen/Architektur" (30,9%). An dritter Stelle folgt die Kategorie „Politik" (26,1%). Danach kommen die Kategorien „Ich & meine Familie" (20 %) und „Technik" (14,8%). Bilder zum Thema „Freizeit" (6,5%), „Phantasie" (6,1%) und „Landschaft" (2,2 %) sind am wenigsten vertreten (siehe Abb. 10). Die Kategorie „Abstrakt" umfasst lediglich 3 Bilder, die aufgrund ihres abstrakten Charakters keiner anderen Kategorie zugeordnet werden konnten.

Abbildung 10: Kategorienverteilung

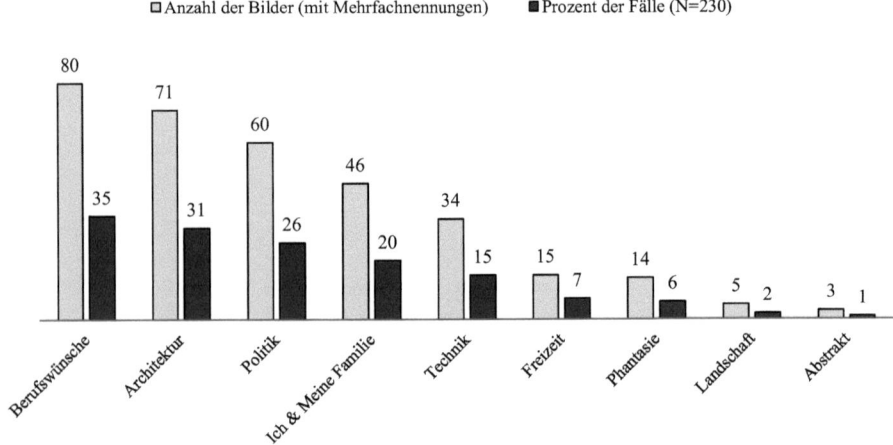

Die Kategorie „Politik" umfasst zusammen mit den Kategorien „Berufswünsche" und „Architektur" über 50% der gewählten Themen. Sie stellt damit einen der drei wichtigsten Themenbereiche für die Kinder dar und hat einen höheren Stellenwert als beispielsweise das Thema Familie.

Abbildung 11: Kategorienverteilung in % der Codings (N=328)

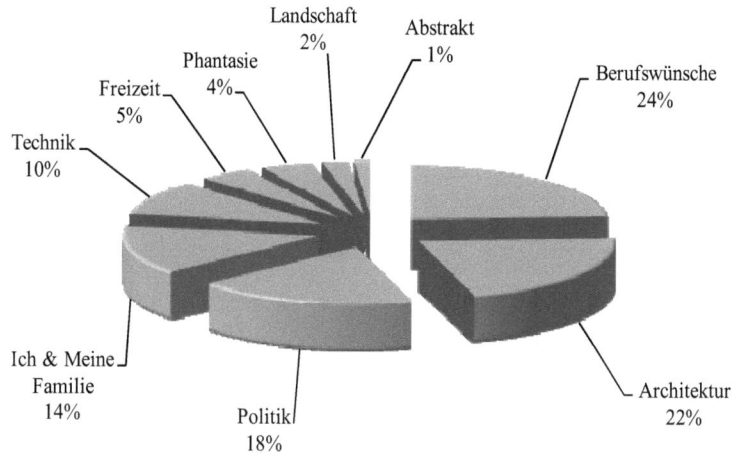

Welche politischen Aspekte tauchen in den Kinderzeichnungen auf? Welches sind die wichtigsten Themen?

Die Kategorie Politik setzt sich wie bereits erwähnt aus den Unterkategorien: Krieg und Frieden, Armut und Reichtum, Umweltzerstörung und Umweltschutz, Naturkatastrophen, Nationalfahnen und -farben und institutionelle Politik zusammen. Wichtigstes Thema der Kategorie Politik ist mit Abstand das Thema „Krieg und Frieden" (35% der Bilder aus „Politik"). Bilder in denen Nationalfahnen oder –farben verwendet wurden stehen an zweiter Stelle (20%) gefolgt von den Umweltthemen „Umweltverschmutzung", „Umweltschutz" und „Naturkatastrophen". Mit je sechs Bildern (10 %) an dritter Stelle liegen die Themen „Armut und Reichtum" und „Umweltbedrohung vs. Umweltschutz". Die „Institutionelle Politik" wurde nur in einer Zeichnung aufgegriffen (s. Tabelle 2).

Innerhalb der Kategorie Politik gab es folgende Mehrfachnennungen: Armut & Krieg (1), Armut & Umweltverschmutzung (1), Armut und Umweltschutz (1), Umweltschutz & Krieg (1), Nationalfahnen & Krieg (2) und Nationalfahnen & Naturkatastrophen (3).

Die einzelnen Unterkategorien zu den Umweltthemen hatten sich durch das induktive Vorgehen bei der Kategorisierung ergeben und waren durchaus sinnvoll, um Abgrenzungen zu anderen Umweltthemen („Landschaften") möglich zu machen. Für die weitere Auswertung der Themenwahl wurden diese politischen

Umweltthemen jedoch zusammengefasst, da sie gemeinsam eine sinnvolle Kategorie bilden und so eine Auswertung trotz geringer Fallzahlen vereinfacht wurde. Durch diese Zusammenfassung ergibt sich auch ein verändertes Bild des Themeninteresses. Die Umweltthemen liegen dann nicht mehr an dritter, sondern an erster Stelle der gewählten Themen mit 42% aller Bilder der Kategorie Politik.

Tabelle 2:   Anzahl der Bilder in den Unterkategorien von „Politik"

		Antworten[b]		Prozent der
		N	Prozent	Fälle (N=60)
Unterkategorien Politik[a]	Armut und Reichtum	6	8,7%	10,0%
	Nationalfahnen	12	17,4%	20,0%
	Institutionelle Politik	1	1,4%	1,7%
	Krieg und Frieden	21	30,4%	35,0%
	Umweltbedrohung vs. Umweltschutz	6	8,7%	10,0%
	Umweltverschmutzung	7	10,1%	11,7%
	Umweltschutz	8	11,6%	13,3%
	Naturkatastrophen	8	11,6%	13,3%
Gesamt		69	100,0%	115,0%

a. Dichotomie-Gruppe tabellarisch dargestellt bei Wert 1.
b. mit Mehrfachantworten

Über 70% der in der Kategorie Politik erwähnten Themen sind also den zwei Bereichen „Krieg und Frieden" und „Umwelt" zuzuordnen. Diese zwei Bereiche stellen also eindeutig die Hauptthemen der Kinder dar.

6.2 Politische Aspekte - Bildinhalte

Um die Kategorienbezeichnungen inhaltlich zu füllen, wird im folgenden Abschnitt ein Überblick über das gesamte Themenspektrum der einzelnen Unterkategorien zum Thema Politik gegeben. So soll ein ausführlicher Einblick in die dargestellten politischen Aspekte ermöglicht werden. Zusätzlich wird die Beschreibung der Bildinhalte der jeweiligen Unterkategorien durch beispielhaft ausgewählte Bilder ergänzt.

Krieg und Frieden

Die Kategorie Krieg und Frieden beinhaltet 21 Bilder mit Darstellungen von Kriegshandlungen, Kriegsfolgen oder Sachdarstellungen (Panzer, Kampfflugzeuge, etc.). Dazu kommen Bilder mit schriftlichen Äußerungen zum Thema Krieg. Die Bilder zum Thema Krieg sind recht unterschiedlich. Zum Teil sind sie durch Filme (z.b. Star Wars) beeinflusst und sehr detailliert. Andere sind dagegen nur sehr flüchtig oder schematisch dargestellt. Dies könnte möglicherweise an der Komplexität des Themas und damit verbundenen Darstellungsschwierigkeiten liegen.

Am Häufigsten wurden von den Kindern Kriegshandlungen dargestellt. Dazu gehören die Darstellungen von Kämpfen zwischen Menschen, sowie die Bedrohung von Menschen, und Zerstörung von Gebäuden durch Kriegsgerät. Vier der Bilder, die Kriegshandlungen darstellen, orientieren sich in der Darstellung an den Star-Wars-Filmen und Computerspielen. Isolierte Sachdarstellungen von Panzern und Kampfflugzeugen, das heißt die Darstellung ohne die Integration in Kampfhandlungen, finden sich in drei Bildern. Die Thematisierung von Krieg in schriftliche Form taucht ebenfalls in drei Bildern auf. Darin wird der Wunsch nach Frieden oder Angst vor Krieg geäußert, sowie ein verstärkter humanitärer Einsatz der Bundeswehr in Afghanistan gefordert. Mit Kriegsfolgen befassen sich zwei Zeichnungen. In einer wird die Trennung von Menschen durch den Bau einer Mauer dargestellt, die andere zeigt die „*Sicherungsphase*" nach dem Ende des dritten Weltkriegs.

Übersicht über die Bildinhalte zum Thema Krieg

- Ich habe Angst vor Krieg
- Ich möchte keinen Krieg/Ich wünsche mir Frieden
- Nach dem dritten Weltkrieg
- Krieg in Afghanistan/Einsatz der Bundeswehr in Afghanistan
- Panzer & Mann mit Panzerfaust schießen aufeinander
- Kampfflugzeug mit Atombombenabwurf
- Weltuntergang mit Rakete für den Krieg, die alles zerstören wird
- Ein Land, in dem alle böse sind und kämpfen
- Kampf zwischen zwei Menschen wegen Krieg
- Trennung von Menschen durch eine Mauer wegen eines Krieges
- Beschossenes Haus

Abbildung 12: Bildbeispiel - Ich habe Angst vor Krieg, Mädchen, 7 Jahre

So stelle ich mir die Welt 2030 vor

Abbildung 13: Bildbeispiel - Ich habe Angst vor Krieg, Junge, 8 Jahre

So stelle ich mir die Welt 2030 vor

Umwelt

Die Kategorie Umwelt setzt sich zusammen aus den Themen „Umweltverschmutzung & Umweltzerstörung", „Umweltbedrohung vs. Umweltschutz", „Umweltschutz" und „Naturkatastrophen" und beinhaltet 29 Bilder. Die einzelnen Unterkategorien wurden etwa gleich oft gemalt (sechs bis acht Bilder je Unterkategorie).

Übersicht über die Bildinhalte zum Thema Umwelt

- Regenwaldabholzung
- Luftverschmutzung
- Zu viel Verkehr
- Kohlekraftwerke und Atomkraft zerstören die Umwelt
- Umweltverschmutzung durch Müll
- Qualmende Fabrik & Leben in der Natur
- Waldsterben & schöne Landschaft
- Klimawandel & erneuerbare Energien/umweltschonende Technologie
- Windenergie/Solarenergie
- Solar- und Elektroautos
- Autos und Flugzeuge mit Wassermotor oder Hybridtechnologie
- Forderung nach mehr grünen Wiesen und mehr Parks
- Waldbrände
- Überschwemmungen und Flutwellen
- Vulkanausbrüche
- Weltuntergang durch Kometeneinschlag

Umweltzerstörung vs. Umweltschutz

Zu dieser Unterkategorie gehören Bilder, die Umweltzerstörung und Umweltschutz in einem Bild gegenüberstellen. Oft ist dies auch eine Problem-Lösung-Gegenüberstellung. Den Hauptteil dieser Unterkategorie bilden drei Bilder zum Thema Klimawandel. Sie sind jeweils in zwei Bildhälften unterteilt. Auf der einen Seite sind die Folgen des Klimawandels am Beispiel des letzten Eisbären dargestellt, auf der anderen Seite werden umweltfreundliche Technologien präsentiert. Alle drei Bilder sind in der gleichen Klasse entstanden. Die Kinder haben während der Arbeit an ihren Bildern auf einem hohen Niveau über das Abschmelzen des Eises an den Polkappen, den Klimawandel und Möglichkeiten der CO^2 -Speicherung diskutiert. Die anderen Bilder der Unterkategorie „Umweltzerstörung vs. Umweltschutz" sind Einzelbilder, das heißt sie sind nicht in einer thematisch gleich arbeitenden Gruppe entstanden. Ein Bild zeigt eine qualmende Fabrik auf der einen Bildseite und den Wunsch nach einem Leben in intakter Natur auf der anderen Seite. Ein weiteres Bild stellt unter der Überschrift „traurig/glücklich" eine Zeichnung über Waldabholzung einer Zeichnung mit einer schönen Landschaft gegenüber. Das letzte Bild zeigt ohne Bildunterteilung in einem Bild gleichzeitig die Themen Umweltverschmutzung durch Müll und Kohlekraftwerke und Umweltschutz durch Solarautos.

Abbildung 14: Bildbeispiel Klimawandel, Junge, 10 Jahre

So stelle ich mir die Welt 2030 vor

Umweltzerstörung und Umweltverschmutzung

Zu dieser Unterkategorie gehören Bilder, die das Ausmaß oder die Folgen von Umweltzerstörung bzw. Umweltverschmutzung zum Thema haben. Dargestellt wird die Regenwaldabholzung verbunden mit der Forderung „keine Umweltverschmutzung", die Verschmutzung des Planeten Erde durch Müll, die persönliche Belastung durch zu viel Verkehr, die Folgen von Luftverschmutzung und die Folgen des Klimawandels.

Abbildung 15: Bildbeispiel Luftverschmutzung „Die Sonne kommt nicht mehr
durch den Smog", Mädchen, 8 Jahre

Umweltschutz

Zu dieser Unterkategorie zählen Bilder, die Darstellungen von umweltfreundlichen Technologien oder erneuerbaren Energien beinhalten. Dazu gehören Darstellungen von Autos, die mit Wasser fahren können, Elektroautos, Solarzellen,
Solarautos und verbesserten Windkrafträdern.

Naturkatastrophen

Zu den Darstellungen von Naturkatastrophen gehören Bilder von Rettungsschif-
fen (die Menschen retten müssen, weil alles überflutet ist), Bilder von Vulkan-
ausbrüchen, Bilder von Waldbränden und ein Bild des Weltuntergangs durch
einen Kometeneinschlag.

Abbildung 16: Bildbeispiel Umweltschutz – verbesserte Windräder und
solarbetriebene Autos, Junge, 9 Jahre

Abbildung 17: Bildbeispiel Naturkatastrophen, Mädchen 7 Jahre

Nationalfahnen und Nationalfarben

Zu dieser Kategorie gehören Darstellungen von Flaggen und die bewusste Verwendung von Nationalfarben, beispielsweise bei Zeichnungen von Sportbekleidung oder Gebäudedarstellungen. Hauptsächlich wurden die deutsche Fahne und die deutschen Nationalfarben verwendet. Daneben gibt es aber auch Zeichnungen von der französischen, der englischen oder italienischen Landesfahne. Bis auf zwei Fälle sind die Nationalfahnen formal korrekt gezeichnet worden. Die Zeichnungen von Nationalfahnen und Nationalfarben finden sich meist in alltagstypischen Zusammenhängen:

- *Sport:* Darstellungen von sportlichen Wettkämpfen werden mit verschiedenen Länderfahnen versehen, wobei diese aber immer, sowohl von der Farbwahl als auch in der Farbanordnung, richtig gezeichnet sind. In diesem Zusammenhang tauchen deutsche, aber auch die französische oder italienische Flagge auf. Es gibt drei Bilder, die diesen Zusammenhang verwenden. Dazu kommen zwei weitere Bilder, bei denen sportliche Tätigkeit im Zusammenhang mit Nationalfarben auf der Kleidung dargestellt wird. Die Zeichner dieser Bilder äußerten den Wunsch NationalspielerInnen zu werden. Insgesamt gibt es also fünf Bilder von Nationalsymbolen im Zusammenhang mit dem Berufswunsch SportlerIn. Dies macht 41% der Bilder mit Nationalsymbolen aus.
- *Schiffe:* Bei drei Bildern taucht die deutsche Fahne an einem Schiff auf. Einmal handelt es sich um ein Rettungsboot und die deutsche Fahne ist in der Farbreihenfolge falsch dargestellt. Bei einem anderen Bild findet sich die deutsche Fahne nicht nur an dem Schiff, sondern auch auf dem Gipfel eines Berges.
- *Gebäude:* Zwei Bilder zeigen Gebäude, die in den deutschen Nationalfarben angemalt sind. Ein Haus ist zusätzlich mit einer Fahne versehen.
- *Verdeutlichung:* In zwei Bildern werden Nationalfahnen eingesetzt, um die Nationenzugehörigkeit deutlich zu machen. Eine französische Flagge schmückt eine Stadtansicht von Paris und eine deutsche, eine französische und eine Flagge der U.K. kennzeichnen einen Zug, der durch den Zugtunnel von Frankreich nach England fährt.

Abbildung 18: Bildbeispiel Nationalfahnen und Nationalfarben, Junge, 6 Jahre

Abbildung 19: Bildbeispiel Nationalfarben im Zusammenhang mit Sport,
Mädchen, 9 Jahre

Die Kategorie Armut und Reichtum

Diese Kategorie beinhaltet insgesamt 6 Bilder, in denen zweimal der Wunsch nach eigenem Reichtum (z.B. „Baum, an dem Geld wächst" und „Ich möchte reich sein") geäußert wird und ansonsten Armut thematisiert wird. Dabei wird Angst vor eigener Armut oder der Wunsch nach Abschaffung der Armut geäußert. Dazu kommen Bilder, die Armut und Reichtum kontrastierend gegenüberstellen, wobei beispielsweise auf der einen Bildseite kein Geld für Essen vorhanden ist, während auf der anderen Bildseite ein „Luxusleben" mit teurem Schmuck und teuren Autos dargestellt wird.

Abbildung 20: Bildbeispiel für die kontrastierende Darstellung von Armut und Reichtum, Mädchen, 9 Jahre

Die Kategorie institutionelle Politik

Diese Kategorie beinhaltet nur ein Bild, das eine Zeichnung des Berliner Reichstagsgebäudes zeigt, verbunden mit dem Berufswunsch Präsident (s. Abb.6).

6.3 Gruppenvergleiche

6.3.1 Themenwahl nach Geschlecht

Es gibt eindeutig Unterschiede in der Themenwahl zwischen Jungen und Mädchen. Die Themen „Wohnen/Architektur" und „Berufswünsche" gehören sowohl bei den Jungen als auch den Mädchen zu den Hauptthemen. Die Kategorie „Ich & Meine Familie", die von den Mädchen besonders häufig gewählt wurde, ist jedoch von Jungen kaum gewählt worden. „Politik", die stärkste Kategorie der Jungen, wurde dagegen von Mädchen kaum gewählt (siehe Abb. 21).

Abbildung 21: Kategorienverteilung nach Geschlecht (mit Mehrfachnennungen)

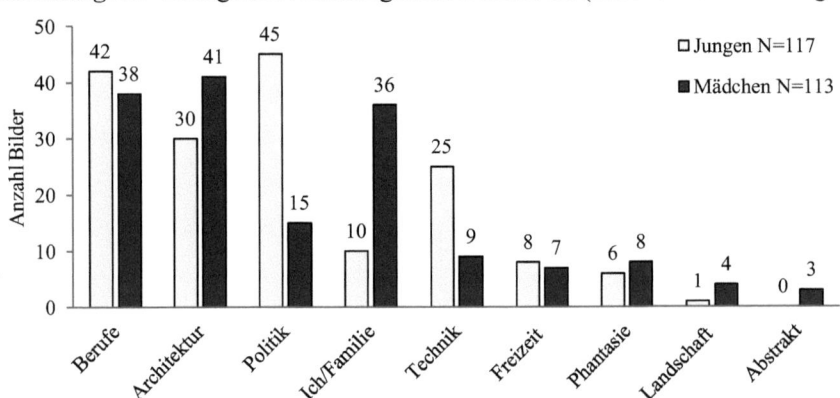

Geschlechterverhältnis in den einzelnen Kategorien

Die Kategorien „Politik" und „Technik" wurden wesentlich häufiger von Jungen gewählt. Der Mädchenanteil liegt bei beiden Kategorien nur bei einem Viertel der Bilder. Übermäßig stark vertreten sind die Mädchen hingegen in den Kategorien „Ich und meine Familie" und „Landschaft". Eine leichte Mädchenmehrheit findet sich auch in der Kategorie „Wohnen/Architektur". Die dazu gemalten Bilder betreffen hauptsächlich eigene Wohnwünsche. In den Kategorien „Berufswünsche" und „Freizeit" ist der Jungen- und Mädchenanteil recht ausgeglichen, jedoch inhaltlich unterschiedlich (siehe Abb. 22).

Abbildung 22: Mädchen- und Jungenanteil in den einzelnen Kategorien

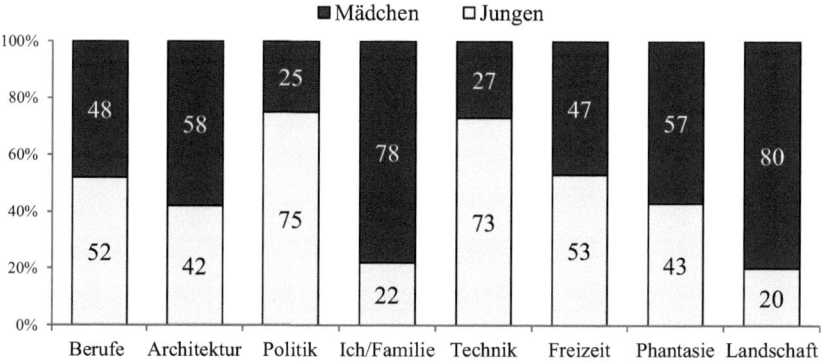

Wahl der Kategorie Politik nach Geschlecht

Die Analyse der Bildhäufigkeiten in der Kategorie Politik in Abhängigkeit vom Geschlecht zeigt, dass wesentlich weniger Mädchen politische Aspekte in ihre Zeichnungen integrieren als Jungen. Lediglich ein Viertel aller Bilder in der Kategorie Politik stammt von Mädchen (15 Bilder). Damit malten 13,3% aller teilnehmenden Mädchen politische Aspekte im Gegensatz zu 38,5% aller teilnehmenden Jungen (45 Bilder). Die Unterschiede in der Häufigkeitsverteilung zwischen Jungen und Mädchen bei der Wahl der Kategorie Politik wurden mit *Chi-Quadrat* hinsichtlich ihrer Signifikanz überprüft. Eine Unabhängigkeit der zwei Variablen *Geschlecht* und *Wahl der Kategorie Politik* wird abgelehnt (x^2=18,913, df=1, p=0,000). Die gefundenen Unterschiede in der Häufigkeitsverteilung zwischen Jungen und Mädchen bei der Wahl der Kategorie Politik sind also hoch signifikant.

Wahl der Unterkategorien zum Thema Politik nach Geschlecht

Die Unterkategorien der Kategorie Politik wurden bereits im Abschnitt *Bildinhalte der einzelnen Unterkategorien* ausführlich vorgestellt. An dieser Stelle sei daher nur noch mal darauf verwiesen, dass es bei den Unterkategorien insgesamt neun Mehrfachnennungen, d.h. Bildinhalte zu zwei verschiedenen Unterkategorien der Kategorie Politik gab. Die folgende Tabelle 3 gibt einen Überblick über die Bildanzahlen in den einzelnen Unterkategorien und darüber wie viel Prozent

der Jungen und Mädchen sich jeweils für dieses Thema entschieden haben. Die
Prozentwerte ergeben in der Summe wegen Mehrfachnennungen mehr als 100%.

Tabelle 3: Verteilung der Unterkategorien von „Politik" nach Geschlecht

| | | | Geschlecht | | |
			Weibl.	Männl.	Gesamt
Unter-kategorie[a]	Armut und Reichtum	Anzahl	4	2	6
		% In Geschlecht	26,7%	4,4%	
	Nationalfahnen und Nationalfarben	Anzahl	1	11	12
		% In Geschlecht	6,7%	24,4%	
	Institutionelle Politik	Anzahl	0	1	1
		% In Geschlecht	,0%	2,2%	
	Krieg und Frieden	Anzahl	6	15	21
		% In Geschlecht	40,0%	33,3%	
	Umweltbedrohung vs. Umweltschutz	Anzahl	2	4	6
		% In Geschlecht	13,3%	8,9%	
	Umweltverschmutzung	Anzahl	2	5	7
		% In Geschlecht	13,3%	11,1%	
	Umweltschutz	Anzahl	1	7	8
		% In Geschlecht	6,7%	15,6%	
	Naturkatastrophen	Anzahl	1	7	8
		% In Geschlecht	6,7%	15,6%	
	Umwelt zusammen	Anzahl	6	23	29
		% In Geschlecht	40,0%	51,1%	
Gesamt		Anzahl	15	45	60

Prozentsätze und Gesamtwerte beruhen auf den Befragten
a. Dichotomie-Gruppe tabellarisch dargestellt bei Wert 1.

Aufgrund der geringen Fallzahlen bei den Mädchen lassen sich hier nur schwer
Vergleiche der Themenwahl von Mädchen und Jungen anstellen. Die Hauptthe-
men der Mädchen sind Krieg und Umwelt (je sechs Bilder). Diese Themen wur-
den jeweils von 40% der Mädchen gewählt. Bei den Jungen sind ebenfalls die
Themen Umwelt (23 Bilder) und Krieg (15 Bilder) führend. Über die Hälfte der
Jungen zeichnete Bilder zum Thema Umwelt, während ein Drittel der Jungen das
Thema Krieg darstellten.

In der Kategorie „Politik" sind nur wenig Mädchen vertreten. Die frei gewählten Themen der Jungen und Mädchen ähneln sich aber sehr, daher gibt es nur wenige Unterkategorien. Darüber hinaus sind für beide Geschlechter vor allem die Themen „Krieg" und „Umwelt" wichtig. „Armut" wurde mehrheitlich von Mädchen gemalt, während die Darstellungen von Nationalfahnen und -farben fast ausschließlich von Jungen stammen. In der Darstellung der Themen lassen sich sicherlich noch mehr qualitative Unterschiede finden. Eine eingehendere qualitative Analyse würde aber den Rahmen dieser Arbeit sprengen. Beispielsweise setzten sich die Mädchen in der Unterkategorie *Umwelt* bevorzugt mit dem Thema *Umweltzerstörung* auseinander, während die Jungen mehr die Themen *Umweltschutz* und *Naturkatastrophen* malten. Auch bei den Kriegsdarstellungen sind Unterschiede festzustellen, die aber eingehender analysiert werden müssten. Eine kurze Darstellung von Unterschieden in den Kriegsbildern von Mädchen und Jungen findet sich im Abschnitt *weitere Befunde*. Insgesamt wäre eine weiterführende qualitative Einzelbildanalyse interessant, um weitere Gemeinsamkeiten und Unterschiede in der Themendarstellung zwischen Jungen und Mädchen herauszuarbeiten.

6.3.2   Themenwahl nach Alter

Zur besseren Vergleichbarkeit der Themenwahl in Abhängigkeit vom Alter der Kinder wurden zusätzlich zu den einzelnen Altersgruppen zwei weitere Gruppen gebildet, die den direkten Vergleich zwischen jüngeren und älteren Kindern zulassen sollten. Die Gruppe *Jüngere* umfasst alle Kinder zwischen vier und sieben Jahren, während der Gruppe *Ältere* alle Kinder zwischen acht und zehn Jahren angehören. Diese Gruppen haben auch den Vorteil besser vergleichbar zu sein als die einzelnen Altersgruppen, da sie in etwa gleich groß sind (52,6% *Jüngere* [121 Kinder] und 47,4% *Ältere* [109 Kinder]).

Allgemeine Themenwahl nach Alter

Bildinhalte zu den Kategorien Technik, Politik, Berufswünsche und Wohnen/Architektur finden sich hauptsächlich bei älteren Kindern. Daher sind auch die Altersmittelwerte in diesen Kategorien am höchsten. Die jüngeren Kinder sind in den Kategorien Ich & Meine Familie, Freizeit und Phantasie am stärksten vertreten. Daher gibt es in diesen Kategorien die niedrigsten Altersmittelwerte. Die Kategorie Landschaft wurde ausschließlich von jüngeren Kindern gemalt (siehe Abb. 23 und 24).

Abbildung 23: Altersmittelwerte in den einzelnen Kategorien

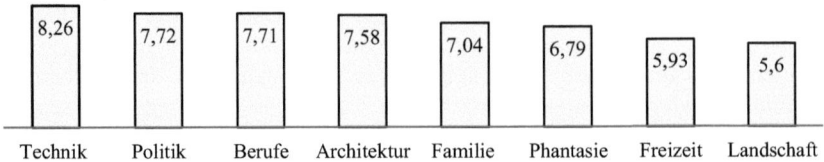

| Technik | Politik | Berufe | Architektur | Familie | Phantasie | Freizeit | Landschaft |

Innerhalb der Gruppe der älteren Kinder ist das Thema „Berufswünsche" am beliebtesten. Danach folgen die Themen „Wohnen/Architektur" und „Politik". Auch die Kategorie „Technik" ist noch relativ stark vertreten. Die Lieblingsthemen der jüngeren Kinder sind ebenfalls „Berufswünsche" und „Wohnen/Architektur". Zusätzlich ist ihnen aber auch das Thema „Ich & meine Familie" wichtig. Auch bezüglich des Alters ließen sich möglicherweise mit vertiefenden Analysen weitere Unterschiede in der Themenwahl und Themendarstellung finden. Jüngere Kinder malten beispielsweise in der Kategorie Wohnen/Architektur häufiger ihr eigenes Haus, während ältere Kinder auch Stadtdarstellungen oder besondere Gebäude zeichneten.

Abbildung 24: Themenwahl von jüngeren und älteren Kindern

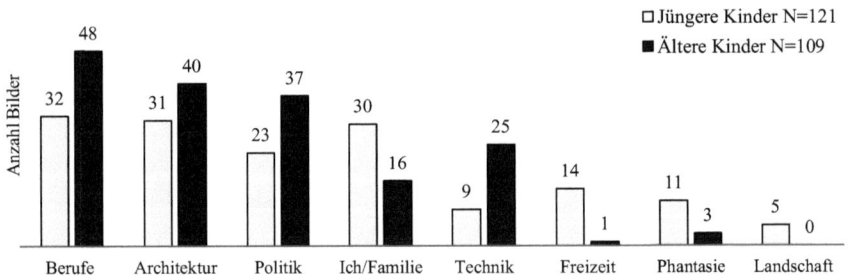

Wahl der Kategorie Politik nach Alter

Die Bilder der Kategorie Politik stammen hauptsächlich von Kindern im Alter von sieben bis neun Jahren. Der geringe Anteil der Zehnjährigen erklärt sich aus der insgesamt niedrigen Teilnahme von Zehnjährigen an der Erhebung. Ein Blick auf die Prozentwerte innerhalb der Altersgruppe zeigt, dass die Wahl des Themas Politik mit zunehmendem Alter steigt und auch in der Altersgruppe der Zehnjährigen bei 36% der Bilder dieser Altersgruppe liegt (siehe Abb. 25).

Abbildung 25: Darstellung von politischen Aspekten in den Altersgruppen

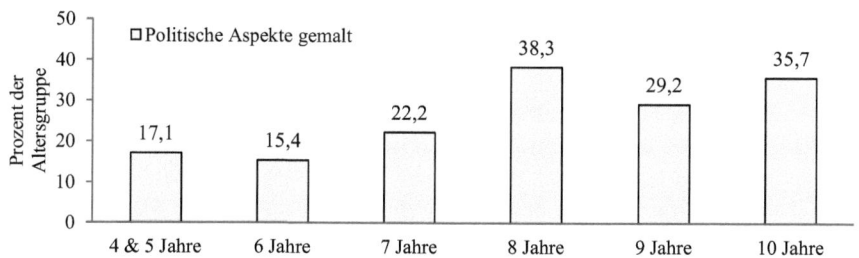

Ein Vergleich der beobachteten und erwarteten Werte in der Kontingenztabelle *Altersgruppe Jüngere* und *Ältere* und *Wahl der Kategorie Politik* zeigt einen möglichen Zusammenhang zwischen den beiden Variablen (s. Tabelle 4). Der Test auf Unabhängigkeit (*Chi-Quadrat nach Pearson*) der beiden Variablen bestätigt diesen Zusammenhang (x^2=6,635; df=1; p=0,010).

Kinder im Alter von acht, neun und zehn Jahren malten über 60% der Bilder in der Kategorie Politik. Ganze 30% der Bilder aus der Kategorie Politik wurden von Achtjährigen gemalt. Bilder von Zehnjährigen stellen dagegen nur 8% der Bilder in dieser Kategorie. Dieser vergleichsweise geringe Anteil ist wie bereits erwähnt auf die insgesamt geringe Anzahl an Zehnjährigen in der Studie zurückzuführen.

Tabelle 4: Kreuztabelle Kategorie Politik und Altersgruppen Jüngere/Ältere

| | | | Altersgruppen | | |
			Jüngere (4 - 7 Jahre)	Ältere (8 - 10 Jahre)	Gesamt
Kategorie Politik	Politische Aspekte gemalt	Anzahl	23	37	60
		Erwartete Anzahl	31,6	28,4	60,0
	Keine Politischen Aspekte gemalt	Anzahl	98	72	170
		Erwartete Anzahl	89,4	80,6	170,0
Gesamt		Anzahl	121	109	230
		Erwartete Anzahl	121,0	109,0	230,0

Wahl der Kategorie Politik nach Alter und Geschlecht

Betrachtet man die Wahl des Themas Politik nach Alter und Geschlecht, so fällt auf, dass die Zunahme der Darstellungen zum Thema Politik mit steigendem Alter nur bei den Jungen stattfindet. Der Anteil der Mädchen, die politische Aspekte zeichneten, bleibt durch alle Altersgruppen hinweg immer bei einem Anteil zwischen 11% und 16%, während bei den achtjährigen Jungen sogar 63% zu verzeichnen sind (siehe Abb. 26). Es scheint also weniger zwischen dem Alter und der Kategorie Politik, sondern vielmehr zwischen dem Alter, dem Geschlecht und der Kategorie Politik einen Zusammenhang zu geben. Auch der Chi-Quadrat-Test zeigt eine starke Abhängigkeit der Variablen *Altersgruppe* und *Wahl der Kategorie Politik* in der Gruppe der Jungen (x^2=13,569; *df*=5; *p*=0,019). Bei den Mädchen besteht dagegen eine hohe Wahrscheinlichkeit für die Unabhängigkeit der Variablen (x^2=0,450, *df*=5; *p*=0,994). Eine Überprüfung der Stärke des Zusammenhangs mittels Cramér's V zeigt dementsprechend einen stärkeren Zusammenhang der Variablen für die Jungen (*V*= 0,341) und einen fehlenden Zusammenhang für die Mädchen (*V*= 0,063).

Abbildung 26:   Wahl der Kategorie Politik nach Alter und Geschlecht

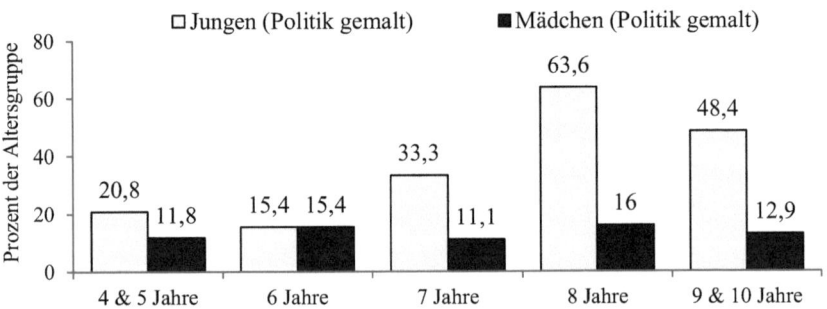

Ältere Kinder malten also insgesamt häufiger politische Aspekte als jüngere Kinder. 33,9% der älteren Kinder malten politische Aspekte und nur 19% der jüngeren Kinder. Ab dem siebten Lebensjahr nimmt der Anteil der politischen Aspekte in den Bildern zu. Dieser Anstieg ist aber nur bei den Jungen zu verzeichnen. Bei den Mädchen zeigt sich kein Zusammenhang zwischen dem Lebensalter und der Häufigkeit von politischen Darstellungen. Obwohl die meisten Darstellungen politischer Aspekte von älteren Kindern stammen, finden sich auch bereits einige Bilder mit politischen Bezügen in der Altersgruppe der Vier- bis Siebenjährigen. Es bleibt jedoch die Frage, inwiefern sich die politischen Themen in dieser Altersgruppe von denen der älteren Kinder unterscheiden.

Wahl der Unterkategorien zum Thema Politik nach Alter

Die nachfolgende *Tabelle 5* gibt wieder, welche politischen Aspekte von den Kindern der unterschiedlichen Altersgruppen gewählt wurden. Die Nummerierung in der oberen Zeile gibt die Rangfolge der Themen wieder. In der Altersgruppe der Vier- und Fünfjährigen wurden also hauptsächlich Naturkatastrophen gemalt. Die Tabelle zeigt eine Veränderung der Themen mit zunehmendem Alter. Es wird von Älteren ein größeres Spektrum an Themen gemalt und die Anzahl der politischen Bilder steigt. Das Thema Krieg wird zum Hauptthema und die Zeichnungen zu Umweltthemen nehmen zu.

Tabelle 5: Politische Hauptthemen in unterschiedlichen Altersgruppen

	1.	2.	3.
4 & 5 J. (7 Bilder)	Naturkatastrophen	Nationalfahnen, Krieg/Frieden	Keine weiteren Themen
6 J. (4 Bilder)	Nationalfahnen	Umweltverschmutzung Naturkatastrophen, Armut/Reichtum	Keine weiteren Themen
7 J. (12 Bilder)	Krieg/Frieden	Armut/Reichtum, Umweltschutz, Naturkatastrophen	Nationalfahnen, Umweltbedrohung vs. Umweltschutz, Umweltverschmutzung
8 J. (18 Bilder)	Krieg/Frieden	Nationalfahnen, Umweltverschmutzung	Institutionelle Politik, Umweltschutz, Umweltbedrohung vs. Umweltschutz, Naturkatastrophen
9 J, (14 Bilder)	Krieg/Frieden, Umweltbedrohung vs. Umweltschutz, Umweltverschmutzung Umweltschutz	Nationalfahnen	Armut/Reichtum
10 J. (5 Bilder)	Krieg/Frieden, Armut/Reichtum, Umweltschutz	Umweltbedrohung vs. Umweltschutz	Keine weiteren Themen

Eine Untersuchung der Unterkategorienverteilung in den zwei Altersgruppen „Jüngere" und „Ältere" zeigt die unterschiedlichen Themeninteressen bei jüngeren und älteren Kindern deutlicher: Bei den Themen Armut und Nationalsymbole sind keine großen Unterschiede zwischen jüngeren und älteren Kindern festzustellen. Das Thema Krieg und die meisten Umweltthemen sind aber bei den älteren Kindern deutlich stärker vertreten, wohingegen das Thema Naturkatastrophen deutlich von jüngeren Kindern bevorzugt wird. Werden die Umweltthemen zusammengefasst, zeigt sich bei beiden Altersgruppen ein ähnliches Interesse an dem Thema (siehe Abb. 27).

Abbildung 27: Unterkategorien von „Politik" nach Altersgruppen

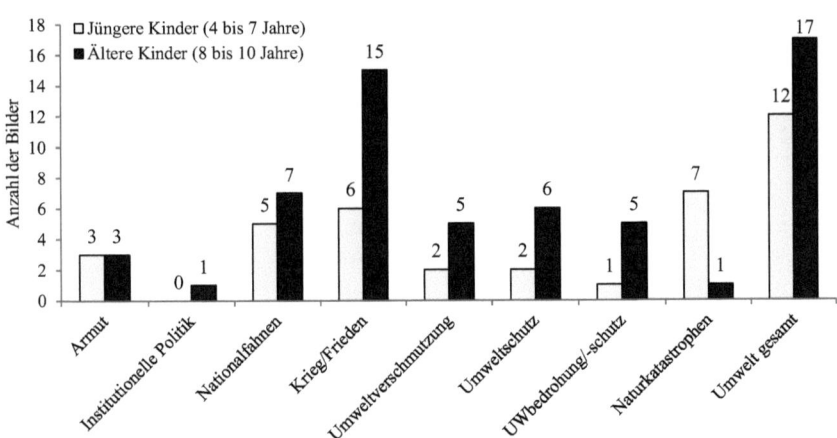

6.3.3 Themenwahl nach Klassenstufe

Die Auswertung nach Klassenstufen wurde zusätzlich zur Auswertung nach Altersgruppen vorgenommen, da möglicherweise die Dauer der Schulerfahrung einen stärkeren Zusammenhang mit der Wahl der Kategorie Politik aufweist als das Lebensalter (vgl. Abschnitt 5.6.4). Zusätzlich sollte untersucht werden, ob es in einzelnen Klassen auffällige Häufigkeiten politischer Aspekte gab, was aufgrund der Klassenkultur und dem Merkmal der Formübernahme in Kinderzeichnungen möglich wäre.

Wahl der Kategorie Politik nach Klassenstufen

Wie aufgrund der Auswertung nach Lebensalter erwartet ist die Kategorie Politik häufiger in den höheren Klassen gemalt worden. Interessanterweise liegt der Anteil der politischen Aspekte in den Bildern bereits in der zweiten Klassenstufe bei 29,1%. In der dritten und vierten Klasse bei über 30% (s. Abb. 28). Die

Auswertung der Kreuztabelle zu den Variablen *Klassenstufe* und *Wahl der Kate-gorie Politik* zeigt, dass im Kindergarten und in der ersten Klassenstufe die An-zahl der Bilder mit politischen Aspekten unter den erwarteten Werten liegt, wäh-rend bei den höheren Klassenstufen die Anzahl der Bilder über den erwarteten Werten liegt. Der Chi-Quadrat-Test zeigt jedoch keine ausreichende Signifikanz für diese Unterschiede (x^2=9,384; df=4; p=0,052). Diese wird erst nach der De-finition einer neuen Variable *Schulerfahrung,* welche die Gruppe „Kinder mit Schulerfahrung" (Klassenstufe zwei bis vier [153 Kinder]) und die Gruppe „Kinder ohne Schulerfahrung" (Kindergarten und Klassenstufe eins [77 Kinder]) enthält, erreicht (x^2=8,361; df=1; p=0,004). Auffällig bleibt jedenfalls, dass der Anteil der Kinder, die politische Bezüge zeichneten, ab der zweiten Klasse deut-lich steigt, was aber auch wieder nur für die Jungen gilt. Dementsprechend zeigt der Chi-Quadrat-Test auf Unabhängigkeit der Variablen *Klassenstufe* und *Wahl der Kategorie* Politik eine starke Abhängigkeit der Variablen bei den Jungen (x^2=15,068; df=4; p=0,005) und keine Abhängigkeit bei den Mädchen (x^2=0.392; df=4; p=0,983). Dies bestätigt auch Cramér's V, der einen stärkeren Zusammen-hang der Variablen für die Jungen aufweist (Mädchen: V=0,059; Jungen: V=0,359).

Abbildung 28: Anteil politischer Bilder je Klassenstufe nach Geschlecht

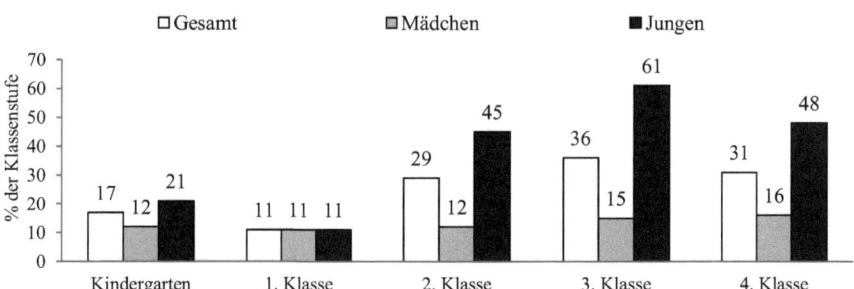

Wahl der Unterkategorien nach Klassenstufen

Vergleicht man die Unterkategorienverteilung nach Klassenstufen mit den Al-tersgruppen zeigen sich nur geringfügige Unterschiede. Die Gruppe Kindergar-ten ist selbstverständlich deckungsgleich mit der Altersgruppe der Vier- und Fünfjährigen. Ansonsten ist die Themenwahl größtenteils übereinstimmend mit der Themenwahl in den Altersgruppen, was aufgrund der Altersüberschneidun-gen mit den Klassenstufen auch leicht erklärbar ist. Bei einzelnen Themen verändert sich die Nennungshäufigkeit leicht. So gehört beispielsweise das Thema Armut für die Zehnjährigen zu den Hauptthemen. Gesamt für die vierten Klassen rutscht das Thema auf einen niedrigeren Rang. Es zeigt sich jedoch insgesamt die gleiche Entwicklung wie bei den Altersgruppen: Im Kindergarten und in der ersten Klasse sind die Themen Naturkatastrophen und Nationalsymbole führend. Dazu kommen die Themen Krieg, Armut und Umweltverschmutzung. Diese allerdings nur in einzelnen Bildern. Die Bilderanzahl ist relativ gering und das Themenspektrum eingeschränkt. Ab der zweiten Klasse ist sowohl ein Anstieg der Bilderzahl als auch des Themenspektrums zu beobachten. Die Themen Krieg und Umwelt stellen in der zweiten bis vierten Klassenstufe die Hauptthemen dar (siehe Abb. 29).

Abbildung 29: Unterkategorien von „Politik" nach Klassenstufe

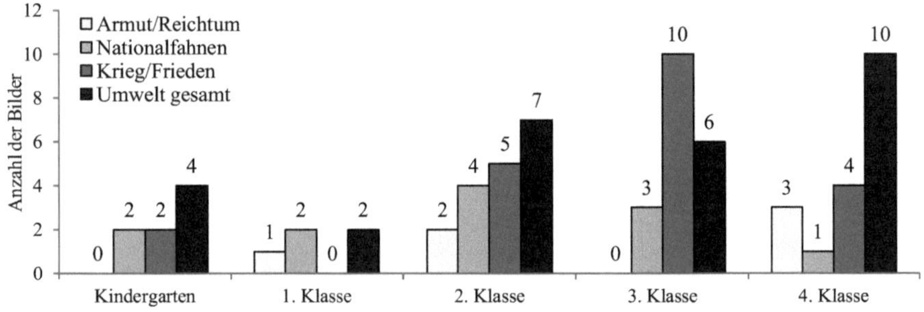

Besondere Themenhäufigkeit der Kategorie Politik in einzelnen Klassen

Um Häufungen der Kategorie Politik in einzelnen Klassen auszumachen, wurde eine Kreuztabelle für die Variablen *Wahl der Kategorie Politik* und *Schule* mit der Kontrollvariablen *Klassenstufe* erstellt. Anschließend wurde der Anteil der Bilder der Kategorie Politik aus den einzelnen Klassen an der Gesamtzahl der Bilder in der Kategorie Politik der jeweiligen Klassenstufe betrachtet (s. Abb. 30). In der ersten Klassenstufe gibt es vier Bilder, die der Kategorie Politik zugeordnet wurden. Drei dieser Bilder stammen aus der ersten Klasse der Schule SR2. 75% der Bilder mit politischen Aspekten der ersten Klassenstufe stammen hier also aus *nur einer* Klasse.

In der zweiten Klassenstufe gibt es 16 Bilder mit politischen Aspekten. In einer der vier zweiten Klassen gibt es gar keine Bilder, die der Kategorie Politik zugeordnet wurden. Der größte Teil der politischen Bilder kommt aus der zweiten Klasse der Schule Z2 (sieben Bilder [43,8% der politischen Bilder der Klassenstufe zwei]). Danach folgt die zweite Klasse der Schule SR2 (fünf Bilder [31,3% der politischen Bilder der zweiten Klassenstufe]) und schließlich die zweite Klasse der Schule Z1 mit 25% (vier Bilder) der politischen Bilder in der zweiten Klassenstufe. Für die zweite Klassenstufe lässt sich also mit Ausnahme der zweiten Klasse Schule SR1 keine besondere Themenhäufung ausmachen, da die Bildzahlen zwischen vier und sieben politischen Bildern in den einzelnen Klassen liegen. Das Fehlen von politischen Bildern an der Schule SR1 könnte durch die geringe Teilnehmerzahl, von nur vier Kindern in dieser Klasse, zu erklären sein. Auch in der dritten Klassenstufe sind keine besonderen Themen-häufigkeiten zu beobachten. In den einzelnen dritten Klassen gab es drei, vier, fünf und sechs Bilder mit politischen Bezügen. Dabei ist jedoch zu beachten, dass 50% der teilnehmenden Kinder der dritten Klasse an der Schule Z1 Bilder mit politischen Bezügen malten und 43% der Drittklässler an der Schule SR2. Für die vierte Klassenstufe sind Häufungen in der vierten Klasse der Schule SR2 (sieben Bilder [47% der politischen Bilder der vierten Klassenstufe]) und der Schule Z2 (fünf Bilder [33%]) sichtbar (siehe Abb. 31). Die anderen beiden Schulen sind hier weniger vertreten. Allerdings waren auch in diesen die Teil-nehmerzahlen gering, es nahmen dort nur vier (Schule Z1) und acht Kinder (Schule SR1) teil.

Abbildung 30: Anteil einzelner Klassen an der Gesamtzahl politischer Bilder der jeweiligen Klassenstufe

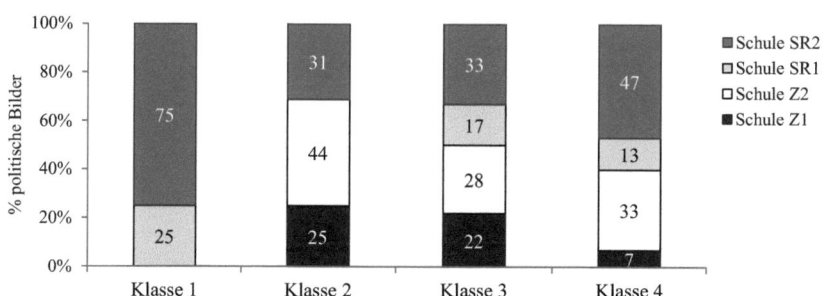

Zusammenfassend ist festzustellen, dass in einigen Klassen verstärkt das Thema Politik dargestellt wurde - in manchen dagegen gar nicht. Vor allem in der ersten Klassenstufe stammen fast alle Bilder mit politischen Bezügen aus einer einzigen Klasse. Das komplette Fehlen politischer Bilder in einer der zweiten Klassen und die geringe Anzahl der politischen Bilder in zwei der vierten Klassen, lassen sich eventuell mit der niedrigen Zahl der teilnehmenden Kinder in diesen Klassen erklären. Ansonsten lassen sich keine übermäßig hohen Bildzahlen der Kategorie

Politik in einzelnen Klassen ausmachen. Dafür haben in einigen Klassen erstaunlich viele Kinder politische Aspekte in ihre Zeichnungen einfließen lassen. In einer der dritten Klassen malten 50% der Kinder ‚politische Bilder'. Auch in einer zweiten Klasse, einer weiteren dritten Klasse und einer vierten Klasse stellten über 40% der Kinder politische Aspekte dar. In einigen Klassen griffen also wesentlich mehr Kinder das Thema Politik auf als in anderen Klassen.

Abbildung 31: Anteil Bilder mit politischen Aspekten nach Klasse und Schule

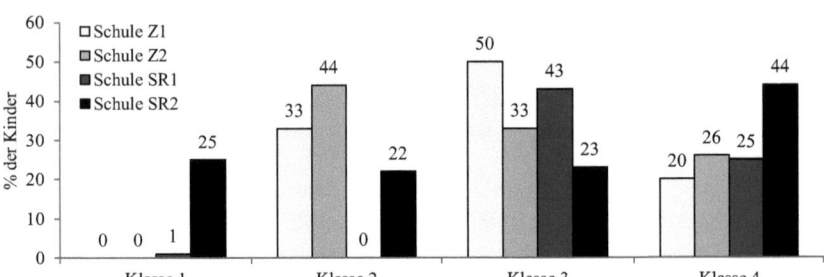

6.3.4 Themenwahl nach Migrationshintergrund

Da der Begriff Migrationshintergrund verschiedenen Ausdeutungen unterliegt, soll zu Beginn die dieser Arbeit zugrunde liegende Definition des Begriffs vorgestellt werden. Nach dem statistischen Bundesamt umfasst der Begriff „Menschen mit Migrationshintergrund" alle Personen, die zu der Gruppe der „nach 1949 auf das heutige Gebiet der Bundesrepublik Deutschland Zugewanderten, sowie alle in Deutschland geborenen Ausländer und alle in Deutschland als Deutsche Geborenen mit zumindest einem zugewanderten oder als Ausländer in Deutschland geborenen Elternteil" (Statistisches Bundesamt, 2009, S. 6) gehören. Diese Definition wurde aus forschungspragmatischen Gründen eingeschränkt. Zum einen, da eine genaue Erfassung des Migrationshintergrunds nach der obigen Definition schwierig gewesen wäre, weil zusätzliche Befragungen der Eltern erforderlich gewesen wären, zum anderen, da die Vermutung besteht, dass die verwendete Definition ausreichend ist, um mögliche ‚migrationsbedingte' Unterschiede ausfindig zu machen. Als Migrationshintergrund der Kinder wurde daher nur die eigene Zuwanderung der Kinder oder die Zuwanderung zumindest eines Elternteils nach Deutschland gewertet. Bei den Erhebungen wurde der Migrationshintergrund über die Fragen „Bist du aus einem anderen Land nach Deutschland gezogen?" und „Sind deine Eltern aus einem anderen Land nach Deutschland gezogen?" ermittelt. Zusätzlich wurde nach dem Herkunftsland gefragt. Wenn die Kinder nicht sicher sagen konnten, ob sie oder ihre Eltern aus einem anderen Land nach Deutschland gezogen sind, wurden die Lehrkräfte dazu befragt. Da aber das Schuljahr zum Zeitpunkt der Erhebung gerade erst begonnen hatte, konnten diese manchmal auch keine Angaben zum Migrationshintergrund machen. In diesen (wenigen) unklaren Fällen wurde daher nicht von einem Migrationshintergrund ausgegangen, da Kinder mit einem tatsächlichen Migrationshintergrund sich dessen in der Regel sehr bewusst waren und über ihre Herkunft oder die ihrer Eltern Bescheid wussten.

Themenwahl insgesamt nach Migrationshintergrund

Da die Gruppengrößen der Kinder mit und ohne Migrationshintergrund [MHG] sehr unterschiedlich waren, mussten für Gruppenvergleiche Prozentwerte herangezogen werden. Die Tabelle 6 gibt einen Überblick über die zugrunde liegenden Fallzahlen. Zwischen den Kindern mit MHG und Kindern ohne MHG zeigen sich bei der allgemeinen Themenwahl keine auffälligen Unterschiede. Kinder ohne MHG entschieden sich häufiger für die Kategorien „Ich & Meine Familie", „Technik" und „Freizeit", während Kinder mit MHG häufiger die Kategorie „Phantasie" darstellten (s. Abb. 32). Auch hier gilt wieder, dass die inhaltliche Ausgestaltung der Kategorien abhängig vom MHG unterschiedlich sein kann, aber weitere Auswertungen im Rahmen dieser Arbeit nicht möglich waren. Weiterhin ist zu beachten, dass durch die geringe Gruppengröße der Kinder mit MHG, weitere Auswertungen, wie Gruppenvergleiche, nur eingeschränkt möglich waren. Für die Kategorie Politik wurden daher auch nur die Gruppen „Kinder mit MHG" und „Kinder ohne MHG", sowie „Mädchen/Jungen mit MHG" und „Mädchen/Jungen ohne MHG" miteinander verglichen.

Abbildung 32: Kategorienwahl nach Migrationshintergrund

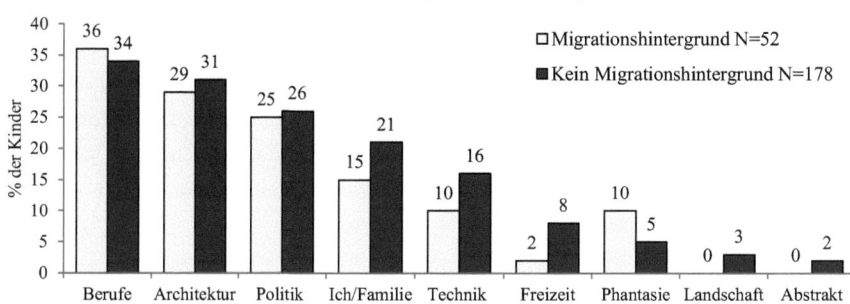

Die Betrachtung der allgemeinen Themenwahl nach Migrationshintergrund [MHG] und Geschlecht der Kinder zeigt in einigen Kategorien Unterschiede zwischen den einzelnen Gruppen. Die Jungen mit MHG wählten am häufigsten die Kategorie Berufe. Die Mädchen mit MHG wählten diese Kategorie jedoch deutlich seltener. Ein umgekehrtes Bild ergibt sich bei der Betrachtung der Kategorie „Wohnen/Architektur". Die Mädchen und Jungen ohne MHG sind in diesen beiden Kategorien ungefähr gleich stark vertreten. In der Kategorie „Politik" sind die Jungen mit und ohne MHG am stärksten vertreten. Die Differenz zwischen Jungen und Mädchen fällt bei den Kindern mit MHG allerdings geringer aus. Führend in der Kategorie „Ich & Meine Familie" sind die Mädchen ohne MHG. Die Mädchen mit MHG wählten diese Kategorie zwar seltener aber immer noch deutlich öfter als Jungen mit und ohne MHG, die sich etwa gleich oft für diese Kategorie entschieden. Die Kategorie Technik wurde am häufigsten von Jungen ohne MHG gewählt. Die Unterschiede der anderen Gruppen in dieser Kategorie sind gering

Tabelle 6:   Bilder je Kategorie nach Migrationshintergrund

			Migrationshintergrund		Gesamt
			Mit Migrations- hintergrund	Ohne Migrations- hintergrund	
Kategorie[a]	Berufswünsche	Anzahl	19	61	80
	Architektur	Anzahl	15	56	71
	Politik	Anzahl	13	47	60
	Ich & Meine Familie	Anzahl	8	38	46
	Technik	Anzahl	5	29	34
	Phantasie	Anzahl	5	9	14
	Freizeit	Anzahl	1	14	15
	Landschaften	Anzahl	0	5	5
	Abstrakt	Anzahl	0	3	3
Gesamt		Anzahl	52	178	230

Gesamtwerte beruhen auf den Befragten.

a. Dichotomie-Gruppe tabellarisch dargestellt bei Wert 1.

Wahl der Kategorie Politik nach Migrationshintergrund

Hinsichtlich der Häufigkeit von politischen Aspekten in den Zeichnungen gibt es keinen Unterschied zwischen Kindern mit MHG und Kindern ohne MHG. Die beobachteten und erwarteten Werte liegen dicht beieinander. Politische Aspekte malten 25 % der Kinder mit MHG und 26,4% der Kinder ohne MHG. Dementsprechend fällt auch das Ergebnis des Chi-Quadrat-Tests aus (x^2=0.041; df=1; p=8,39). Auch das Ergebnis des Cramér V zeigt keinen Zusammenhang zwischen den beiden Variablen *Migrationshintergrund* und *Wahl der Kategorie Politik* (V=0,013). Bezieht man die Variable Geschlecht als Kontrollvariable in die Kreuztabelle ein, zeigen sich leichte Häufigkeitsunterschiede zwischen beobachteten und erwarteten Werten, die allerdings nicht signifikant sind (Fisher's Exact: Jungen p=4,96/Mädchen p=3,47). Auch hier kann weder für die Jungen noch für die Mädchen ein Zusammenhang zwischen den Variablen festgestellt werden (Jungen: V=0,069; Mädchen: V=0,087). Bei der Interpretation der Ergebnisse sind aber die geringen Fallzahlen zu beachten. Insgesamt malten nur fünfzehn Mädchen politische Aspekte. Davon hatten fünf einen Migrationshintergrund (33% der Mädchen in der Kategorie Politik). Von den 45 Jungen, die politische Bilder malten hatten acht einen Migrationshintergrund (18% der Jungen in der Kategorie Politik).

Abbildung 33: Kategorienverteilung nach Migrationshintergrund [MHG] und Geschlecht

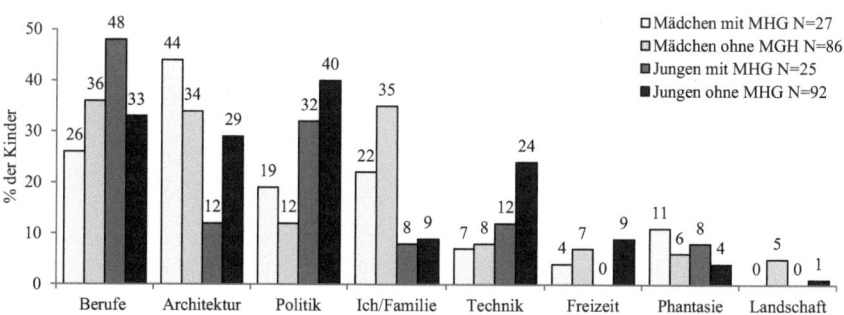

Mädchen mit MHG zeichneten also häufiger politische Aspekte als Mädchen ohne MHG. Jungen mit MHG zeichneten seltener politische Aspekte als Jungen ohne MHG (siehe Abb. 33). Diese Ergebnisse sind möglicherweise mit dem Alter der Kinder zu erklären. Eine vertiefende Auswertung nach Alter ist aber aufgrund der Stichprobengröße nicht möglich. Es ist aber zu bedenken, dass die Jungen mit MHG insgesamt das niedrigste Durchschnittsalter (M=7,04/SD=1,64)

haben und die Mädchen mit MHG das höchste ($M=7,93/SD=1,23$). In der Kategorie Politik haben Jungen ohne MHG und Mädchen mit MHG das höchste Durchschnittsalter und Mädchen ohne MHG das niedrigste. Das Durchschnittsalter der Jungen mit MHG ist in der Kategorie Politik höher ($M=7,5/SD=1,77$) als in der Gesamtgruppe der Jungen mit MHG. Jungen mit MHG haben also möglicherweise seltener das Thema Politik gewählt als Jungen ohne MHG, da sie im Durchschnitt jünger sind als der Rest der Stichprobe, während Mädchen mit MHG das Thema möglicherweise häufiger wählten, da sie im Durchschnitt älter sind als der Rest der Stichprobe.

Wahl der Unterkategorien nach Migrationshintergrund

Aus der Verteilung der Unterkategorien bezüglich des Migrationshintergrunds lassen sich kaum Schlüsse ziehen, da die Stichprobe der Kinder mit Migrationshintergrund einfach zu klein ausfällt und darüber hinaus auch Mehrfachnennungen möglich waren. Trotzdem sollen die Ergebnisse zur Unterkategorienverteilung kurz vorgestellt werden, da sie möglicherweise Hinweise für weitere Untersuchungen mit größeren Gruppen liefern können. Die Umweltthemen werden aufgrund der geringen Gruppengrößen zusammengefasst dargestellt (s. Abb. 34).

Abbildung 34: Unterkategorien von „Politik" nach Migrationshintergrund (mit Mehrfachnennungen)

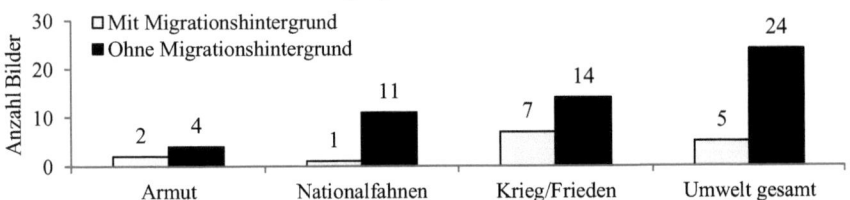

Die wichtigsten Themen für die Kinder mit MHG sind Krieg und Umwelt. 54 Prozent der Kinder mit MHG, die politische Aspekte malten, stellten das Thema Krieg dar und 39 Prozent das Thema Umwelt. Von den fünf Umwelt-Bildern zeigen drei Naturkatastrophen. Zeichnungen von Nationalfahnen kommen in der Gruppe der Kinder mit MHG lediglich in einem Bild vor. Die Kinder ohne MHG zeichneten hauptsächlich Umweltthemen. Knapp 50 Prozent der Kinder ohne MHG griffen dieses Thema auf. Aber auch die Unterkategorien Nationalfahnen und Krieg wurden von vielen Kindern ohne MHG gewählt. In den Gruppen mit und ohne MHG scheinen die Themen also unterschiedlich gewichtet zu sein.

6.3.5 Themenwahl nach Wohnumfeld

Um mögliche Unterschiede in der Themenwahl in Abhängigkeit vom Wohnumfeld zu untersuchen, wurden die Ergebnisse schulspezifisch betrachtet. Dafür wurden, entsprechend den Überlegungen in Kapitel 5.4.1, die Einrichtungen im Stadtzentrum denen am Stadtrand gegenübergestellt. Eine zentrale Schule besuchten 88 Kinder und eine Schule am Stadtrand 101 Kinder. Aus der Kindertagesstätte im Stadtzentrum nahmen 24 Kinder und aus der Kindertagesstätte am Stadtrand 17 Kinder teil.

Die Hauptthemen der Einrichtungen gleichen sich (s. Tabelle 7). Es gibt jedoch einrichtungsspezifische Besonderheiten. So ist das Thema Ich und meine Familie an der Schule Z1 das Hauptthema, während es an den anderen Schulen nicht zu den Hauptthemen gehört. Diese Themenpräferenz könnte auf das vergleichsweise niedrige Durchschnittsalter an dieser Schule zurückzuführen sein. Die Themen Wohnen/Architektur und Berufswünsche gehören in allen Einrichtungen mit Ausnahme des Kiga Z zu den Hauptthemen. Das Thema Politik gehört in der Schule Z2, Schule SR1, Schule SR2 und sogar im Kiga Z zu den Hauptthemen.

Tabelle 7: Übersicht über die meistgemalten Kategorien je Einrichtung

	Schule Z1 (36 Bilder)	Schule Z2 (52 Bilder)	Schule SR1 (36 Bilder)	Schule SR2 (65 Bilder)	Kiga Z (24 Bilder)	Kiga SR (17 Bilder)
1	Ich & Familie	Architektur	Berufe	Architektur	Ich & Familie	Berufe
	(14 Bilder)	(18 Bilder)	(22 Bilder)	(22 Bilder)	(9 Bilder)	(7 Bilder)
2	Architektur	Politik	Architektur	Berufe Politik	Architektur	Freizeit
	(13 Bilder)	(17 Bilder)	(7 Bilder)	(je 21 Bilder)	(8 Bilder)	(6 Bilder)
3	Berufe	Berufe	Politik	Ich & Familie	Politik	Architektur
	(11 Bilder)	(16 Bilder)	(6 Bilder)	(8 Bilder)	(6 Bilder)	(3 Bilder)

Bei der Auswertung der Themenwahl nach Wohnumfeld zeigen sich, für die nach Stadtgebiet zusammengefassten Schulen, jedoch nur geringe Unterschiede. Im Zentrum wurden mehr Bilder zu den Themen Wohnen/Architektur und Ich & Meine Familie gemalt. Am Stadtrand wurden mehr Bilder zu den Themen Berufswünsche und Technik gemalt. Bei den Kindergärten sind die Unterschiede in allen Kategorien mit Ausnahme von Phantasie wesentlich stärker ausgeprägt (siehe Abb. 35).

Abbildung 35: Kategorienwahl nach Wohnumfeld

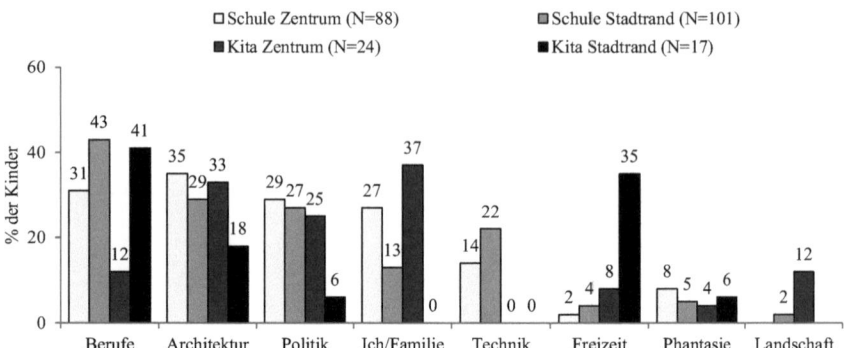

Wahl der Kategorie Politik nach Wohnumfeld

In der Kategorie Politik werden, mit Ausnahme der niedrigen Werte des Kindergartens am Stadtrand, keine auffälligen Unterschiede zwischen den Stadtgebieten deutlich. Im Zentrum wurden 32 Bilder mit politischen Bezügen gemalt und am Stadtrand 28 Bilder. Der Anteil an Bildern mit politischen Aspekten liegt im Zentrum bei 29% und am Stadtrand bei 23% aller Bilder. Der Unterschied fällt also gering aus. Betrachtet man nur die Schulen, liegen die Werte ebenfalls dicht beieinander. An den Schulen im Stadtzentrum enthalten 29% der Bilder politische Bezüge und an den Schulen in den Randgebieten 27% der Bilder. Bei den Kindertagesstätten hingegen fallen die Unterschiede deutlich auf. Ein Viertel der Bilder in der zentralen Kindertagesstätte enthält politische Bezüge. In der Kindertagesstätte im äußeren Stadtgebiet liegt dieser Anteil bei 6%, also deutlich darunter (s. Abb. 35). Die Häufigkeitsunterschiede zwischen den zentralen Einrichtungen und den Einrichtungen am Stadtrand sind nicht signifikant (x^2=4,182; df=3; p=0,243). Auch eine getrennte Analyse der Schulen und Kindergärten liefert keine signifikanten Ergebnisse (Schulen x^2=3,617; df=3; p=0,306; Kindergärten [Fisher's Exact] p=0,207). Betrachtet man die Werte für die einzelnen Einrichtungen wird deutlich, dass die Unterschiede zwischen den einzelnen Schulen größer sind, als die Unterschiede nach Stadtgebieten (siehe Abb. 36). Auch die Unterschiede zwischen den einzelnen Einrichtungen sind jedoch nicht signifikant (x^2=7,774; df=5; p=1,69). Die Unterschiede zwischen den Kindergärten verweisen daher vermutlich auch nicht auf einen Zusammenhang mit dem Stadtgebiet, sondern können durch andere einrichtungsspezifische oder individuelle Faktoren bedingt sein. Die Abbildung 36 zeigt, dass sich der jeweils größte

Anteil an politischen Bildern an den Schulen Z2 und SR2 findet. Die niedrigsten Werte haben die Schule SR1 und der Kiga SR. Der größte Teil der politischen Bilder, über 60% aller Bilder der Kategorie Politik, kommt also von den zwei Schulen Z2 und SR2.

Abbildung 36: Häufigkeit politischer Aspekte je Einrichtung

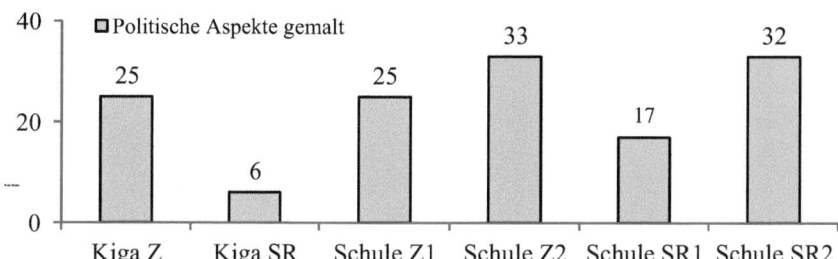

6.4 Weitere Beobachtungen

6.4.1 Darstellung von Krieg bei Jungen und Mädchen

Im Folgenden wird eine kurze geschlechtsperspektivische Betrachtung der Bilder zum Hauptthema der Kinder - Krieg und Frieden - vorgenommen. Da auch hier nur geringe Fallzahlen vorliegen, können auch diese Betrachtungen lediglich als Hinweise für weitere Forschungsansätze gedeutet werden.

Bei der Auswertung der Kriegsbilder wurde, wie bei den anderen Bildern auch, offen kodiert. Anschließend wurde aus den Codes ein Kategoriensystem entwickelt, in das die Bilder eingeordnet wurden. Diese Einordnung fand allerdings ohne die Unterstützung einer Auswertungsgruppe statt. Das Kategoriensystem der Unterkategorie Krieg und Frieden umfasst die vier Kategorien: Kriegshandlungen, Sachdarstellungen, verbale Thematisierung und Kriegsfolgen.

Die meisten Bilder der Kategorie Krieg zeigen Kriegshandlungen. Diese wurden von fünf Mädchen und acht Jungen gemalt. Die Thematisierung von Krieg über Sachdarstellungen findet sich in drei Jungenzeichnungen. Diese malten Panzer oder Kampfflugzeuge. Auch die verbale Thematisierung von Krieg kommt nur in Bildern von drei Jungen vor. Zum Thema Kriegsfolgen gibt es je ein Bild eines Mädchen und eines Jungen.

Jungenzeichnungen von Kriegshandlungen

In den Jungenzeichnungen von Kriegshandlungen findet sich häufiger die Darstellung von „Kampfgetümmel". Dies trifft vor allem auf die Star-Wars-Bilder zu. Vier Bilder der Jungen zeigen Kriegshandlungen in Form von Star-Wars-Bildern. Dazu kommen zwei Bilder die Zerstörungen und Verletzungen zeigen. Zwei weitere Bilder stellen Menschen und Kriegsgerät gegenüber. Auf einen Bild ist der Mensch am Kampf beteiligt. Ein Panzer wird mit einer Panzerfaust beschossen. Auf dem anderen Bild werden die Menschen als Opfer dargestellt. Sie werden von Waffen bedroht und halten ihre Hände erhoben. Insgesamt sind die Menschenzeichnungen von Jungen bei der Darstellung von Kriegshandlungen wenig ausdifferenziert.

Abbildung 37: Bildbeispiel Kriegshandlungen in Star-Wars-Bildern [11]

Abbildung 38: Bildbeispiel Zerstörung und Verletzungen

---

[11] Die Star-Wars-Bilder finden sich im Anhang unter den Nummern: 6305, 6306, 6213, 2211.

Mädchenzeichnungen von Kriegshandlungen

Bei drei Zeichnungen der Mädchen zum Thema Krieg finden sich Menschendar-
stellungen auf beiden in den Kampf verwickelten Seiten. Zweimal ist dabei die
Menschenzeichnung nur schematisch und nicht ausdifferenziert. Bei einer
Zeichnung sind die Menschen sehr detailliert dargestellt, die Kriegsgeräte dage-
gen nicht. Bei den drei Zeichnungen wird der personalisierte Kampf gezeigt.
Darstellungen von Verletzungen gibt es dagegen nicht. Auch Zerstörungen wer-
den nicht in dem Ausmaß dargestellt wie bei den Jungen. Sie finden sich in zwei
Bildern, Auf einem wird eine Mauer gezeigt, die infolge von Beschuss, bereits
Löcher aufweist. Auf dem anderen wird ein Haus, ebenfalls mit Einschusslö-
chern, dargestellt.

Abbildung 39: Bildbeispiel Kampfhandlungen zwischen Menschen

Aufgrund der niedrigen Anzahl der Bilder lassen sich wie bereits erwähnt keine
zuverlässigen Aussagen über unterschiedliche Darstellungsweisen von Krieg bei
Jungen und Mädchen machen. Die Mädchen scheinen jedoch *auf den ersten
Blick* eine personalisierte Darstellung von Kampf zu bevorzugen, während die
Jungen mehr das Kampfgeschehen sowie Verletzungen und Zerstörung darstellen. Die Darstellungen von personalisiertem Kampf und die Bedrohung von
Menschen durch Kriegsgerät kommen aber auch bei den Jungen vor, wenn auch
in geringerem Maße. Auffällig ist die Anzahl der medienbezogenen Bilder bei
den Jungen, vor allem, da sie sich eigentlich unter der gesetzlich für die Nutzung
dieser Medien vorgeschriebenen Altersgrenze (Star Wars: ab 12 Jahren freigege-
ben) befinden.

6.4.2 Kategorienwahl nach Sitzordnung

Im Hinblick auf das Merkmal der Formübernahmen und auf das psychologische Phänomen des *Stereotype Threat* (vgl. Kap. 3.2.2) wurde eine Auswertung der Kategorienwahl nach der in den teilnehmenden Klassen bestehenden Sitzordnung durchgeführt, da bei den Erhebungen auffällig war, dass in vielen Klassen eine nach Geschlechtern getrennte Sitzordnung vorlag. Die Art der Sitzordnung in den einzelnen Klassen wurde in den Erhebungsprotokollen vermerkt. Es wurde also untersucht, ob sich Unterschiede in der Themenwahl bei Jungen und Mädchen im Zusammenhang mit der jeweiligen Sitzordnung zeigten. Dabei wurden die Kindertagesstätten von der Auswertung ausgeschlossen. Dort gab es ausschließlich gemischte Sitzordnungen.

In einer nach Geschlechtern getrennten Sitzordnung saßen während den Erhebungen 94 Kinder und 95 Kinder saßen in einer gemischten Sitzordnung. Die Gruppen „getrennte Sitzordnung" und „gemischte Sitzordnung" sind also gleich groß. Der Mädchen- und Jungenanteil in den verschiedenen Sitzordnungsformen ist ausgewogen (Getrennt: 47 Mädchen und 47 Jungen; Gemischt: 49 Mädchen und 46 Jungen). Die Altersmittelwerte in den Sitzordnungen unterscheiden sich jedoch, so dass Unterschiede in der Häufigkeitsverteilung, die bezüglich der Sitzordnung festgestellt werden, eventuell auch mit dem Alter der Kinder zusammenhängen können oder umgekehrt. Der Altersmittelwert in der getrennten Sitzordnung liegt bei M=8,36 (SD= 0,902) und in der gemischten Sitzordnung bei M=7,33 (SD=1,180). Die Altersmittelwerte der Jungen und Mädchen unterscheiden sich aufgrund der gemeinsamen Klassenzugehörigkeit kaum. Die Kinder in der gemischten Sitzordnung besuchten hauptsächlich die erste und zweite Klassenstufe, während die Kinder der getrennten Sitzordnung überwiegend die dritte und vierte Klassenstufe besuchten.

Die Kontingenztabelle der Variablen *Geschlecht* und *Wahl der Kategorie Politik* mit der Kontrollvariablen *Sitzordnung* zeigt starke Unterschiede zwischen beobachteten und erwarteten Werten, sowohl bei den Jungen als auch bei den Mädchen (s. Tabelle 8). In einer getrennten Sitzordnung sind die beobachteten Werte für die Zeichnungen von politischen Aspekten bei Mädchen deutlich geringer als die erwarteten Werte. Bei den Jungen dagegen liegen die beobachteten Werte deutlich über den erwarteten Werten. Dieses Bild zeigt sich auch in der gemischten Sitzordnung. Allerdings ist dort sowohl bei den Jungen als auch bei den Mädchen der Abstand zwischen Beobachtungs- und Erwartungswerten geringer. In einer getrennten Sitzordnung zeichneten 8,5% der Mädchen politische Aspekte, während der Anteil in der gemischten Sitzordnung, trotz des niedrigeren Altersmittelwertes, bei 18,4% liegt. Der Chi-Quadrat-Test zeigt an, dass die gefundenen Unterschiede für die getrennte Sitzordnung hoch signifikant

(p=0,000) und für die gemischte Sitzordnung nicht signifikant (p=0,110) sind. Die Überprüfung des Zusammenhangs der Variablen *Geschlecht* und *Wahl der Kategorie Politik* mit Cramér's V zeigt einen stärkeren Zusammenhang für die getrennte Sitzordnung (V=0,484) und einen sehr schwachen Zusammenhang für die gemischte Sitzordnung (V=0,164).

Tabelle 8: Kreuztabelle für die Variablen *Geschlecht* und *Wahl der Kategorie Politik* mit der Kontrollvariablen *Sitzordnung*

Sitzordnung					Geschlecht		
					weiblich	männlich	Gesamt
Getrennte Sitzordnung	Kategorie Politik	Politische Aspekte gemalt	Anzahl		4	25	29
			Erwartete Anzahl		14,5	14,5	29,0
			% in Geschlecht		8,5%	53,2%	30,9%
		Keine politischen Aspekte gemalt	Anzahl		43	22	65
			Erwartete Anzahl		32,5	32,5	65,0
			% in Geschlecht		91,5%	46,8%	69,1%
	Gesamt		Anzahl		47	47	94
			Erwartete Anzahl		47,0	47,0	94,0
			% in Geschlecht		100,0%	100,0%	100,0%
Gemischte Sitzordnung	Kategorie Politik	Politische Aspekte gemalt	Anzahl		9	15	24
			Erwartete Anzahl		12,4	11,6	24,0
			% in Geschlecht		18,4%	32,6%	25,3%
		Keine politischen Aspekte gemalt	Anzahl		40	31	71
			Erwartete Anzahl		36,6	34,4	71,0
			% in Geschlecht		81,6%	67,4%	74,7%
	Gesamt		Anzahl		49	46	95
			Erwartete Anzahl		49,0	46,0	95,0
			% in Geschlecht		100,0%	100,0%	100,0%

In einer gemischten Sitzordnung zeichneten die Mädchen häufiger und die Jungen seltener die Kategorie Politik. Ob diese Verringerung der Differenz aber mit der gemischten Sitzordnung zusammenhängt, oder vielmehr mit dem Alter der Kinder, bleibt offen. Denkbar wäre auch, dass die gefundenen Zusammenhänge des Alters mit der Wahl der Kategorie Politik, das heißt die steigende Differenz zwischen Jungen und Mädchen mit zunehmendem Alter, nicht mit dem Alter, sondern mit der getrennten Sitzordnung zusammenhängen. Ähnliche Effekte, d.h. die Verringerung der Differenzen zwischen Jungen und Mädchen, finden sich auch in den anderen Kategorien, in denen Geschlechtsunterschiede in der Themenwahl festgestellt wurden.

In dieser Studie lässt sich keine eindeutige Beziehung zwischen der Wahl der Kategorie Politik, dem Geschlecht und der Sitzordnung oder dem Lebensalter ausmachen. Beide Variablen scheinen mit der Häufigkeit der Wahl der Kategorie Politik zusammenzuhängen. Vermutungen über den Einfluss einer der beiden Variablen sind nicht möglich, da denkbar ist, dass entweder das Alter der Kinder irrtümlich den Anschein eines Zusammenhangs zwischen der Sitzordnung und der Kategorie Politik erweckt, oder dass die Sitzordnung irrtümlich den Anschein eines Zusammenhangs zwischen dem Alter und der Kategorie Politik erweckt. Natürlich ist auch denkbar, dass andere Faktoren wie beispielsweise der nicht erhobene sozioökonomische Hintergrund der Kinder mit den Häufigkeitsunterschieden zusammenhängen. Der mögliche Zusammenhang zwischen der Sitzordnung und der Themenwahl wäre daher in zukünftigen Erhebungen zu beachten und in altersgleichen Gruppen zu untersuchen, um Fehlinterpretationen von gefundenen Zusammenhängen vorzubeugen.

6.4.3 Politische Diskussionen

Während des Malens kam es immer wieder zu Diskussionen über politische Themen unter den Kindern. Hauptsächlich betraf dies Kinder, die Zeichnungen zu politischen Themen anfertigten. In einigen Fällen erweiterten sich durch einzelne Bilder ausgelöste Diskussionen aber auch auf andere Kinder. In den Diskussionen wurde deutlich, dass die Bilder der Kinder, in denen politische Aspekte enthalten waren, nicht „einfach so" gemalt wurden, sondern dass bei den Kindern Wissen, Interesse und eine kritische Reflexion zum Thema vorhanden war. Dabei kamen auch Aspekte zum Vorschein, die sich in den Bildern der Kinder nicht zeigten. In einer Diskussion, die während der Frühstückspause im Klassenraum stattfand, wurde das Thema Krieg diskutiert. Die Diskussion war durch das Bild eines Kindes ausgelöst worden, das als Berufswunsch „Soldat in der russischen Armee" zeichnete. Unter den Kindern entbrannte ein Streitgespräch darüber, ob Soldat ein guter oder schlechter Beruf sei. Im Laufe des Gesprächs veränderte sich das Thema. Die Kinder erzählten, was sie über Krieg wussten und welche Erfahrungen es damit in der eigenen Familie gab. So waren zwei Kinder in dieser Gruppe, die wussten, dass ihre Großväter bzw. Urgroßväter während des zweiten Weltkriegs Soldaten waren. Diese hatten ihnen offensichtlich auch einiges darüber erzählt. Ein weiteres Kind hatte seinen Großvater durch den Kosovo-Krieg verloren. Auf dieser Grundlage diskutierten die Kinder angeregt und emotional über Sinn und Unsinn von Krieg.

Eine ganz anders geführte, ebenfalls interessante Diskussion gab es in einer Kindergartengruppe. Auch diese Diskussion wurde durch ein einzelnes Bild ausgelöst. Der Zeichner hatte einen „Kämpfer" gemalt, der mit verschiedensten Fähigkeiten ausgestattet war, wie beispielsweise ausfahrbaren Armen. Auf die Nachfrage gegen wen der den kämpfe, antwortete das Kind: „Gegen den Krieg". Die anderen Kinder der Gruppe äußerten sich spontan zum Thema. Ein Mädchen wusste von einer Bekannten zu berichten, die nachts nicht schlafen könnte, weil sie Angst vor Krieg hätte. Während die Kinder weiter über das Thema sprachen, kamen sie auf das Thema Polizei und Angst vor Polizisten zu sprechen. Als Lösungsmöglichkeit wurde von ihnen vorgeschlagen einfach alle Polizisten abzuschaffen bzw. totzuschlagen (wobei die Möglichkeit des Totschlags nicht als ernsthafte Erwägung betrachtet werden darf. Kinder dieser Altersgruppe befreien sich gerne von Ängsten oder von Machtlosigkeit, indem sie das angstmachende *verbal* totschlagen). Die Kinder kamen daraufhin zu der Schlussfolgerung, wenn es keine Polizisten mehr gäbe, könne jeder machen was er wolle. Diese schöne Vorstellung wurde aber schnell durch den Einwand eines Mädchens zerstört, die darauf hinwies, dass dann auch die Verbrecher machen könnten was sie wollten. Dem musste der Rest der Gruppe zustimmen, woraufhin sich nachdenkliches Schweigen ausbreitete und eine Diskussion über alternative Möglichkeiten im Umgang mit Polizisten ausgelöst wurde.

Weitere Diskussionen von Kindern gab es zu den Themen Krieg, Umweltverschmutzung, Klimawandel und Armut. Dabei wurden vor allem beim Thema Klimawandel auch verschiedene Lösungsmöglichkeiten intensiv diskutiert. Beim Thema Krieg und Armut hingegen ging es verstärkt um Gründe und auslösende Faktoren. Bei den Diskussionen über Krieg zeigten sich Bewertungsunterschiede je nach der angenommenen Kriegslegitimation. Da während der Diskussionen jedoch keine Aufnahmegeräte zur Verfügung standen, kann auf die Aussagen der Kinder nicht näher eingegangen werden. Die Vorstellung der verschiedenen Diskussionsansätze soll aber als Hinweis darauf dienen, dass bereits Grundschulkinder sich kritisch reflektierend mit solchen Themen auseinandersetzen können und die Gestaltung politischer Aspekte während des Zeichenprozesses oft von Diskussionen begleitet wurde. Besonders interessant war, dass die Diskussionen weder von außen initiiert noch gelenkt wurden. Die Kinder zeigten dabei eine durchaus kritische und argumentative Diskussionskultur, die nicht durch Belehrungen von Erwachsenen unterbrochen wurde.

6.5 Methodenkritik

Das methodische Vorgehen in der vorliegenden Studie ist in einigen Aspekten zu kritisieren. Einige Kritikpunkte stehen in direktem Zusammenhang mit der gewählten Erhebungsmethode. Die Ausdeutung der Kinderzeichnung erwies sich als schwierig, da die Gefahr subjektiver Verzerrungen bestand. Dieser Gefahr wurde mit der kommunikativen Validierung der Bildinhalte, des Kategoriensystems und der Kategorienzuordnung begegnet. Dazu wurden die Kinder, um Selbstdeutungen zu ihren Bildern gebeten und die Bilder mit Hilfe einer Auswertungsgruppe inhaltlich gedeutet und kategorisiert. Dennoch muss die Zuordnung als subjektiv geprägt betrachtet werden. Zwar wurden in der Auswertungsgruppe die Zuordnungen einzelner Bilder zu bestimmten Kategorien argumentativ begründet und im Konsens beschlossen, dennoch ist nicht auszuschließen, dass bei einer anderen Gruppenzusammensetzung möglicherweise andere Zuordnungen vorgenommen worden wären. In diesem Zusammenhang ist auch zu kritisieren, dass die Diskussion über die einzelnen Zuordnungen nicht im Einzelnen dokumentiert wurde und damit nicht mehr nachvollziehbar ist. Lediglich die Endergebnisse der Diskussionen, also die Zuordnungen und Änderungen durch die Auswertungsgruppe wurden dokumentiert. Gleiches gilt für das Kategoriensystem. Die Kategorienbildung und die Zuordnungen bestimmter Themen zu den einzelnen Kategorien wurden argumentativ begründet und durch die Auswertungsgruppe in ihrer Zulässigkeit bestätigt. Dennoch wären auch andere Kategorien und Themenzuordnungen denkbar und begründbar gewesen. Um dieser Problematik zu begegnen, wurden die einzelnen Kategorien und ihre Inhalte dargestellt, um die Zuordnungen und die inhaltliche Ausgestaltung der Kategorien nachvollziehbar zu machen.

Weiterhin ist zu kritisieren, dass die Aussagen der Kinder zu ihren Bildern nicht wörtlich wiedergegeben sind, da sie weder aufgenommen noch transkribiert wurden, sondern teilweise nur in paraphrasierter Form auf den Bildern vermerkt wurden. Dadurch sind die Aussagen der Kinder zu ihren Bildern nicht überprüfbar. Eine Aufnahme der Aussagen wäre ohne größere Schwierigkeiten möglich gewesen. Dieser vermeidbare methodische Fehler ließ sich leider im Nachhinein, aufgrund der Anonymität der Bilder, nicht mehr korrigieren.

Weiterhin ist zu bemängeln, dass zu den Bildern zu wenige Kontextinformationen vorlagen. Diese hätten zusätzliche Erkenntnisse über die Auswahl und die Bedeutung der Themen liefern können. Ausführliche Interviews mit den Kindern über ihre Bilder hätten hier Abhilfe schaffen können, obwohl eine eingehende Auswertung dieser Interviews aufgrund des damit verbundenen zusätzlichen Arbeitsaufwands im Rahmen dieser Arbeit nicht möglich gewesen wäre. Interviews hätten jedoch geholfen, die Analyse der Kinderzeichnungen zu erleichtern und den Interpretationsspielraum zu verringern. Dies hätte Zuordnungen von Grenzfällen erleichtert. So gab es zum Beispiel im Kindergarten Bilder zum Berufswunsch Polizist auf denen auch Flugzeuge zu sehen waren, die von Räubern abgeschossen wurden. Solche Darstellungen könnten im Zusammenhang mit Terrorismus oder Krieg als politische Darstellungen gewertet werden. Da aber keine weiteren Informationen zu diesen Darstellungen vorhanden waren, konnten politische Bezüge nicht deutlich genug herausgestellt werden. Diese Bilder wurden daher nicht als politisch gewertet. Ausführlichere Gespräche mit den Kindern über die Bilder hätten dabei zu mehr Eindeutigkeit verhelfen können.

Ein weiteres Problem, das sich im Zusammenhang mit der Erhebungsmethode ergab, war das Phänomen der Formübernahme in den Zeichnungen, welches bereits im Abschnitt Datenanalyse (vgl. Kap. 5.6) erläutert wurde. Formübernahmen bzw. Ideenübernahmen hätten durch Einzelarbeiten vermieden werden können. Aus bereits vorgestellten Gründen wurde dies aber nicht gemacht. Es ist daher zu berücksichtigen, dass die einzelnen Bilder nicht unmittelbar Ausdruck der Vorstellung des Einzelnen sein müssen. Ich habe jedoch bereits dargelegt, dass ich dennoch von einer Zustimmung bzw. einem eigenen Interesse an dem Dargestellten ausgehe.

Ebenfalls als schwierig erwies sich die gewählte Fragestellung zum Thema Zukunft, die zwar forschungsmethodisch begründet, jedoch möglicherweise für die gewählte Altersgruppe ungeeignet war. Das Thema Zukunft stellte eine doppelte Herausforderung an die Kinder dar. Die erste Schwierigkeit lag darin, den Zukunftsbegriff fassen und füllen zu können. Gerade jüngere Kinder taten sich hierbei schwer, denn immerhin erfordert das Hineindenken in die Zukunft ein hohes Maß an Abstraktion, ausgehend von Wissen über Potentiale und Entwicklungen unserer heutigen Gegenwart. Die zweite Schwierigkeit lag in der Umsetzung der Vorstellungen in eine Zeichnung. So mussten z.B. bekannte Zeichenschemata abgewandelt werden, um Häuser der Zukunft darzustellen, da diese in der Vorstellung der Kinder ja anders sein sollten als unsere heutigen Häuser. Dazu bemerkt auch Schuster (2010):

> „Zu Kreativität und Erfindungen kommt es, wenn Kinder in zeichnerische Konfliktsituationen geraten oder ein Thema erstmals gestalten. ... Sie werden beobachten, dass die Kinder versuchen, ein bestehendes Schema abzuwandeln, so dass eine Malmöglichkeit für das Neue entwickelt wird" (S. 45).

Das Wissen um diese Schwierigkeiten ist auch für die Interpretation der Bilder relevant. Es könnte beispielsweise erklären, warum einige Kinder Star-Wars-Bilder malten, wenn sie Krieg in der Zukunft darstellen wollten. Denn hier konnten sie auf bekannte Darstellungen zugreifen. Die Zukunftsfragestellung forderte die Kinder also sowohl kognitiv als auch zeichnerisch heraus. Gerade bei den Kindergartenkindern kann dies auch zu Überforderungen geführt haben. Ein auswertungsmethodisches Problem ergab sich durch die Zusammensetzung der Untersuchungsgruppe, da die Anzahl der teilnehmenden Kinder in den einzelnen Klassen von den Rückläufen der Einverständniserklärungen abhängig war und diese sehr unterschiedlich ausfielen. So konnte es sein, dass in einer Klasse lediglich zwei, in einer anderen Klasse aber alle Kinder teilnahmen. Dies führte zu höchst unterschiedlichen Gruppengrößen an einzelnen Schulen oder in einzelnen Altersgruppen. Die einzelnen Gruppierungen waren durch diese unterschiedlichen Gruppengrößen nur schwer vergleichbar. Es wurden daher neben den Prozentwerten in der Regel auch die Bezugswerte angegeben, da fünfzig Prozent von zwei Bildern ein in der Wertigkeit anderes Ergebnis zeigen als fünfzig Prozent von zwanzig Bildern. Die Problematik der unterschiedlichen Gruppengrößen wurde zusätzlich durch die Fokussierung der Auswertung auf die Bilder mit politischen Aspekten erschwert. Da diese nur einen Teil der Gesamtbilder ausmachten, war die Anzahl der Bilder für weitere Auswertungen eher gering. Die Aussagekraft der Ergebnisse wird dadurch begrenzt. Da jedoch die Arbeit explorativ angelegt war, können die Ergebnisse als Ansatzpunkte für zukünftige Forschungsarbeiten und zur Hypothesengenerierung verstanden werden. Bei weiteren Arbeiten wäre die Einschränkung auf den politischen Themenbereich sinnvoll.

7 Diskussion

7.1 Zusammenfassung der Ergebnisse

Auf die offene Frage nach ihren Zukunftsvorstellungen beschäftigten sich die Kinder in ihren Bildern vor allem mit drei Themen: Berufswünsche, Wohnen/Architektur und Politik. Innerhalb dieser Oberthemen gibt es aber viele unterschiedliche Bildinhalte und Herangehensweisen. Bei den Berufswünschen gibt es zwar eine klare Bevorzugung bestimmter Berufsgruppen, aber auch immer wieder originelle Vorstellungen der beruflichen Zukunft. Auch im Themenbereich Wohnen/Architektur wurde eine Vielzahl unterschiedlicher Bilder produziert. Viele der Bilder drehen sich um das Thema „So möchte ich wohnen" aber es wurden auch Entwürfe für zukünftige Städte vorgestellt. Gleiches gilt für die Kategorie Politik. Hier wurden zwar nur einige wenige politische Themen identifiziert, die die Kinder im Zusammenhang mit der Zukunft beschäftigen, diese wurden aber von den Kindern teilweise sehr unterschiedlich dargestellt. Die Kinder zeigen ein besonders starkes Interesse an den Themen Krieg und Umwelt. Bei der Ausgestaltung dieser Themen finden sich jedoch individuelle Unterschiede, Sichtweisen und Fokussierungen.

Insgesamt ist auffällig, dass das Geschlecht einen starken Zusammenhang mit der Themenwahl aufweist. Die Wahl der Themen passt zu geschlechtsstereotypen Vorstellungsmustern. Die Mädchen zeichneten deutlich häufiger Bildinhalte aus dem privaten, häuslichen, familiären Bereich und zeigten auch in ihrer Berufswahl eine Tendenz zu traditionellen Frauenberufen. Außerdem finden sich in ihren Zeichnungen Hinweise auf klassische Rollenaufteilungen bei der Kindererziehung. Die Jungen hingegen zeichneten häufiger Bildinhalte aus dem technischen und politischen Bereich. In ihren Zeichnungen zu Berufsvorstellungen gibt es darüber hinaus keine gleichzeitige Darstellung des Themas Familie. Bei den Mädchen kommt die Kombination Beruf und Familie dagegen häufiger vor.

Die Kategorie Politik wird von den Jungen nicht nur häufiger gewählt, sondern die Anzahl der Bilder mit politischen Inhalten steigt bei Jungen auch mit zunehmendem Alter. Dies ist bei Mädchen nicht der Fall. Diese wählten signifikant seltener die Kategorie Politik und zeichneten auch mit zunehmendem Alter nicht häufiger Bildinhalte zu diesem Thema. Bei der Wahl des Themas Politik verstärkt sich also der Abstand zwischen Jungen und Mädchen mit zunehmendem Alter immer mehr. Dieses Ergebnis trifft also nur auf die Jungen zu. Weitere Unterschiede zwischen Jungen und Mädchen in der Stichprobe zeigten sich in der inhaltlichen und gestalterischen Ausdifferenzierung des Themas Politik. Die Mädchen zeichneten weniger Bilder von Naturkatastrophen und Nationalsymbolen, interessierten sich dafür mehr für das Thema Armut und zeigten in ihren Kriegsdarstellungen mehr menschliches Leid und personalisierten Kampf.

Die dargestellten politischen Themen unterscheiden sich jedoch nicht nur nach dem Geschlecht der Kinder, sondern auch nach dem Alter. Jüngere Kinder erstellten eher Zeichnungen zu den Themen Nationalsymbole und Naturkatastrophen. Zeichnungen zu Umweltthemen oder Krieg kommen überwiegend bei den älteren Kindern vor. Die Verteilung der Themen nach Klassenstufen entspricht in etwa der Verteilung nach Altersgruppen. Es gibt ab der zweiten Klassenstufe beziehungsweise ab ca. acht Jahren einen starken Anstieg der Bilder zu politischen Themen. In der ersten Klassenstufe und im Kindergarten gibt es dagegen nur wenig politische Bilder, die sich, wie bereits erwähnt, auch inhaltlich von denen der älteren Kinder unterscheiden.

Ein Zusammenhang des Migrationshintergrunds mit der Themenwahl konnte nicht festgestellt werden. Die Themenwahl von Kindern mit und ohne Migrationshintergrund unterscheidet sich nicht auffällig voneinander. Die wenigen festgestellten Unterschiede sind anscheinend eher auf das Lebensalter als auf den Migrationshintergrund der Kinder zurückzuführen. Hinsichtlich der Ausgestaltung der Kategorie Politik zeigen sich jedoch Unterschiede in der Themenpräferenz. Kinder mit Migrationshintergrund zeichneten kaum Nationalsymbole und zeigten ein stärkeres Interesse für das Thema Krieg. Bei der Darstellung von Umweltthemen zeichneten Kinder mit Migrationshintergrund hauptsächlich Naturkatastrophen. Insgesamt lassen sich aber wenig Aussagen über Unterschiede in der Themenwahl im Zusammenhang mit einem Migrationshintergrund machen, da die Gruppe der Kinder mit Migrationshintergrund in der Kategorie Politik sehr klein war.

Auch ein Zusammenhang des Wohnumfeldes mit der Wahl der Themen konnte nicht eindeutig festgestellt werden. Die Unterschiede zwischen den einzelnen Schulen sind größer als die Unterschiede zwischen den ausgewählten Stadtgebieten. Daher ist die Zulässigkeit einer Zusammenfassung der Schulen nach ihrer Lage fragwürdig. Andere Faktoren scheinen einen größeren Zusammenhang mit der Themenwahl aufzuweisen. Auffällig ist, dass der größte Teil der Bilder mit politischen Aspekten von nur zwei Schulen stammt, die jedoch in sich kontrastierenden Stadtteilen liegen.

7.2 Vergleich der Ergebnisse mit dem bisherigen Forschungsstand

Wie bereits frühere Studien zur politischen Sozialisation und zum Gesellschaftsverständnis des Kindes gezeigt haben, sind die Kinder politisch keine „unbeschriebenen Blätter". Die Frage, ob bereits Grundschulkinder Politisches wahrnehmen und sich damit beschäftigen, ist aufgrund der Zeichnungen eindeutig zu bejahen. Der Anteil der Bilder mit politischen Bezügen ist sogar relativ hoch, da Politik als dritthäufigstes Thema zu einer freien Fragestellung gewählt wurde. Darüber hinaus wurde auch deutlich, dass Kinder nicht nur Wissen über politische Themen und gesellschaftliche Probleme haben, sondern dass sie sich auch für bestimmte Themen besonders interessieren und affektive Beziehungen zum Politischen besitzen. Die von den Kindern gewählten politischen Themen begrenzen sich jedoch auf wenige Themenfelder, welche die Kinder besonders zu beschäftigen scheinen. Hauptsächlich werden Umweltthemen, Krieg und Armut bzw. Reichtum angesprochen. Diese Themenpräferenz, bzw. das besondere Interesse an diesen Themen, wurde bereits in anderen Studien festgestellt (vgl. Kapitel 4). In allen, in dieser Arbeit vorgestellten, qualitativen und quantitativen Studien zu Zukunftsvorstellungen von Kindern und Jugendlichen kamen diese Themen vor. Dabei sind vor allem die qualitativen Studien interessant, weil diese den Kindern keine Themen vorgaben, sondern diese zu offenen Aufgabenstellungen von den Kindern und Jugendlichen produziert wurden. Trotz dieser Gemeinsamkeiten sind jedoch auch Themenunterschiede auszumachen. Das Thema Atomkraft bzw. Atomkrieg kommt in der vorliegenden Studie abgesehen von zwei Bildern nicht vor[12]. Diese Themenunterschiede zeigen wie aktuelle gesellschaftliche Themen auch die Vorstellungen der Kinder beeinflussen. Dies wurde auch von Kaiser (2003), Walper und Schröder (2002) bereits angesprochen und lässt sich dadurch erklären, dass durch die massenmediale Verbreitung von politischen Themen und gesellschaftlichen Problemen auch Kinder angesprochen werden. Da die meisten der vorgestellten Zukunftsstudien aus den 80er Jahren stammen, in denen durch den Kalten Krieg und die Tschernobyl-Katastrophe Atomwaffen und Kernenergie eine größere gesellschaftliche Bedeutung einnahmen, ist es nicht verwunderlich, dass diese Themen damals auch von den Kindern aufgegriffen wurden. Heute scheint die atomare Bedrohung, bzw. die Angst vor einem Atomkrieg, für die Kinder keine so große Rolle mehr zu spielen wie für die Kinder der 80er Jahre[13].

---

[12] In einem der Bilder wird Atomenergie negativ bewertet (Nr. 6411) in dem anderen ist ein Kampfflugzeug mit einer Atombombe ausgestattet (Nr. 5305).

[13] Nach der aktuellen Katastrophe in den Reaktoren von Fukushima ist aber eine verstärkte Aufmerksamkeit und ein verstärktes Interesse an diesem Thema auch von Kindern zu erwarten.

Das Thema Umwelt, bzw. Umweltzerstörung ist früher wie heute ein wichtiges Thema für Kinder. Doch auch dort haben sich die Inhalte verändert. In den 80er Jahren waren beispielsweise das Ozonloch und Waldsterben häufig genannte Umweltthemen. In der vorliegenden Studie werden dagegen Abholzung, Umweltverschmutzung durch Müll, Luftverschmutzung und Klimawandel thematisiert. Ein weiteres anschauliches Beispiel dafür wie Kinder die massenmediale Verarbeitung bestimmter Themen aufgreifen, ist die Darstellung des Klimawandels in den Kinderzeichnungen. In vier Bildern zum Thema Klimawandel finden sich Zeichnungen des „letzten Eisbären", der von den Kindern als Symbol für den Klimawandel verwendet wird und der auch in der Medienlandschaft längst zum Symbol des Klimawandels geworden ist.

Bezüglich der bisherigen Zukunftsstudien ist also festzustellen, dass das Themeninteresse der Kinder in der vorliegenden Studie den Interessen in früheren Studien sehr ähnlich ist, unabhängig davon, ob diese quantitativ oder qualitativ orientiert waren. Darüber hinaus scheinen die Themeninteressen der Grundschulkinder mit denen von älteren Kindern, bzw. Jugendlichen, weitgehend überein zu stimmen. Unterschiede beispielsweise in Bezug auf das Thema Arbeitslosigkeit sind verständlich, da jüngere Kinder zeitlich weiter von der Erwerbstätigkeit entfernt sind, obwohl neueste Kinderstudien zeigen, dass sich zunehmend auch jüngere Kinder zu diesem Thema Gedanken machen (z.B. LBS-Initiative junge Familie, 2009b). Es scheint also bestimmte Themen zu geben, die Kinder besonders ansprechen und beschäftigen. Die Themenpräferenz von Kindern für Umwelt und Krieg hat sich in verschiedenen Studien zu unterschiedlichen Zeitpunkten gezeigt (vgl. Kapitel 4). In den vorgestellten Zukunftsstudien gehen diese Themen mit Ängsten einher. Vor allem Krieg und Umweltzerstörung scheinen die Kinder zu ängstigen. Ähnliches zeigen die Ergebnisse der vorliegenden Studie. Vor allem bei der Kategorie Krieg werden von den Kindern Ängste thematisiert. Von den 21 Kindern, die Krieg in ihren Bildern erwähnen, äußern sechs explizit Angst vor Krieg. Vier weitere Kinder wünschen sich Frieden, bzw. dass es keinen Krieg gibt. Nur in wenigen Bildern ist keine eindeutige Bewertung ausgesprochen worden. Es ist jedoch aufgrund der Bildinhalte anzunehmen, dass es sich um negative Bewertungen und Ängste handelt. Dies wird auch durch die Aufgabenstellung nahe gelegt. Schließlich wurde gefragt: „...worauf freust du dich oder wovor hast du Angst?". Diesen Teil der Aufgabenstellung haben viele Kinder aufgegriffen und entsprechend ihre Zukunftswünsche und Zukunftsängste gemalt. Daher zeigen die Ergebnisse meiner Studie auch große Ähnlichkeit mit den Ergebnissen von Studien zu Zukunftshoffnungen und -ängsten (vgl. Kapitel 4.3). Nur in einem Bild der Kategorie Krieg wurde eine positive Bewertung gefunden. Der Zeichner dieses Bildes malte einen

Kampf nach Star Wars Vorbild unter dem Titel „Der letzte Krieg" und äußerte dabei den Wunsch Raumschiffpilot zu werden.

Für die Kategorie Umwelt gilt Ähnliches wie für die Kategorie Krieg. Die Kinder äußern in diesem Zusammenhang weniger Ängste, kritisieren aber die Umweltzerstörung und Umweltverschmutzung deutlich und bringen auch ihre Gefühle dazu zur Sprache. Die Kinder sprechen von Angst, aber auch von Trauer angesichts des Klimawandels und Umweltschädigungen. In den Bildern sind aber gleichzeitig auch Hoffnungen enthalten. Mehrere Bilder zeigen nicht nur die Umweltschädigungen, sondern auch Möglichkeiten diesen entgegenzuwirken. Die Kinder zeigen dabei eine hohe Zustimmung zu umweltfreundlichen Technologien und erneuerbaren Energien. Die Kategorie Umwelt ist also gespalten. In einigen Bildern werden Umweltschäden und eine intakte Natur gegenüber gestellt, in anderen werden umweltfreundliche Technologien als Lösungen für Umweltprobleme präsentiert, während wieder andere ausschließlich die negativen Konsequenzen von Umweltverschmutzung darstellen. Die Bilder zu Naturkatastrophen sind nicht mit direkten Äußerungen über Ängste verknüpft. Es ist jedoch anzunehmen, dass diese Ängste repräsentieren, vor allem weil frühere Studien zu Ängsten bei Kindern gezeigt haben, dass die Angst vor Naturkatastrophen zu den Kinderängsten gehört (vgl. Kapitel 4.3).

Auch das Thema Armut wird im Zusammenhang mit Ängsten dargestellt. Dabei wird in zwei Bildern die eigene Position abgegrenzt. Auf den Bildern stehen auf der einen Seite Menschen, die arm sind, und auf der anderen Seite der Wunsch, selbst nicht zu diesen Menschen zu gehören, sondern stattdessen reich zu sein. Dabei zeigt sich, wie in den früheren Zukunftsstudien bereits festgestellt wurde, dass die persönliche Zukunft von den Kindern positiver beurteilt wird als die gesellschaftliche Zukunft (vgl. Kapitel 4.3). Keines der Kinder zeichnete sich selbst als von Armut betroffen. Auch in die Zeichnungen von Krieg und Umweltzerstörungen malten sich die Kinder, abgesehen von wenigen Ausnahmen, nicht selbst hinein. Sie stellen also in diesen Bildern keinen direkten Bezug zu ihrem persönlichen Leben her. Nur in einem Bild zum Thema Armut, in dem eine allein erziehende Mutter als von Armut Betroffene dargestellt wird, deutet sich ein solcher persönlicher Bezug an. Der Name, der dieser Mutter gegeben wurde, wurde im Titel des Bildes von der Zeichnerin, durch einen Doppelpunkt getrennt, hinter ihren eigenen Namen gesetzt. Dies könnte andeuteten, dass die Zeichnerin sich in der Zukunft selbst durch Armut betroffen sieht, dies aber durch die Namensänderung abstrahiert.

Die drei Themen Krieg, Umwelt und Armut gehen also mit der Thematisierung von Ängsten einher. Dabei ist aber festzuhalten, dass dies nicht ausschließlich so ist, sondern die Kinder auch Wünsche äußern, Forderungen stellen oder Gegenentwürfe vorlegen. Es ist also kein durchweg negatives Bild zu verzeich-

nen, sondern Hoffnungen und Lösungsansätze hellen die Bilder immer wieder
auf. Dies gilt aber hauptsächlich für die Umweltthemen. Beim Thema Krieg
werden zwar auch Forderungen aufgestellt oder Wünsche formuliert, aber Lösungen oder positive Gegenüberstellungen gibt es nicht[14]. Dies gilt in weiten
Teilen auch für das Thema Armut. Der Wunsch nach eigenem Reichtum dient
dabei vermutlich als Gegenstück der eigenen Angst vor Armut. Diese Unterschiede zwischen den Kategorien sind eventuell mit der Einschätzung der subjektiven Handlungsmöglichkeiten und mit dem individuellen Wissensstand zum
Thema zu erklären. Durch das eigene Handeln kann Umweltverschmutzung und
Umweltzerstörung eingeschränkt werden. Auch von Kindern. Die individuellen
Handlungsmöglichkeiten von Kindern zur Armutsreduzierung oder Kriegsver-
meidung sind jedoch sehr gering.

Ähnlichkeiten mit anderen Studien zeigen sich jedoch nicht nur hinsichtlich
der allgemeinen Themenwahl, sondern auch bezüglich der geschlechtsspezifischen Themenwahl. Mädchen wählten in meiner Studie, wie oben erwähnt, signifikant seltener das Thema Politik als Jungen. Dagegen entschieden sie sich
eher für die Themen Familie und Wohnen. Sie äußern öfter den Wunsch nach
Kindern und stellen dem Beruf die Familie an die Seite, während bei den Jungen
in keinem einzigen Fall gleichzeitig die Themen Beruf und Familie genannt
werden. Das heißt Mädchen zeigen in ihrer Themenwahl mehr häusliche und
familiale Bezüge, während die Jungen stärker Bereiche des öffentlichen Lebens
thematisieren. Diese Orientierungsmuster wurden auch in anderen Studien bezüglich der Zukunftsvorstellungen (vgl. Kapitel 4.3) und bezüglich der Inhalte
im Kinderbild festgestellt (vgl. Kapitel 4.4) und entsprechen den in Kapitel 5.6.4
dargestellten Überlegungen zur geschlechtsspezifischen Sozialisation. Bei den
jüngsten Kindern zeichneten Mädchen und Jungen etwa gleich oft politische
Aspekte. Mit zunehmendem Alter vergrößert sich die Lücke – der „gender gap"
– zwischen Jungen und Mädchen jedoch immer mehr. Dies zeigte sich ansatzweise auch in der Mannheimer Studie, wo eine leichte Benachteiligung der Mädchen hinsichtlich des politischen Wissens festgestellt wurde (vgl. Vollmar, 2007,
S.137). Mögliche Erklärungsansätze für diesen gender gap im Politischen wurden bereits vorgestellt (vgl. Kapitel 3.2.2). Zum einen sind strukturelle, situative,
politische und sozialisatorische Erklärungsansätze denkbar, zum anderen könnte
der gender gap auch ein Scheineffekt des Stereotype Threat sein. Die Mädchen

---

[14] Abgesehen von Frieden als positivem Gegenstück. Dabei werden allerdings keine Vorschläge
präsentiert wie Frieden zu erreichen sein könnte. Darin liegt der Unterschied beispielsweise zu den
Klimawandelbildern, die nicht nur einen Soll-Zustand zeigen, sondern auch konkrete Maßnahmen
(wie z.B. Solarenergie) oder Forderungen enthalten, die zur Erreichung dieses Zustandes beitragen
sollen. Möglicherweise spiegelt sich hier auch wieder, dass den Kindern wenig Wissen über Kriegsursachen und alternative Konfliktlösungen vermittelt wird (siehe z.B. Lemish, 2006, S.33).

gaben auf jeden Fall anderen Themen, vor allem traditionellen Frauenthemen, den Vorzug vor politischen Themen. Dies muss nicht bedeuten, dass die Mädchen auch tatsächlich weniger Wissen über diese Themen besitzen. Allerdings scheint ihr Interesse an den politischen Themen geringer zu sein. Ein Effekt, der sich auch bei älteren Mädchen und Frauen findet (vgl. Kapitel 3.2.2). Der geringere Anteil politischer Aspekte bei Mädchen kann auch nicht ausschließlich auf die Bevorzugung anderer Themen zurückgeführt werden, da die Möglichkeit bestand mehrere Themen in einem Bild darzustellen. Bei den Jungen finden sich auch mehrere Bilder in denen politische Aspekte neben anderen Themen auftauchen, beispielsweise dem Berufswunsch. Beunruhigend an den Ergebnissen ist vor allem, dass sich der Abstand der Mädchen zu den Jungen mit zunehmendem Alter immer weiter vergrößert, wobei der Anteil der Mädchen mit politischen Bildern über alle Altersgruppen hinweg konstant bleibt, also keine Entwicklung stattfindet. Dabei bleibt allerdings die Frage offen, ob die zunehmende Differenz zwischen Jungen und Mädchen zumindest zum Teil auch mit der vorherrschenden Sitzordnung bei den Erhebungen zusammenhängen könnte. Die Häufigkeitsunterschiede in der Themenwahl fallen in einer gemischten Sitzordnung geringer aus, sind aber wegen der unterschiedlichen Altersmittelwerte in den Sitzordnungen nicht ausreichend interpretierbar.

Auch die Ergebnisse aus früheren Studien, die größere politische Ängste bei Mädchen gefunden haben, scheinen sich in der vorliegenden Studie zu bestätigen (vgl. Kap. 4.3). In den positiv besetzten Kategorien „Nationalfahnen" und „Umweltschutz" gibt es lediglich zwei Bilder von Mädchen. Der Hauptteil der politischen Bilder von Mädchen zeigt das Thema Krieg. Dieses Thema wurde von den Mädchen prozentual häufiger gewählt als von den Jungen. Womit die anscheinend höhere Kriegsangst von Mädchen erklärt werden könnte kann allerdings aufgrund fehlender qualitativer Daten nur vermutet werden. Denkbare Erklärungsansätze wären eine Identifikation mit weiblichen Opfern im Krieg (siehe z.B. LBS Initiative junge Familie, 2007, S. 187-188), höhere Empathie für die Betroffenen oder eine stärkere Ablehnung von Kämpfen und Gewalt bei Mädchen. Andersherum wäre es aber auch möglich, dass Jungen ‚rollengerecht' Ängsten in diesem Bereich anders begegnen als Mädchen. Dazu bemerkt Rogge (2003, S. 60): „Die Verunsicherungen, die Jungen haben, werden durch Übermotorik oder rationalisierende Bemerkungen geleugnet. Das soll Gleichgültigkeit, Lässigkeit, Souveränität oder Kompetenz vorspiegeln". Möglicherweise fällt es aber auch Jungen leichter sich als heldenhafte Verteidiger zu imaginieren – eine Rolle mit der sie durch die Nutzung verschiedener Kindermedien (und auch Erwachsenenmedien, z.B. Star-Wars) vertraut sind. So finden sich z.B. in Comics, die Krieg als Thema oder Rahmenhandlung haben ausnahmslos männliche Heldenfiguren (vgl. Fix, 1996, S. 173).

Lediglich ein Mädchen und ein Junge mit Migrationshintergrund zeichneten Nationalfahnen. Das heißt fast alle Bilder dieser Kategorie kommen von Jungen ohne Migrationshintergrund. Der sehr geringe Anteil an Bildern mit Nationalfahnen bei Mädchen könnte auf ein geringeres Nationalgefühl bei ihnen hindeuten. Möglicherweise identifizieren sich Jungen, beispielsweise über den Sport, stärker mit der deutschen Nation. Mädchen scheinen dagegen dem Nationalstaat bzw. der eigenen Nationalität eine geringere Bedeutung beizumessen. Doch leider fehlt es bisher an belastbaren Daten, um diese Vermutung zu stützen.

Im Gegensatz zur Mannheimer Studie konnten bezüglich des Migrationshintergrunds kaum Unterschiede in der Themenwahl festgestellt werden, wobei die wenigen gefundenen Unterschiede ausreichend mit dem Alter der Kinder erklärt werden können. Hinsichtlich der politischen Themenwahl zeigte sich, dass das Thema Krieg den Kindern mit Migrationshintergrund wichtiger ist als den Kindern ohne Migrationshintergrund. Auffällig ist auch das Fehlen von Nationalfahnen in den Bildern von Kindern mit Migrationshintergrund. Dies könnte ebenso wie bei den Mädchen auf ein weniger ausgeprägtes Nationalgefühl oder auch auf eine „Nationenlosigkeit" (da sich auch keine Nationalfahnen anderer Staaten als Deutschland fanden) der Kinder mit Migrationshintergrund hindeuten.

Die Auswertung der Schulen entsprechend der Auswahl nach Wohnumfeld zeigte keine eindeutigen Zusammenhänge zwischen dem Wohnumfeld und der Themenwahl. Vielmehr als die Stadtteile unterschieden sich die einzelnen Schulen voneinander. Über die Gründe können nur Vermutungen angestellt werden. Eine Erhebung von zusätzlichen sozioökonomischen Daten hätte möglicherweise Zusammenhänge zwischen sozioökonomischen Status und der Darstellung politischer Aspekte gezeigt, war jedoch im Rahmen dieser Arbeit nicht möglich. Da aber die sozioökonomischen Hintergründe der einzelnen teilnehmenden Kinder nicht bekannt waren, können diesbezüglich keine Aussagen gemacht werden. Dies sollte bei weiteren Forschungen berücksichtigt werden, das heißt zusätzliche Daten zum sozioökonomischen Hintergrund sollten erhoben werden. Die Unterschiede zwischen den einzelnen Schulen hängen möglicherweise auch mit den in den Schulen behandelten Themen zusammen und damit, ob die Schulen aktuelle politische Themen und gesellschaftliche Probleme aufgreifen und bearbeiten. So gab es beispielsweise in der Schule SR2 Stellwände mit Informationen zu aktuellen Geschehnissen, wie beispielsweise dem Erdbeben in Haiti. An dieser Schule gab es auch einen hohen Anteil an Bildern mit politischen Aspekten. Es besteht die Möglichkeit, dass die Art des Umgangs mit politischen Themen sowohl der Schulen als Institution als auch der einzelnen Lehrkräfte einen Einfluss auf die Politisierung der Kinder ausübt. Auch dies wäre ein interessanter Aspekt für die weitere Forschung.

7.3 Die Themen Krieg und Umweltzerstörung

Da von den Kindern in der vorliegenden Studie vor allem die Themen Krieg und Umweltzerstörung oft auch im Zusammenhang mit Ängsten thematisiert wurden und auch andere Studien mit älteren Kindern immer wieder diese Themen und damit verbundene Ängste zum Gegenstand haben, sollen diese Themen im folgenden Abschnitt genauer betrachtet werden. Es werden daher Überlegungen zur Kriegs- und Umweltangst bei Kindern vorgestellt, Einflussfaktoren politischer Ängste erläutert und Ansätze zum Umgang mit politischen Ängsten präsentiert.

7.3.1 Kriegsdarstellungen im Kinderbild

Feinberg, die in den siebziger Jahren Darstellungen von Kämpfen und Helfen bei Jungen und Mädchen untersuchte, kam zu dem Ergebnis, dass Mädchen bei Darstellungen von Kämpfen eher den direkten, persönlichen Kampf darstellen, während Jungen eher depersonalisierte Kampfhandlungen, beispielsweise in Form von Armeen oder Panzern, darstellen (Feinberg 1976 berichtet in Aissen-Crewett, 1989, S. 27). Auch Reiß (1996, S. 173) bemerkte neben Alterseffekten auch geschlechtsspezifische Unterschiede in den Kriegsdarstellungen von Jungen und Mädchen. Ab dem neunten Lebensjahr verzeichnete er eine deutliche Zunahme von Kriegsdarstellungen. In der vorliegenden Studie konnte ein sprunghafter Anstieg ab etwa dem siebten Lebensjahr, beziehungsweise der zweiten Klasse, festgestellt werden.

Kriegsdarstellungen von jüngeren Kindern beinhalteten nach Reiß (1996) hauptsächlich Kriegsschiffe, Flugzeuge, Panzer und Raketen. Kämpfe waren selten zu sehen. Bei älteren Kindern nahmen dagegen die dialektisch orientierten „Krieg versus Frieden" Bilder zu. Die kritischsten und gleichzeitig auch pessimistischsten Bilder fand Reiß bei den Ältesten: „Sie sehen unsere Erdkugel insgesamt durch Tod und Vernichtung in einem Atomkrieg an ihr Ende gekommen" (Reiß, 1996, S. 173). Er berichtet weiter, dass Mädchen das Thema Krieg nicht nur seltener als Jungen zeichneten, sie gestalteten es auch inhaltlich anders. Während Jungen die kriegerischen Auseinandersetzungen bevorzugten und ausgestalteten, zeigten Mädchen mehr Zerstörung und menschliches Leid: „Im Gegensatz zu den Jungen haben die Mädchen kaum Kriegsgerät oder die miteinander kämpfenden Parteien thematisiert, vielmehr zeigen sie die Zerstörung von Häusern, das große Leid der Menschen, Tote, Verletzte, Angst und Trauer" (Reiß, 1996, S. 173).

In der Studie „Kinder erzählen und malen vom Krieg" des IZI[15] finden sich ähnliche Darstellungsweisen. Auch dort zeichneten Jungen häufiger Kampfszenen als Mädchen (vgl. Götz, 2003, S. 32). In diesen Szenen wurde jedoch vorwiegend der personalisierte Kampf Mann gegen Mann oder Gruppe gegen Gruppe gezeigt (vgl. ebd., S. 33). Auch die irritierende Darstellung von ‚antiquierten' Waffen wie Pistolen oder Kanonenkugeln findet sich dort[16]. Dazu kommen Zeichnungen vom Leid der Betroffenen und Darstellungen von Zerstörungen oder Bombardierungen (vgl. ebd.).

Ähnliche Darstellungsweisen finden sich auch in den Kriegsbildern der vorliegenden Studie. Die Mädchen zeigen eher den personalisierten Kampf zwischen zwei Personen oder thematisieren menschliches Leid, zum Beispiel durch Trennung. In den Jungenzeichnungen finden sich dagegen mehr Sachdarstellungen von Kriegsgerät und Zeichnungen von Kampfhandlungen, die Zerstörung und Verletzungen beinhalten. Hier sind geschlechtsspezifische Sozialisationseinflüsse zu vermuten. Die Mädchen zeigen rollengerecht Emotionen und Fürsorge und die Jungen Stärke. Möglicherweise wirkt sich auch die Mediennutzung auf die Darstellungsweise aus, d.h. die Art der Filme, Computerspiele und Printmedien z.B. Comics, die von den Jungen und Mädchen genutzt werden und oft in Inhalt und Aufmachung auf ein Geschlecht zugeschnitten sind.

7.3.2 Kriegsangst bei Kindern?

Bevor über die Gründe der Kriegsangst spekuliert wird, sei hier erwähnt, dass Kriegsangst ein vereinfachter Begriff ist, der verschiedene Ängste in sich vereint. Dazu gehören zum Beispiel die Trennungsangst, die Angst vor dem eigenen Tod und die Angst vor dem Verlust gesellschaftlicher Kontinuität (vgl. Unterbruner, 1991, S.43). Eine Ausdifferenzierung des Begriffs ist im Rahmen dieser Arbeit aufgrund der gebotenen Kürze nicht möglich. Es wird daher zusammenfassend der Begriff Kriegsangst verwendet, im Bewusstsein, dass dies eine Vereinfachung darstellt.

Bei der Kriegsangst scheint es auf den ersten Blick so, als wäre diese dauerhaft Bestandteil der kindlichen Ängste, da sie in allen Studien zum Thema Zukunftsvorstellungen, bzw. Zukunftshoffnungen und Zukunftsängste, vorkommt. Dies ist jedoch irreführend. Vielmehr ist davon auszugehen, dass das

---

[15] Internationales Zentralinstitut für das Jugend- und Bildungsfernsehen
[16] In der vorliegenden Studie finden sich ebenfalls solche Darstellungen, wobei vor allem Zeichnungen von Kanonen befremdlich wirken (z.B. Bild Nr. 2302). Bei dieser Darstellungsweise ist jedoch die Schwierigkeit der zeichnerischen Umsetzung und das Merkmal der Prägnanz (siehe Kap. 5.6.2) zu berücksichtigen.

Ausmaß der Kriegsangst auch von aktuellen (welt-) politischen Geschehnissen beeinflusst wird. Einen eindeutigen Hinweis in diese Richtung liefert das LBS Kinderbarometer 2001 (Ergebnisbericht bei Brosig & Brähler, 2002, S. 79-80). Dieses wurde im Jahr der Terroranschläge auf das World-Trade-Center durchgeführt. Vor den Anschlägen äußerten nur 1% der befragten (deutschen) Kinder Angst vor Krieg. Nach den Anschlägen wurde eine zweite Befragung durchgeführt, bei der nun 40% der Kinder Angst vor Krieg äußerten (vgl. Brosig & Brähler, 2002, S. 79-80). Dieser dramatische Anstieg zeigt deutlich, wie die Veränderung der weltpolitischen Lage sich auf die politischen Ängste der Kinder auswirkt. Kriegsangst scheint vor dem Hintergrund dieser Ergebnisse keine latent vorhandene kindliche Angst zu sein, sondern eine Angst, die sich auf das tatsächliche Geschehen bezieht, das heißt einen starken Realitätsbezug aufweist. Tatsächlich lagen die Kinder ja auch richtig mit ihrer Angst. Seit dem elften September kam es zum Krieg im Irak und zum Krieg in Afghanistan, an dem auch Deutschland aktiv beteiligt ist. Die durchgängig hohen Angstwerte in den früheren Zukunftsstudien sind ebenfalls problemlos mit der damaligen weltpolitischen Lage zu erklären. Die gegenseitige atomare Aufrüstung der Sowjetunion und der USA schürte nicht nur bei Kindern Angst vor einem Atomkrieg.

In der Fachliteratur wird immer wieder die Frage nach Kriegsangst in Friedenszeiten gestellt. Dabei wird aber die Frage unberücksichtigt gelassen, was eigentlich Friedenszeiten sind. Eigentlich könnten wir in Deutschland momentan von Friedenszeiten sprechen. Es gibt keine Kriegshandlungen auf deutschem Staatsgebiet. Dennoch ist Deutschland aus Sicht der Bevölkerung in einen „Krieg" (in Afghanistan)[17] verwickelt, auch wenn dieser offiziell anders benannt wird. Auch ist es nicht so, dass dieser Krieg nicht für die Kinder erlebbar wäre. Die mediale Kriegsberichterstattung hat sich vor allem seit dem ersten Golfkrieg 1990/91 stark verändert (vgl. Gugel, 2003, Abschnitt 5; Rogge, 2003, S. 61). Die Medien sind immer dabei. Die Bombardierung von Bagdad konnte im Fernsehen live verfolgt werden. Auch Kamerasichten aus Kampfhubschraubern sind integriert. Im Gegensatz zu früherer Berichterstattung hat auch der Anteil an Bildern zugenommen auf denen blutende Opfer oder Tote zu sehen sind. All diese Bilder sind durchaus in der Lage, den Krieg auch in das eigene Land oder das heimische Wohnzimmer zu holen, selbst wenn er weit entfernt stattfindet. Gugel bemerkt dazu: „… die elektronische Nachrichtenübermittlung erlaubte die Fiktion, tatsächlich beim Geschehen dabei zu sein" (Gugel, 2003, Abschnitt 5, Abs. 6). Auch Geretschlaeger (2003, S. 64) sieht eine „Nähe" zu Kriegsschauplätzen durch das Medium Fernsehen: „Die fehlende räumliche Distanz zum Geschehen

---

[17] Der Militäreinsatz in Afghanistan wird von drei Kindern in ihren Bildern direkt thematisiert. Bildnummern: 2201, 2308, 5407.

– es findet ja im Wohnzimmer statt und ist für die meisten Kinder nicht als in einer entfernten Region der Welt liegend lokalisierbar – fördert die Angst vor Ereignissen, die irgendwo in der Welt passieren . . .". Dass auch junge Kinder die Kriegsnachrichten wahrnehmen zeigen anschaulich Kinderbriefe und Zeichnungen zum ersten Irak-Krieg, die an die Redaktion der Sendung Logo geschickt wurden (Müller & Schächter, 1991). Die Briefe zeigen nicht nur, dass die Kinder die Nachrichten wahrgenommen haben, sondern geben einen tiefen Einblick in Wünsche, Ängste und Einstellungen der Kinder bezüglich des Krieges. Auch andere Studien vor allem aus dem Bereich der Mediennutzungs- und Medienrezeptionsforschung zeigen, dass bereits junge Kinder vielfach mit Medieninhalten in Berührung kommen, die nicht auf ihre Altersgruppe zugeschnitten oder schlicht für sie ungeeignet sind, da sie inhaltlich überfordern und Ängste auslösen (vgl. Götz, 2003, S. 27; Holler & Bachmann, 2009; Neuß & Neukirchen 2003, S. 66). Oft ist es so, dass Kinder unabsichtlich d.h. zufällig über die (Erwachsenen-) Medien mit politischen Themen in Kontakt kommen (vgl. z.B. Geretschlaeger, 2003, S. 62; Götz, 2003, S. 27-28), aber auch Gespräche mit Gleichaltrigen, Lehrkräften und Eltern dienen als Informationsquelle (vgl. Götz, 2003, S. 28-29). Das erklärt auch, warum gerade öffentlich breit diskutierte Themen den Weg zu den Kindern finden. Dabei bleibt den Kindern oft keine andere Wahl als sich mit bestimmten politischen Themen auseinanderzusetzen, da sie der öffentlichen Diskussion nicht entgehen können. So beklagen Kinder z.B. die Allgegenwärtigkeit des Themas „Irakkrieg" in der Schule, der Öffentlichkeit und zu Hause (Götz, 2003, S.30). Kann man in dieser Situation noch von Friedenszeiten sprechen? Dass es sich nicht um Kriegsbilder in Friedenszeiten handelt, zeigen diejenigen Bilder, in denen Kinder direkt den Krieg in Afghanistan thematisieren. Auch Bilder aus der Studie von Kaiser (2003) zeigten, dass die Kinder aktuelle politische Geschehnisse in ihren Bildern verarbeiteten. Bei ihrer Studie fanden sich Bezüge zum Kosovo-Krieg und zum 11.09.2001 (vgl. ebd., S. 36-41). Müller-Brettel (1993, S.83) bemerkt dazu: „Die Kinder und Jugendlichen reagieren folglich mit ihren Ängsten unmittelbar auf aktuelle politische Entwicklungen". Auch Götz (2003, S. 29) betont, dass auch geographisch ferne Kriegsschauplätze bei Kindern Betroffenheit auslösen:

> „Die Information, dass der Krieg ausgebrochen sei, war für deutsche Kinder mit Emotionen verbunden. Sie erzählten von Befürchtungen, vom Krieg selbst betroffen zu sein, und entwarfen Szenarien eines Dritten Weltkrieges. Erste Gedanken waren bei vielen auch grundsätzliches Unverständnis und eine ablehnende Haltung. Viele Kinder erzählten, sie machten sich häufig Gedanken über das Thema Krieg; selbst die, die es eigentlich vermeiden wollten, ‚mussten einfach' darüber nachdenken. In ihren Gedanken standen Schicksal und Leiden der Menschen im Irak im Mittelpunkt."

Die Kinder haben also realpolitische Bezüge in ihrer Kriegsangst und nicht einfach eine diffuse Angst, die ohne realen Bezug bleibt. Welches Wissen Kinder über Krieg, Kriegsursachen und Konfliktlösungen haben wäre ein interessantes Forschungsfeld. Auch sollte in Erfahrung gebracht werden, woher die Kinder ihre Informationen erhalten und wie sie mit diesen Informationen umgehen (können). Haben sie adäquate Möglichkeiten sich zu informieren oder wird die Kriegsangst womöglich durch schlechten Zugang zu altersangemessenen Informationen und fehlende (politische und informierte) Gesprächspartner verstärkt? Einen Großteil ihrer Informationen scheinen die Kinder aus den Medien und persönlichen Gesprächen zu beziehen. Der Erstkontakt zu politischen Themen findet häufig über Erwachsenenmedien statt (siehe Götz, 2003, S. 28-29). Dies geht nicht selten mit einer Überforderung der Kinder einher, vor allem da sie Informationen nicht oder nur lückenhaft verstehen (vgl. Rogge, 2003, S. 58). Dementsprechend wünschen sich Kinder bessere Informationsmöglichkeiten und Kommunikationsmöglichkeiten.[18] Wichtig scheint für sie vor allem zu sein, dass Informationen nicht zu stark verbal vermittelt werden und dass „Spezialwörter" vermieden oder erklärt werden (vgl. Götz, 2003, S.32). Auch wünschen sie sich zwar eine ehrliche Berichterstattung, die aber auf zu sehr ängstigende Bilder verzichten sollte. Das Interesse der Kinder gilt darüber hinaus stärker dem Schicksal der Menschen als militärischen Manövern (vgl. ebd., S. 32), Viele Kinder wünschen sich Informationen über Alternativen zum Krieg, bzw. Wege zum Frieden und Möglichkeiten des eigenen Engagements (ebd.).

Abschließend ist festzuhalten, dass es auf jeden Fall wichtig ist, die Angst der Kinder vor Krieg ernst zu nehmen und sie nicht als unrealistisch und kindtypisch abzutun, sondern sie als ein, auf der Wahrnehmung globaler Prozesse basierendes, gedankliches Produkt zu erkennen und zu behandeln. Dies bedeutet für uns Erwachsene, den Kindern Möglichkeiten der Information und Auseinandersetzung zu eröffnen und sie dabei altersgerecht und ernsthaft zu begleiten und ihnen als Gesprächspartner zur Verfügung zu stehen.

7.3.3 Angst vor Umweltzerstörung?

Mit der Angst vor Umweltzerstörung verhält es sich ähnlich wie mit der Kriegsangst. Auch diese Angst ist eigentlich eine Mischung verschiedener Ängste, die mit dem Begriff Angst vor Umweltzerstörung vereinfacht werden.

---

[18] Das Kommunikationsbedürfnis der Kinder, d.h. das Bedürfnis Fragen beantwortet zu kommen und politische Sachverhalte diskutieren zu können, zeigt sich z.B. in den Zuschriften von Kindern an die Nachrichtensendung Logo und auf entsprechenden Seiten im Internet (vgl. z.B. Götz & Nikken, 2003; Müller & Schächter, 1991).

Auch die Angst vor Umweltzerstörung und deren Folgen findet sich in allen Studien zum Thema Ängste und Zukunftsvorstellungen von Kindern, zwar in unterschiedlichem Ausmaß, aber immer auf den vorderen Plätzen. Gründe der Ängste sind vermutlich ähnlich denen der Kriegsangst. Zwar gibt es hierzu weniger Studien, aber die Ergebnisse der Studien aus der Medienwirkungsforschung lassen sich in weiten Teilen auf die Erklärung von Umweltängsten übertragen. Auch bei den Umweltthemen kann davon ausgegangen, dass die Kinder vor allem über die Medien (oft auch zufällig) damit in Berührung kommen. Gerade Berichte von Naturkatastrophen sind geeignet bei Kindern Angst vor eigener Betroffenheit auszulösen. Auch Zukunftsängste im Zusammenhang mit Umweltthemen lassen sich logisch nachvollziehen z.b. bezüglich des Klimawandels. Ein weiterer nachvollziehbarer Erklärungsansatz für eine hohe Relevanz von Umweltthemen für Kinder ist die bei ihnen wahrgenommene starke Beziehung bzw. starke Liebe zur Natur und vor allem zu Tieren (vgl. z.b. Gebhard, 2005). Darüber hinaus werden Umweltthemen relevant, wenn gesundheitliche Schäden als Folge von Umweltzerstörung befürchtet werden. Dazu gehört unter anderem das Thema Luftverschmutzung in Verbindung mit Atemwegserkrankungen. In diesem Bereich steht also eher die Angst vor gesundheitlichen Einschränkungen bzw. die Angst vor dem eigenen Tod (z.b. Krebserkrankungen) im Vordergrund. Dies zeigt sich beispielhaft auch in einen Bild, in dem die Zeichnerin angab Angst vor dem Tod durch eine Krebserkrankung zu haben, und sich dann dafür entschied die Luftverschmutzung in ihrer Zeichnung zu thematisieren. Aber auch andere Ängste zum Fortbestand der Menschheit kommen hier zum Tragen, wenn es um globale Umweltzerstörungen geht, wie beispielsweise den Klimawandel, der Auswirkungen auf den gesamten Planeten und damit auf den Fortbestand und die Lebensbedingungen der Menschheit hat (vgl. Gebhard, 2005; Unterbruner, 1991).

Eine weitere Vermutung, warum Kinder das Thema Umweltzerstörung so sehr beschäftigt, ist, dass es im Gegensatz zu vielen anderen politischen Themen einen direkten Bezug zu ihrer Lebenswelt besitzt und bei ihnen eine Betroffenheit erzeugt[19]. Die Kinder sehen den Müll, spüren die Luftverschmutzung und erleben den Verkehr (vgl. Unterbruner, 1991, S. 43-44). Auch werden sie mit den direkten Auswirkungen der Umweltverschmutzung konfrontiert und sind dadurch eingeschränkt[20]. Je nachdem wie stark diese Auswirkungen auf ihr Le-

---

[19] So stellte Gebauer (1994, S. 153-154) fest, dass etwa die Hälfte der von ihm zu Umweltproblemen befragten Kinder, sich auch von diesen Problemen persönlich betroffen sah. Interessanterweise erzeugten dabei vor allem Themen die größte Betroffenheit, die in den Medien präsent waren und öffentlich diskutiert wurden, und nicht die Themen, die vor allem im persönlichen Nahbereich der Kinder anzusiedeln sind.

[20] Siehe dazu die Zeichnung „Auto" (Nr. 5109).

ben sind, ändert sich möglicherweise auch das Interesse an der Umweltverschmutzung, bzw. die Angst davor. Als bekannte Beispiele sind hier das Ozonloch und der Reaktorunfall in Tschernobyl zu nennen. Beides ging mit Einschränkungen und Gefährdungen für die Kinder einher: Sie durften nicht mehr draußen spielen oder nur noch besonders geschützt, bestimmte Lebensmittel durften nicht mehr gegessen werden usw. Es ist verständlich, dass solche Erlebnisse auch Ängste auslösen, gerade wenn auch bei den Erwachsenen Ängste und Unsicherheiten zu spüren sind.

Auch in Bezug auf Umweltthemen zeigt sich, dass die inhaltliche Ausgestaltung der Thematik von aktuellen Entwicklungen abhängig ist. Dies zeigt eine Veränderung der Themen im Laufe der Zeit. In den früheren Zukunftsstudien waren beispielsweise die Themen Ozonloch, Waldsterben und Robbensterben stark vertreten. In der vorliegenden Studie ging es dagegen eher um die Themen Umweltverschmutzung durch Müll, Luftverschmutzung und Klimawandel. Klimawandel als aktuelles politisches Thema findet sich auch in der neusten Studie des LBS-Kinderbarometers 2009 (vgl. Kapitel 4.3). Dort war das Thema so stark vertreten, dass es sogar gesondert von den anderen Umweltthemen kategorisiert werden konnte. Auch hier zeigt sich also wieder ein besonderer Bezug der Kinder zum Thema, der sich aber in seiner inhaltlichen Gestaltung als abhängig von realen politischen bzw. gesellschaftlichen Entwicklungen erweist. Die Ängste der Kinder sind also auch hier nicht ungerechtfertigt oder irreal, sondern begründen sich auf tatsächliche Vorkommnisse. In Bezug auf die Umweltthemen ist jedoch im Gegensatz zum Thema Krieg anzumerken, dass die Kinder hier mehr Handlungsmöglichkeiten sehen, die sie auch in ihren Bildern aufgreifen. Es gibt also positive Gegenentwürfe zur Umweltzerstörung und Lösungsansätze für Umweltprobleme, was sich mit Sicherheit auch Angst mildernd auswirkt, da der Kontrollverlust und die eigene Machtlosigkeit so als geringer empfunden werden.

Ein weiterer Grund für das hohe Interesse von Kindern an Umweltthemen könnte in der thematischen Ausrichtung von Kindermedien zu suchen sein. Möglicherweise sind Umweltthemen dort besonders stark vertreten. Die Medien würden dann womöglich durch stärkere Präsenz des Themas eine höhere Informiertheit und ein stärkeres Interesse der Kinder an dem Thema fördern. Einen Hinweis darauf gibt die Arbeit von Strohmeier (2005), der politische Inhalte in den Hörspielen von Bibi Blocksberg und Benjamin Blümchen untersuchte und dabei feststellte, dass Umweltproblemen in diesen Hörspielen besonders viel Platz eingeräumt wird (vgl. Strohmeier, 2005, S. 11, S. 15). Es kann also vermutet werden, dass das Interesse von Kindern an bestimmten politischen Themenbereichen durch ihre Zugangsmöglichkeiten zu politischen Themen erst generiert wird. Das würde bedeuten, dass Kindermedien nicht nur (vermutete) Kinderinteressen bedienen, sondern diese erst erzeugen oder verstärken (siehe auch Matthews, 2006). Dabei ist auch von einem erzieherischen bzw. sozialisatorischen Interesse der Produzierenden, z.B. Erziehung zum Umweltschutz, auszugehen (vgl. Strohmeier, 2005, S.11). Diese These bedürfte aber einer genaueren wissenschaftlichen Auseinandersetzung mit den politischen Inhalten in Kindermedien und ihrer Rezeption durch die Kinder. Dabei wäre vorrangig darauf zu achten zu welchen politischen Inhalten Kinder über Kindermedien überhaupt Zugang haben, d.h. ob eine Einschränkung auf bestimmte Themenbereiche wie z.B. Krieg und Umwelt vorliegt. Darüber hinaus würde die inhaltliche Präsentation der politischen Themen in Kindermedien eine nähere Betrachtung verdienen. So stellt Strohmeier (2005, S. 14-15) z.B. eine einseitige Darstellung von Umweltproblematiken und eine negativistische Sicht auf Politik und ihre Akteure fest.

Auch die Themenwahl im Sachunterricht der Grundschule könnte einen Einfluss auf die Präferenz von Umweltthemen haben. Das Thema Natur gehört in Niedersachsen zum Kerncurriculum des Sachunterrichts für die Grundschule und als Lernziele werden u.a. die Entwicklung von Umweltbewusstsein (bzgl. Abfallproblemen, Luft- und Wasserverschmutzung), das Erkennen der Natur als begrenzter Ressource und das Kennenlernen alternativer Energien angegeben (vgl. Niedersächsisches Kultusministerium, 2006). Es kann also erwartet werden, dass Grundschulkinder auch durch den Schulunterricht mit Umweltthemen in Berührung kommen, wobei die Aneignung einer umweltschützenden Haltung angestrebt wird.

7.3.4 Kriegsangst und Umweltprobleme als Stressoren

Vor allem die Stressforschung befasst sich mit den Auswirkungen gesellschaftlicher Risiken und Bedrohungen auf das Individuum. Eine stärkere Beachtung von internationalen Konflikten und ökologischen Krisen als Stressoren gibt es jedoch erst seit Mitte der 80er Jahre (vgl. Hurrelmann, 1994, S. 71). In der Stressforschung wurden verschiedene Faktoren herausgearbeitet, die eine krankmachende Wirkung von Stress begünstigen. Diese beschreiben Petri et al. (1987):

> „Ob Streß, im weitesten Sinne verstanden als Bedrohung der psychophysiologischen Balance des Organismus und seiner adaptiven Fähigkeiten, eine pathogene Bedeutung erlangt, ist nach gesicherten Erkenntnissen der Streßforschung u.a. abhängig von 1.) der Art der Bedrohung, 2.) ihrer Intensität, 3.) ihrer Dauer, 4.) der Kumulation verschiedener Stressoren, 5.) von den objektiven Vorraussetzungen, eine Streßbelastung zu bewältigen, und 6.) von entsprechenden subjektiven Vorraussetzungen" (S. 85).

Vor allem den objektiven und subjektiv empfundenen Handlungsmöglichkeiten fällt bei der Stressbewältigung eine große Bedeutung zu: „In der Streßforschung wird immer wieder die einleuchtende Tatsache hervorgehoben, daß Verarbeitung (coping) bzw. Abwehr (defence) (Lazarus 1966), d.h., die adaptiven Fähigkeiten von den objektiven Vorraussetzungen abhängig sind, eine Bedrohung zu bearbeiten bzw. ihre Ursachen zu beseitigen" (Petri et al., 1987, S. 90). Auch Hurrelmann (1994, S.66, S.75) und Mansel (1995, S. 177) betonen die Bedeutung der eigenen Handlungsmöglichkeiten. Hurrelmann (1994) betont zusätzlich noch die Dauer der Stresswirkung: „Besonders starke Belastungen können dann erwartet werden, wenn die streßerzeugenden Ausgangskonstellationen objektiv und/oder nach subjektiver Einschätzung nicht veränderbar sind, gleichwohl aber tagtäglich über einen langen Zeitraum immer wieder erduldet werden müssen" (S. 69). Mansel (1995) hingegen hebt die Stresswirkung von Bedrohungen, die nicht selbst verursacht wurden, hervor:

> „Dabei wird davon ausgegangen, daß das subjektiv wahrgenommene Risiko umso größer ist, je unkontrollierbarer und je diffuser die Merkmale eines antizipierten Ereignisses in Raum und Zeit sind, je unfreiwilliger die Personen in die Situation hineingeraten sind und je weniger sie diese selbst zu verantworten haben ... ." (Mansel, 1995, S. 30).

Sowohl Mansel als auch Hurrelmann beziehen sich in ihren Ausführungen auf Jugendliche und die von ihnen subjektiv erlebten, aber auch objektiv vorhandenen, geringen Handlungsmöglichkeiten im Hinblick auf die Abwendung gesellschaftlicher Bedrohungen. Dabei erwähnen beide, dass die Jugendlichen sich von der Politik nicht ausreichend vertreten fühlen und das Gefühl haben, von wirklicher Mitsprache und Mitentscheidung ausgeschlossen zu sein, „obwohl sie die sich abzeichnenden bedrohlichen globalen Fehlentwicklungen auszubaden hätten" (Hurrelmann, 1994, S. 73). Die Jugendlichen fühlen sich von den Parteien nicht vertreten und schätzen ihre Möglichkeiten zur Bewältigung gesellschaftlicher Probleme beitragen zu können gering ein (vgl. Mansel, 1995, S. 206). „Die Jugendlichen sind sich offensichtlich ihrer Machtlosigkeit gegenüber den gesellschaftlich produzierten Risikolagen bewußt" (ebd., S. 208). Dabei berücksichtigen die Autoren noch wenig, dass diese Feststellungen auf Kinder in noch größerem Maße als auf Jugendliche zutreffen. Kinder sind in noch größerem Maße unverantwortlich für die politischen Geschehnisse, haben noch weniger Mitbestimmungsmöglichkeiten und Möglichkeiten sich politisch zu engagieren, sie haben weniger Möglichkeiten ihren Sorgen Ausdruck zu verschaffen und müssen die zukünftigen Konsequenzen der gegenwärtigen politischen Entscheidungen - auf die sie keinen Einfluss haben - schultern.

Petri et al. schrieben schon 1987 dazu:

„Das Kind und der Jugendliche verfügen 1.) nur über sehr geringe objektive Möglichkeiten, bestehende gesellschaftliche Verhältnisse zu beeinflussen. Sie besitzen
weder ein Wahlrecht noch eine mit Machtpositionen gekoppelte Sachkompetenz, um
sich als politisch verantwortliche begreifen zu können. Mit ihren politischen Rechten wird ihnen gemeinhin auch das Recht auf eine politisch kritische Meinung abgesprochen. Wo sie dieses Recht dennoch beanspruchen, ob in Schülerzeitungen, auf
Demonstrationen oder in anderen Formen des Jugendprotestes, wird ihnen Unmün-
digkeit durch die verschiedenen Variationen repressiver Machtausübung beschei-
nigt. Hier mündet die Erfahrung objektiver Rechtlosigkeit in das Gefühl subjektiver
Ohnmacht" (S. 91).

Kinder sind also noch stärker als Jugendliche diesen Stressoren und ihren Folgen
ausgesetzt. Dass sie dennoch so wenig beachtet werden, liegt vermutlich daran,
dass man ihnen nicht zutraut, dass auch sie bereits die gesellschaftlichen Bedrohungen wahrnehmen. Dies ist umso fataler, da sie dadurch ihre Gefühle bezüglich der von ihnen wahrgenommenen Gefährdungen selbst bearbeiten müssen.
Sie werden allein gelassen mit ihren Ohnmachtsgefühlen und Zukunftsängsten.
Dies kann sich negativ auf ihre physische und psychische Gesundheit und ihre
Persönlichkeitsentwicklung auswirken (vgl. Duggal, Berezkin & John, 2002;
Hurrelmann, 1994, S. 70; Müller-Brettel, 1993, S. 84-85; Petri, 1992; Petri et al.
1987, S. 91-92; Redlener & Grant, 2002).

7.3.5   Einflussfaktoren politischer Ängste

Im Laufe der Forschung zu Ängsten wurden einige Zusammenhänge zwischen
politischen Ängsten und bestimmten Faktoren wie Elternhaus, kognitive Fähigkeiten, Wissen und moralischer Urteilsfähigkeit festgestellt (z.B. bei van Ijzendoorn, 1990; Meyer-Probst, Teichmann & Engel, 1989). Ein Überblick über die
Studien findet sich bei Müller-Brettel (1993). Einige Faktoren, wie enge Eltern-
Kind-Bindung, Wissen und eigene politische Aktivität üben einen positiven,
Stress reduzierenden Einfluss aus (vgl. ebd.). Diese gilt es genauer zu erkunden
und Überlegungen anzustellen, wie diese Erkenntnisse für die Praxis nutzbar
gemacht werden können.
     Ein wichtiger Einflussfaktor scheint der Umgang der Eltern mit Gefährdun-
gen zu sein. Dabei wirkt sich eine positive, enge Bindung zu den Eltern positiv
aus. Einen negativen Einfluss übt es hingegen aus, wenn Eltern selbst mit Ängsten auf Risiken und Gefährdungen reagieren. Eigenaktivität dagegen, beispiels-

weise politisches oder ökologisches Engagement der Eltern, wirkt wiederum Angst mindernd (vgl. Mansel, 1995, S. 177; Müller-Brettel, 1993, S. 82-85). Bedeutend für das Ausmaß an Angst bei Kindern und Jugendlichen scheint auch das Wissen zu sein, dass sie über eine Sache besitzen. Das subjektive Erleben von Risiken ist nach Mansel (1995, S. 172) in hohem Maß wissensabhängig. Mit einem höheren Wissen gehen demnach auch höhere Ängste einher, was sich dadurch erklärt, dass eine Person, die kein Wissen bezüglich drohender Gefahren besitzt, diese auch nicht als solche erkennen kann. Daher ist die Angst auch nicht abhängig vom tatsächlichen Bedrohungspotential. Das heißt aber auch nicht, dass höheres Wissen zwangsläufig zu vermehrten Ängsten führen muss. Im Gegenteil. Wissen wirkt vor allem dann Angst machend, wenn erhaltene Informationen widersprüchlich, lückenhaft, wenig verständlich oder intransparent sind. Auch dann, wenn mehr Informationen über Gefährdungen als über Handlungspotentiale vorliegen (vgl. Hazard, 1992, S. 140; Mansel, 1995, 172-173). In einer Berliner Befragung gaben demnach auch mehr als die Hälfte der Befragten an, durch massenmedial vermittelte Informationen verunsichert zu werden (vgl. Ruff, 1990, S. 176-177). Dies trifft auf Kinder bestimmt in noch stärkerem Maße zu als auf Jugendliche oder Erwachsene, denn die politischen Informationsquellen für Kinder sind rar. Ihre Informationen müssen sie also häufig aus Informationsquellen beziehen, die nicht auf ihr Informationsbedürfnis, ihren Wissensstand und ihre kognitiven Fähigkeiten zugeschnitten sind. Fehlt es darüber hinaus an Gesprächspartnern mit denen diese Informationen besprochen werden können, sind die Kinder bei der Verarbeitung der Informationen auf sich allein gestellt und damit stärkeren Verunsicherungen ausgesetzt. Entscheidend für das Ausmaß der Angst ist also nicht nur das tatsächliche Bedrohungspotential, sondern auch individuelle Differenzen und sozialstrukturelle Bedingungen.

Bedeutend sind auch die Ausprägungen von Abwehrmechanismen. Diese greifen vor allem dann, wenn es nicht gelingt, „die Gefühle über die aktive Beschäftigung mit der Thematik zu regulieren und zu kontrollieren" (Mansel, 1995, S. 177). Zu den Abwehrmechanismen gehören Verdrängung, Vermeidung, Verleugnung und Bagatellisierung der Risiken, aber auch Versuche der subjektiven Entlastung durch „Normalisierung" und resignatives, pessimistisches Hinnehmen der Bedrohungen (vgl. Mansel, 1995, S. 177; Ruff, 1990, 128-134). Diese Abwehrmechanismen sind bei Kindern deutlich geringer ausgeprägt als bei Erwachsenen (vgl. Petri, 1992, S. 84-85; Rogge, 2003, S.54).

Umgang mit Kinderängsten

Wie verschiedene in dieser Arbeit vorgestellte Studien gezeigt haben, äußern Kinder im Zusammenhang mit politischen Themen und Problemen immer wieder Ängste. Dabei sind die politischen Ängste oft stärker ausgeprägt als die persönlichen Ängste. Verschiedene Autoren, die politische Ängste bei Kindern und Jugendlichen untersuchten, entwickelten daher auch Vorschläge, wie mit diesen Ängsten angemessen umzugehen ist. Dabei kristallisieren sich einige zentrale Punkte heraus:

- Kinder in ihren Ängsten ernstnehmen: Von den Kindern geäußerte Ängste sollten auch wenn sie unrealistisch erscheinen als reale Angst ernst genommen werden, da davon auszugehen ist, dass das Kind sich tatsächlich bedroht fühlt, auch wenn wir Erwachsenen aufgrund eines Wissens- oder Informationsvorsprungs meinen, dass eine reale Bedrohungssituation nicht gegeben ist (vgl. Erdbebenbeispiel bei Rogge, 2003, S. 56).
- Mit Kindern über ihre Ängste sprechen: Die Kinder brauchen die Möglichkeit sich mit kompetenten Gesprächspartnern über ihre Ängste zu unterhalten. Dabei ist es wichtig den Kindern ihre Fragen ehrlich, aber altersgemäß zu beantworten (vgl. Rogge, 2003, S. 60-61) und sie nicht schützend mit Fehlinformationen zu versehen, denn „eine Erziehungshaltung, die Kinder vor der Angst bewahren will, schwächt sie, hält sie klein, macht sie unmündig und nicht selten abhängig von den Eltern" (Rogge, 2003, S. 57).
- Kindern Informationen geben: Wie die Studien aus der Medienwirkungsforschung gezeigt haben, bekommen Kinder politische Probleme mit, weil sie in ihrem Alltag hauptsächlich über die Medien ständig mit ihnen konfrontiert werden (vgl. z.B. Götz, 2003). Oft richten sich die Medienberichte aber an Erwachsene und sind somit für Kinder ungeeignet, um bestimmte Situationen und Sachverhalte zu verstehen. Dadurch entsteht bei den Kindern ein Informationsmangel, der zur Entstehung von Ängsten beitragen kann (vgl. ebd.). Daher ist es wichtig, Kindern den in Bild und Wort altersgerechten Zugang zu Informationen zu ermöglichen und die Berichterstattung inhaltlich an die kindlichen Informationsbedürfnisse anzupassen (siehe z.B. Beckmann, 2003).
- Formen der Verarbeitung suchen: Um Kindern bei der Angstbewältigung zu helfen ist es zum einen wichtig ihnen ihre eigenen Bearbeitungsstrategien (z.B. Verarbeitung im Spiel) zu gestatten und zum anderen ihnen neue Möglichkeiten der Bewältigung aufzuzeigen (siehe z.B. Neuß & Neukirchen, 2003). Ein wichtiger Aspekt hierbei (vor allem bei älteren Kindern) ist die Entfaltung eigener politischer Aktivität. Das Erkunden von Hand-

lungsmöglichkeiten und das tatsächliche Tätig werden stellen eine Möglichkeit dar, mit politischen Ängsten konstruktiv umzugehen, indem auf die Angst machende Situation Einfluss genommen wird (siehe z.b. Dujmovic, 2006, S. 47). Dies könnte z.b. durch die Tätigkeit in einer Umweltschutzgruppe oder durch die Änderung des eigenen Lebensstils geschehen (vgl. z.B. Hurrelmann, 1994, S. 66, S.75; Mansel, 1995, S. 177).

▪ Medienkompetenz fördern: Kinder sollten über Informationsmechanismen, Informationstechniken und Manipulation durch Information Bescheid wissen, denn Medienkompetenz als Informationskompetenz ist ein zentraler Bestandteil zur Verringerung vor allem realitätsferner Ängste (siehe Geretschlaeger, 2003). Wie stark die Angst machende Wirkung bestimmter Informationen ohne Medienkompetenz sein kann hat die 2009 in allen Medien präsente „Schweinegrippewelle" gezeigt, die in der Erwachsenenbevölkerung große Ängste ausgelöst hat.

8 Zusammenfassung und Ausblick

Zusammenfassend bleibt festzustellen, dass die Kinder in der vorliegenden Studie sich zwar für Politik interessierten, aber nur bestimmte Themenbereiche fokussierten. Woher dieses Themeninteresse kommt, kann jedoch nur vermutet werden. Denkbar wären der Lebensweltbezug (z.b. bei Umwelt und Armut), das angstmachende Potential bestimmter Themen (z.b. Krieg und Naturkatastrophen), und die massenmediale Verbreitung. Zu berücsichtigen bleibt auch, dass die Zukunftsfragestellung die Eingrenzung auf bestimmte Themen ausgelöst haben könnte. Ein weiterer Ansatzpunkt könnte die inhaltliche Ausgestaltung von Kindermedien sein. Hier scheinen eingehende qualitative Untersuchungen zur Themenwahl, insbesondere der Themenbereiche Umwelt und Krieg, erforderlich. Diese beiden Themen sind für Kinder anscheinend besonders wichtig. Es wäre zu ergründen, warum ausgerechnet diese Themen für die Kinder solche Bedeutung besitzen, wie sie Zugang zu den Themen erhalten, woher die Kinder ihre diesbezüglichen Informationen nehmen, welches Wissen über die Themen und welche damit verbundenen Vorstellungen die Kinder haben.

Auffällig war auch, dass die Kinder häufig Ängste im Zusammenhang mit politischen Themen äußerten. Dies könnte auf unzureichende Informations- und Verarbeitungsmöglichkeiten politischer Inhalte bei Kindern hindeuten. Da vor allem die Mädchen Ängste äußerten wäre es denkbar, dass bei ihnen die Informations- und Verarbeitungsmöglichkeiten geringer sind, da in „Mädchenmedien" die Themen nicht oder anders bearbeitet werden und ihnen kompetente Gesprächspartner für die Bearbeitung von politischen Inhalten fehlen. Dass dies so sein könnte zeigt die Studie von Schmid (2004, S.159-168), die feststellte, dass (jugendliche) Mädchen seltener über Politik kommunizieren und das politische Gespräche bevorzugt mit männlichen Gesprächspartnern geführt werden. Dementsprechend wäre ein früher Beginn von politischer Bildung sinnvoll, um der Entstehung von politischen Ängsten bei Mädchen (und auch bei Jungen) entgegenzuwirken. Die Forschung sollte sich daher mit den Entstehungsfaktoren von politischen Ängsten bei Jungen und Mädchen befassen, z.B. mit dem Einfluss von Mediennutzung, Wissen und politischer Kommunikation auf die Entstehung oder Verminderung von politischen Ängsten.

Um das politische Themeninteresse von Kindern und auch ihre politischen Ängste besser verstehen zu können, wäre es sicherlich auch hilfreich Kindermedien eingehender bezüglich ihrer politischen Inhalte zu untersuchen. Dabei wären die Fragen zu klären, welche politischen Inhalte sich in Kindermedien finden, d.h. zu welchen altersgerechten Informationen über Politik Kinder überhaupt Zugang haben und wie diese politischen Inhalte dargestellt sind (z.B. einseitig, pädagogisierend, aufklärend etc.). Eine solche inhaltliche Untersuchung sollte auf jeden Fall unter einer geschlechtsspezifischen Perspektive stattfinden, da anzunehmen ist, dass Jungen und Mädchen unterschiedliche Medien (z.B. Jungen- und Mädchenzeitschriften) nutzen und diese auch inhaltlich unterschiedlich (z.T. auch geschlechtsstereotypisierend) ausgestaltet sind. Die immer wieder gefundenen Unterschiede zwischen Jungen und Mädchen, zum Beispiel in Form einer klassischen Geschlechtsrollenorientierung in der Themenwahl, sollten auch im Hinblick auf den „Stereotype Threat" näher untersucht werden. Ergebnisse aus der vorliegenden Untersuchung der Themenwahl bei Jungen und Mädchen in einer nach Geschlechtern getrennten und einer gemischten Sitzordnung könnten in eine diesbezügliche Richtung weisen, da sie geringere Unterschiede in einer gemischten Sitzordnung zeigten, wobei aber auch die unterschiedlichen Altersmittelwerte in den verschiedenen Sitzordnungsarten diese Ergebnisse beeinflusst haben können.

Auch die Einflussfaktoren für politisches Interesse und politische Ängste bei Kindern könnten näher betrachtet werden. Dies betrifft beispielsweise soziokulturelle Einflussfaktoren, aber auch den Einfluss von Mediennutzung und Wissen auf die Entstehung oder Verminderung von politischen Ängsten. Interessant wäre auch eine Untersuchung des Einflusses innerschulischer Faktoren auf das politische Bewusstsein von Kindern, da sich in der vorliegenden Untersuchung Unterschiede zwischen den einzelnen Schulen zeigten, die möglicherweise auf solche Faktoren zurückzuführen sind.

Eine weitere interessante Forschungsaufgabe ist die Frage nach den Bedingungsfaktoren von politischem Interesse bzw. politischem Desinteresse. Ist politisches Interesse bei Kindern nur ein spezifisches Themeninteresse oder gibt es allgemein politisch interessierte Kinderbürger? Kommen sie eher zufällig mit Politik in Berührung oder werden sie gezielt politisiert, z.B. durch friedenspädagogische Maßnahmen?

Es ließen sich noch zahlreiche weitere Fragen formulieren, denn das Thema Kinder und Politik scheint noch weitgehend ein weißer Fleck in der Forschungslandschaft zu sein.

9   Fazit

Die vorliegende Studie sowie die anderen in dieser Arbeit vorgestellten Studien haben gezeigt, dass Kinder nicht unpolitisch sind, wie oftmals angenommen wird, sondern Politik wahrnehmen, sich damit auseinandersetzen und sich dafür interessieren. Nicht selten scheint dies auch im Zusammenhang mit (Zukunfts-) ängsten zu stehen. Was bedeutet dies für uns Erwachsene? Zuallererst bedeutet es, dass wir Kindheit nicht länger als unpolitisch wahrnehmen dürfen. Nicht zuletzt die vorliegende Studie hat gezeigt, dass es sich dabei um einen Trugschluss - möglicherweise auch um Wunschdenken - handelt, das aus dem Wunschbild einer ungestörten Kindheit resultiert. Doch, wenn wir ausblenden, dass bereits Kinder politisiert sind und werden, wenn Kinder keine Chance haben politisch wahrgenommen zu werden, sich altersgerecht über Politik zu informieren oder über Politik mit geeigneten Gesprächspartnern zu kommunizieren, vergeben wir damit gesellschaftliche Chancen (z.b. in der politischen Bildung) und richten womöglich auch politischen Schaden (z.B. Abkehr von der Politik und Verschärfung von Gruppenunterschieden) und persönlichen Schaden (z.B. Ängste und Schlafstörungen) an. Wenn die Fähigkeit zu politischem Interesse an bestimmten Altersnormen festgemacht wird, wird ausgeblendet, dass Interesse in der Auseinandersetzung zwischen Individuum und Umwelt entsteht. Zwar hängt die Entwicklung von Interesse „einerseits von den jeweils vorhandenen Strukturen an Fähigkeiten, Kenntnissen, Einstellungen und Werthaltungen des Individuums ab" (Schmid, 2004, S. 13), aber diese Faktoren reichen nicht aus, um die Entstehung von Interesse ausreichend zu begründen, denn Interesse hängt auch „von den je spezifischen Anregungen durch die Umwelt, der sozialen, wie der gegenständlichen" (ebd.) ab. Diese Definition spiegelt sich sehr schön in dem Ausdruck „Interesse wecken" wider, der zu verstehen gibt, dass die Anlage für das Interesse im Individuum vorhanden ist bzw. vorhanden sein muss und von außen verstärkt, gefördert wird bzw. geweckt werden muss. Dies ist insofern in Bezug auf das politische Interesse von Kindern relevant, dass auch politisches Interesse nicht nur von den Kindern selbst kommen muss oder kann, sondern durch äußere Anreize geweckt, verstärkt, generiert wird. Kindern kann also nicht generell politische Unfähigkeit unterstellt werden, denn diese Unfähigkeit wäre zumindest zum Teil auch die Unfähigkeit der Erwachsenen das politische Interesse von Kindern zu „wecken".

Welche politischen und pädagogischen Konsequenzen aus der Anerkennung von Kindern als politische Wesen gezogen werden müssen, lässt sich aufgrund der bisher eher dürftigen Forschungsergebnisse zum Thema schwer sagen. Hier ist eine intensivere Erforschung des politischen Interesses, politischen Wissens, der politischen Bedürfnisse und der Beteiligungsmöglichkeiten von Kindern notwendig. Ich halte es jedoch für angebracht mich den Worten von van Deth (2007a, S.17) anzuschließen: „Kinder kann man . . . auch als junge Bürger der jetzigen Gesellschaft mit klaren Interessen an jetziger Beteiligung sehen. Mit anderen Worten: Kinder sind keine kleinen Bürger in Ausbildung, sondern vollwertige Mitglieder der Gesellschaft".

Das bedeutet in der Konsequenz Kinder als Gesprächspartner, als Familienmitglied, als Gestalter des eigenen Lebens und Lernens, als Gesellschaftsmitglieder mit eigenen Wünschen, Interessen, Sorgen und vor allem Rechten zu akzeptieren. Die Andersartigkeit von Kindern in manchen Bereichen darf nicht als Minderwertigkeit begriffen werden. Kinder haben in vielen Bereichen andere Wünsche und Vorstellungen als Erwachsene. Dies darf aber nicht bedeuten, dass ihre Wünsche und Vorstellungen als weniger richtig oder weniger wichtig erachtet werden. Die „Entwicklungstatsache", das heißt die entwicklungsbedingte Schutz- und Unterstützungsbedürftigkeit von Kindern, darf nicht zu einer Defizitorientierung führen. Kinder müssen entsprechend ihrer Möglichkeiten beteiligt werden – in allen Bereichen. Das darf nicht in Form einer gnädigen Gewährung von oben herab, die sich meistens auf symbolische Akte beschränkt, geschehen, sondern aus einem Verständnis für das Recht der Kinder auf diese Beteiligung heraus. Das bedeutet vor allem, dass wir Erwachsene etwas von unserer Macht und Kontrolle abgeben müssen, uns von eigenen Vorstellungen ein Stück weit trennen müssen und uns in die Sichtweise der Kinder hineindenken müssen. Keineswegs bedeutet dies „alle Macht den Kindern", sondern es bedeutet *geteilte Macht* mit Kindern und das Finden von Kompromisslösungen zur Wahrung der Interessen der verschiedenen Generationen auf der Basis von Verständnis und Respekt. Dies würde zu mehr Miteinander anstatt Gegeneinander zwischen den Generationen und zu mehr Generationengerechtigkeit und Zukunftsfähigkeit führen. Davon profitieren nicht nur die Kinder, sondern auch die Gesamtgesellschaft und die Demokratie. Leider herrscht bei der Erwachsenengesellschaft noch wenig Bereitschaft dazu, Kinder zu beteiligen. Stattdessen finden sich starke Betonungen der „Unfähigkeiten" von Kindern. Allerdings ist die defizitäre Sicht auf Kinder und Kindheit im Wandel begriffen. Die demokratische Beteiligung von Kindern in Schulen, Kindergärten, Familie und Politik nimmt zu. Zwar besteht hier noch viel Ausbaubedarf, aber die ersten kleinen Schritte sind bereits gemacht. Auch die Akzeptanz der Erwachsenenwelt für die Kinderrechte ist (theoretisch) hoch, das heißt die Umsetzung der Kinderrechte erhält viel Zustimmung. Es fehlt jedoch die Umsetzung in die Praxis, welche immer den schwierigen Teil von Veränderungen darstellt. Als ein gutes Zeichen ist zu deuten, dass die Kindheitsforschung immer stärker die Perspektiven der Kinder in ihre Forschungsprozesse einbezieht. Durch groß angelegte repräsentative Kinderstudien bekommt auch die breite Öffentlichkeit so einen Einblick in die Sichtweisen von Kindern und kann sie dadurch besser verstehen lernen. Das gibt Anlass zu der Hoffnung, dass sich durch diese Öffentlichkeit die defizitäre Sichtweise auf Kinder in eine kompetenzorientierte Sichtweise wandelt und die Akzeptanz für Beteiligungsmodelle in Politik und Gesellschaft wächst. Auch der Erfolg verschiedener bereits durchgeführter Partizipationsprojekte kann zu einer Kompetenzorientierung und zur Erkenntnis, dass Kinder bereit sind sich politisch zu engagieren und sich für die Gesellschaft und die Zukunft einzusetzen, führen. Kinder sind Teil der Gesellschaft und dementsprechend denken und handeln sie auch. Wichtigstes Ziel ist daher, dass Kinder von der Gesellschaft nicht in eine „Kindergesellschaft" ausgegrenzt werden, sondern dass sich die Gesellschaft für die gesellschaftliche Teilhabe von Kindern öffnet, sie in ihren Rechten anerkennt und ihnen die Mitbestimmung auch zugesteht, die ihnen als zukunftstragender Bevölkerungsgruppe mit eigenen Gestaltungswünschen zusteht. Kinder haben mehrfach bewiesen, dass sie in der Lage sind selbständig und kritisch über gesellschaftliche und politische Prozesse nachzudenken und eigene Vorschläge und Lösungsansätze zu entwickeln und einzubringen. Nun sind wir Erwachsenen am Zug. Wir können Kindern die Einflussnahme nicht mit Hinweisen auf fehlende Kompetenzen und ungenügenden Sachverstand verweigern. Dort, wo möglicherweise tatsächlich aufgrund der Entwicklungstatsache Defizite bestehen sollten, sind wir eher in der Pflicht, die Beteiligungs- und Informationsmöglichkeiten dementsprechend zu gestalten und von einer „Erwachsenennormierung" abzusehen. Dazu gehört es auch angenommene Erwachsenennormen zu überprüfen. Das heißt, die Erwachsenenwelt muss Zielnormen für Kinder, die sich an Erwachsenennormen orientieren, hinsichtlich ihrer Zulässigkeit zur Übertragung auf Kinder und hinsichtlich ihrer Gültigkeit bei Erwachsenen kritisch reflektieren. Dies gilt beispielsweise für die Argumentation bezüglich des Minderjährigenwahlrechts, wo an Kinder Erwartungen formuliert werden, die für einen großen Teil der Erwachsenen nicht gültig sind (vgl. z.B. Hattenhauer, 1998; Hurrelmann, 1998a, 1998b). Wir müssen also aufpassen, dass wir von unseren Kindern nichts verlangen, was wir selbst nicht erfüllen oder was wir selbst nicht zu tun bereit wären.

Kinder sind nicht erst zukünftig Menschen und Staatsbürger, sie sind es jetzt. Wir Erwachsenen müssen umdenken, uns von der Defizitorientierung lösen. Das heißt wir sind jetzt gefragt Veränderungen herbei zu führen und dabei nicht wie üblich bei den Kindern anzusetzen, etwa durch verstärkte oder veränderte Bildungsforderungen, die unsere Erwachsenennormierung im Blick haben, sondern durch Veränderungen bei uns selbst und unserem Umgang mit Kindern. Eine „Pädagogik vom Kinde aus", die sich an von Erwachsenen formulierten Zielvorgaben orientiert, ist immer zum Teil auch defizitär gedacht, auch wenn sie ressourcen- und kompetenzorientierte Ansätze enthält. Es wäre Zeit für eine *Pädagogik mit dem Kind oder zum Kind hin*. Dies erfordert jedoch Anpassungsleistungen von uns Erwachsenen an die Kinder und nicht andersherum.

Anhang

Bild 1102: „Action-Bild" (Junge, 5 Jahre)[21]

Selbstbeschreibung: Ein Wasservulkan, ein Boot mit Opa, zwei Berge und eine Flutwelle.
Kategorien: Nationalfahnen; Naturkatastrophen (& Ich und Meine Familie).

---

[21] Leider verlieren die Bilder durch die Darstellung in Schwarzweiß und die verminderte Größe (Originale sind in A3-Format) an Qualität und Aussagekraft. Darstellungen der Bilder in Farbe sind online beim Verlag verfügbar. Zusätzlich können Bilder in hoher Auflösung auch aus anderen Kategorien bei der Autorin angefragt werden. Alle hier aufgeführten Bilder sind für die bessere Darstellung nachbearbeitet. Es wurden jedoch nur Bearbeitungen vorgenommen, die das Bild nicht verändern (abgesehen von der Darstellung ohne Farbe). Bei zwei Bildern wurde um die Anonymisierung aufrecht zu erhalten eine Namensnennung entfernt (Nr. 6104 und 6105).

Bild 1105: „Schiff & Floß" (Junge, 5 Jahre)

Selbstbeschreibung: Ich bin im Ruderboot und fahre nach Spiekeroog. Daneben ist ein Floß. Das geht unter, weil das Segel kaputt ist. Am Himmel ist eine Möwe.
Kategorien: Nationalfahnen (& Freizeit).

Bild 1203: „Das Rettungsboot" (Junge, 5 Jahre)

Selbstbeschreibung: Das ist eine Leiter, die führt in ein Rettungsboot. Da ist überall Wasser. Das Boot habe ich gemalt, weil alles überflutet ist.
Kategorie: Naturkatastrophen.

Bild 1206: „Das Rettungsschiff" (Junge, 5 Jahre)

Selbstbeschreibung: Ein Schiff auf dem Wasser. Da ist ein Kapitän. Das ist ein Mann. Das ist auch ein Rettungsschiff.
Kategorie: Naturkatastrophen.

Bild 1207: „Dinoland" (Mädchen, 5 Jahre)

Selbstbeschreibung: Ich habe ein Land gemalt, in dem alle böse sind. Das eine ist ein Baum mit einem Gesicht. Das andere ist ein Mensch mit einer Maske vor den Augen. Die sind alle böse in dem Land, weil die kämpfen. Die kämpfen gegen Dinos, weil sie vor denen Angst haben.
Kategorien: Krieg und Frieden (& Phantasie).

Bild 1303: „Feuerwehrmann mit Feuer" (Junge, 5 Jahre)

Selbstbeschreibung: Ich bin ein Feuerwehrmann und lösche ein Feuer. Ein Berg brennt, weil ein Vulkan ausgebrochen ist. Kategorien: Naturkatastrophen (& Berufe).

Bild 2201: „Krieg ist mein" (Mädchen, 7 Jahre)

Selbstbeschreibung: Rechts ist ein Panzer. Der schießt auf den Mann links. Der hat eine Pistole in der Hand und schießt zurück. Der Mann hat die Arme ausgebreitet, weil er seine Familie beschützt. Die Frau hat ein Baby im Arm. Das Flugzeug will die retten, aber ist auch kaputt und stürzt ab auf den Panzer. Oben ist noch ein Komet *(übernommenes Bildelement von 2202)*. Die Frau hat so Kleidung an, die hab ich im Fernsehen gesehen, als was über Krieg kam. Ich habe Angst vor Krieg. Kategorie: Krieg und Frieden.

Bild 2202: „Weltuntergang" (Junge, 7 Jahre)

Selbstbeschreibung: Das ist ein Meteor, der auf der Erde einschlägt und alles zerstören wird. Davor habe ich Angst. Da unten zwischen den Häusern ist ein Zombidrache. Der Mensch kämpft gegen ihn.
Kategorien: Naturkatastrophen (& Phantasie).

Bild 2209: Ohne Titel (Mädchen, 7 Jahre)

Selbstbeschreibung: Das bin ich. Ich wünsche mir, dass ich ein Baby habe und einen Hund oder eine Katze. Ich möchte reich sein. Unten in der Ecke ist Krieg. Da kämpfen zwei über Lava. Ich möchte nicht, dass es Krieg gibt.
Kategorien: Armut und Reichtum, Krieg und Frieden (& Ich und Meine Familie).

Bild 2211: „Angriff der Rebellen" (Junge, 8 Jahre)

Selbstbeschreibung: Rechts bin ich . Ich verstecke mich hinter Steinen und schieße. Der andere ist getroffen. Es ist Krieg. Das ist eigentlich wie bei Star Wars.
Kategorie: Krieg und Frieden.

Bild 2302: „Mein Wunsch: Vergangenheit (mit Krieg) und Zukunft (ohne Krieg)" (Mädchen, 8 Jahre)

Selbstbeschreibung: In der Zukunft soll kein Krieg mehr da sein. Das ist eine Mauer. Die Menschen schießen mit der Kanone auf die Mauer. Da sind schon Löcher drin.
Kategorie: Krieg und Frieden.

Bild 2303: „Der Krieg" (Mädchen, 8 Jahre)

Selbstbeschreibung: Das ist eine Mauer. Auf beiden Seiten der Mauer sind Menschen. Ein Mädchen und ein Junge. Die mögen sich, aber können nicht zueinander.
Kategorie: Krieg und Frieden.

Bild 2305: Ohne Titel (Junge, 9 Jahre)

Selbstbeschreibung: Das ist der Regenwald. Der wird abgeholzt. Da drin sind ein Affe und ein Tiger. Oben ist ein Flugzeug und unten eine Motoryacht. Rechts ist ein Haus.
Kategorie: Umweltverschmutzung/Umweltzerstörung.

Bild 2308: Ohne Titel (Junge, 8 Jahre)

Selbstbeschreibung: Ich möchte Richter werden oder Kieferorthopäde. Oben ist Oldenburg in der Zukunft. Es gibt einen neuen Park. Unten rechts ist die Bundeswehr in Afghanistan. Die sollen mehr gute Sachen für die Leute da machen. Ich bin nicht dabei.
Kategorien: Krieg und Frieden (& Berufe).

Bild 2403: „Die Stabhochspringerin" (Mädchen, 9 Jahre)

Selbstbeschreibung: Ich möchte Stabhochspringerin werden.
Kategorien: Nationalfahnen (& Berufe).

Bild 3202: „Parisische Weltwunder" (Junge, 8 Jahre)

Selbstbeschreibung: Das ist der Eifelturm und das ist in Frankreich. Da ist eine Brücke und ein Containerschiff. Meine Oma hat mir von Paris erzählt. Kategorien: Nationalfahnen (& Architektur).

Bild 3204: Ohne Titel (Junge, 7 Jahre)

Selbstbeschreibung: Das Auto ist sehr selten. Es lagert Fische und fährt mit Wasser. Es dürfen keine heißen oder anderen Gerichte da rein. Das Auto ist das Lieferauto für das Restaurant. Ich hoffe, ich werde der erfolgreichste Fußballspieler. Ich angle auch Fische mit meiner Angel und bringe sie zum Restaurant. Das gehört auch mir. In dem Restaurant gibt es auch Nachtisch. Kuchen und Pudding. Es gibt aber auch Käfige mit Kaninchen, die man streicheln kann.
Kategorien: Umweltschutz (& Berufe).

Bild 3205: Ohne Titel (Junge, 8 Jahre)

Selbstbeschreibung: Das ist ein Fußballspieler und ein Tennisspieler. Ich bin beides.
Kategorien: Nationalfahnen (& Berufe).

Bild 3207: Ohne Titel (Junge, 7 Jahre)

Selbstbeschreibung: Das bin ich als Fußballspieler, Handballspieler und Tennisspieler
Kategorien: Nationalfahnen (& Berufe).

Bild 3210: Ohne Titel (Junge, 7 Jahre)

Selbstbeschreibung: Das ist eine Fabrik. Da wird Papiermüll verarbeitet. Da möchte ich nicht arbeiten. Ich möchte in der Natur sein. Das rechts bin ich mit einem Auto und einem Elefanten.
Kategorie: Umweltbedrohung vs. Umweltschutz.

Bild 3213: „Das achte Weltwunder" (Junge, 8 Jahre)

Selbstbeschreibung: Links bin ich als Fußballer. Rechts bin ich etwas älter und deswegen auch schon kleiner. Da lösche ich einen Waldbrand.
Kategorien: Nationalfahnen, Naturkatastrophen (& Berufe).

Bild 3216: „So möchte ich es mal haben" (Junge, 7 Jahre)

Selbstbeschreibung: Das ist eine fahrende Motorsäge und ein Bauexpress. Da kann man viele Sachen drin transportieren und da ist eine Kreissäge und ein Bohrer drin. Ich wünsche mir, dass in der Zukunft niemand mehr arm ist.
Kategorien: Armut und Reichtum (& Technik).

Bild 3303: „Die Welt 3000" (Junge, 9 Jahre)

Selbstbeschreibung: Oben links ist der Zug, der durch den Tunnel von Paris nach England führt. Rechts ist eine Rakete, die mit zwei Astronauten zur Sonne fliegt und daneben ist eine Wolke aus giftigen Sonnengasen. Unten ist ein Müllroboter. Kategorien: Nationalfahnen (& Technik).

Bild 3304: „Unterwegs mit der Untertasse" (Junge, 9 Jahre)

Selbstbeschreibung: Das ist eine fliegende Untertasse. Da passen alle Menschen der Welt rein. Die müssen so lange darin bleiben bis Roboter allen Müll auf der Erde weggeschafft haben. 2030 gibt es nämlich so viel Müll, dass die Menschen nicht auf der Erde leben können. Da ist noch der Müll, ein Kran und ein Roboter. Der Himmel ist schwarz damit man sehen kann, dass die Untertasse im Weltall ist. Kategorien: Umweltverschmutzung (& Technik).

Bild 3307: „Brennender Wald" (Mädchen, 7 Jahre)

Selbstbeschreibung: Das ist ein brennender Wald. Der brennt, weil es Feuer regnet, aber ich weiß nicht warum. Kategorie: Naturkatastrophen.

Bild 3306: „Sicherungsphase" (Junge, 8 Jahre)

Selbstbeschreibung: Das Bild zeigt die Sicherungsphase nach dem dritten Weltkrieg. Der ist ein Jahr zu Ende. Es ist noch viel Militär unterwegs. Ich bin auch dabei. In der Mitte ist ein Denkmal und daneben ein Kind, das einen Aufsatz über das Denkmal schreibt. Das Grüne unten links ist ein Außerirdischer. Rechts ist ein Gebäude, das durch ein Zahlenschloss gesichert ist. Das blaue ist eine Hologrammwand, die als Schutz dient. Die schießen nämlich mit Lasern und die gehen da nicht durch. Kategorien: Krieg und Frieden (& Technik).

Bild 3308: Ohne Titel (Junge, 8 Jahre)

Selbstbeschreibung: Ich habe Angst vor Krieg. Eine Bombe im Haus wird bei 0 explodieren, vor dem Haus steht der Zeitzünder. Kategorien: Krieg und Frieden.

Bild 3410: „Gut und Schlecht" (Junge, 10 Jahre)

Selbstbeschreibung: Die Antarktis schmilzt. Die Eisbären sterben aus. Es wird immer wärmer durch den Klimawandel. Daran sind die Flugzeuge mit ihren Abgasen mit dran schuld. Rechts sind Hochhäuser mit Solarzellen, ein Flugzeug mit Wasserantrieb und ein Auto mit Wasserantrieb.
Kategorie: Umweltbedrohung vs. Umweltschutz.

Bild 3412: „Trauer/Blockhäuser" (Junge, 9 Jahre)

Selbstbeschreibung: Auf dem Dach sind Solarzellen. Es gibt nur Blockhäuser mit Balkonen.
Kategorien: Umweltbedrohung vs. Umweltschutz (& Architektur).

Bild 3415: „Klimawandel/Vorstellung der Zukunft" (Mädchen, 9 Jahre)

Selbstbeschreibung: Ich finde, dass die Autos auch an die Umwelt denken sollten. Ich glaube, dass es Hybridautos geben wird. Ich habe Angst vor dem Klimawandel. Oben ist ein Flugzeug mit einem umweltfreundlichen Antrieb ohne CO2.
Kategorien: Umweltbedrohung vs. Umweltschutz (& Technik).

Bild 3416: „Hamburg 2030" (Junge, 9 Jahre)

Selbstbeschreibung: Das Bild beschreibt die Welt im Jahr 2030 wie ich es mir vorstelle. Die beschriebene Stadt Hamburg. Das rote Auto oben links ist ein Polizeiauto mit Waffen oben drauf und hinten. Vorne ist eine Rakete. Unten auf dem Haus sind Solarzellen.
Kategorien: Umweltschutz (& Architektur, Technik)

Bild 3418: „Wassermotor" (Junge, 9 Jahre)

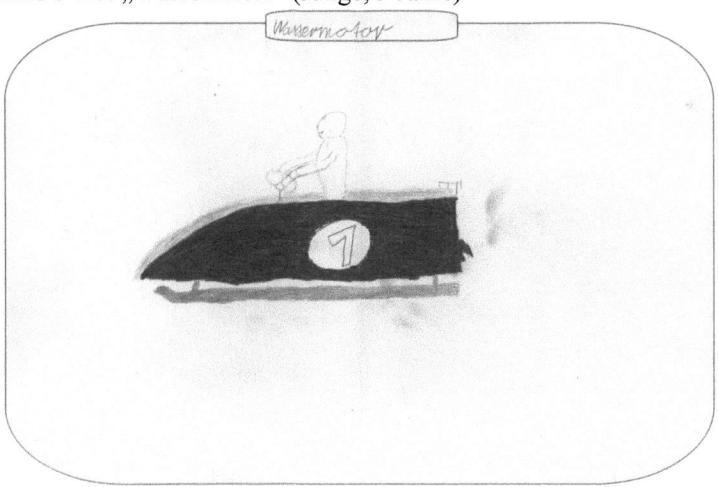

Selbstbeschreibung: keine Selbstbeschreibung vorhanden, da das Bild nachgereicht wurde.
Kategorien: Umweltschutz.

Bild 4206: Ohne Titel (Mädchen, 5 Jahre)

Selbstbeschreibung: Links sind zwei Freundinnen von mir. Rechts daneben ein Auto. Das fährt auf
einer Straße. Das Haus wird beschossen. Deswegen sind da Löcher drin.
Kategorien: Krieg und Frieden (& Architektur).

Bild 5109: „Auto" (Mädchen, 6 Jahre)

Selbstbeschreibung: Das ist eine Straße mit ganz viel Verkehr. Das grüne oben rechts ist mein Haus. Da bin ich drin. Am Himmel fliegen noch zwei Bienen.
Kategorie: Umweltverschmutzung.

Bild 5302: „Präsident" (Junge, 8 Jahre)

Selbstbeschreibung: Ich habe gemalt, dass ich Präsident werde. Und das Bild zeigt das Haus des Präsidenten. Da sitzen noch mehr Leute und die entscheiden, ob es noch mehr Schulen geben soll oder so. (Frage: Du sitzt da oben aber nicht alleine. Wer sitzt denn da noch?). Frau Merkel oder so.
Kategorien: Institutionelle Politik (& Berufe).

Bild 5303: Ohne Titel (Junge, 8 Jahre)

Selbstbeschreibung: Das ist ein Kampfflugzeug. Das feuert Bomben und Raketen ab. Auch eine Atombombe, weil Krieg ist. Links ist das Haus des Präsidenten und rechts der Bauernhof von ... Kategorien: Krieg und Frieden.

Bild 5304: Ohne Titel (Junge, 8 Jahre)

Selbstbeschreibung: Ich möchte gern Pilot von einem sehr starken Kampflugzeug werden. Unten ist ein toter Eisbär, weil die Eisbären alle sterben wegen dem Klimawandel. Kategorien: Umweltzerstörung (& Berufe).

Bild 5402: Ohne Titel (Junge, 9 Jahre)

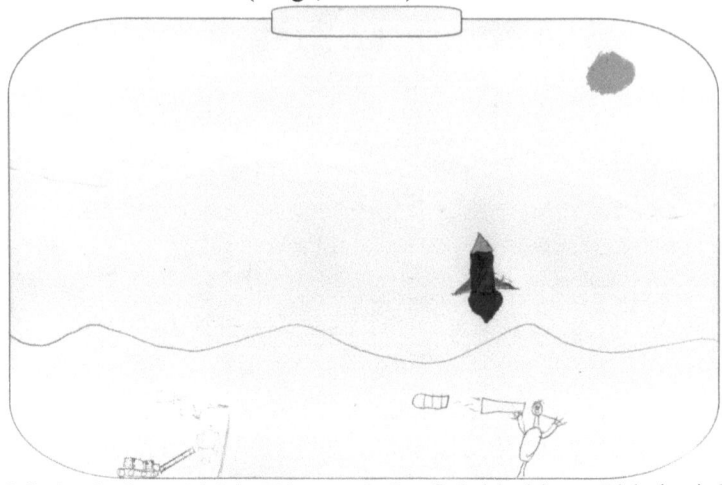

Selbstbeschreibung: Ich habe Krieg gemalt. Den finde ich nicht gut. Links ist ein Panzer und rechts schießt einer mit einer Panzerfaust. Oben ist eine Rakete (Raumschiff). Das finde ich gut.
Kategorien: Krieg und Frieden (& Technik).

Bild 5407: „Krieg in Afghanistan" (Junge, 9 Jahre)

Selbstbeschreibung: Ich habe den Krieg in Afghanistan gemalt. Mehr möchte ich dazu nicht sagen. Oben rechts ist die Sonne.
Kategorien: Krieg und Frieden.

Bild 6104: „Die Insel" (Junge, 6 Jahre)

Selbstbeschreibung: Ich habe ein Boot mit Deutschlandflagge gemalt und eine Insel. Eine Person wartet auf das Boot. Die muss gerettet werden. Viele Menschen müssen gerettet werden, weil immer mehr Wasser kommt.
Kategorien: Nationalfahnen, Naturkatastrophen.

Bild 6105: „.....: Sabrina" (Mädchen, 6 Jahre)

Selbstbeschreibung: Meine Freundin Sabrina baut ein kleines Haus für ihre Kinder. Der Mann ist gestorben. Die Kinder sind im Haus. Sie gießt einen Apfelbaum, weil sie wenig zu Essen hat. Sie hat kein Geld, um Essen zu kaufen, weil sie arm ist. Davor habe ich Angst.
Kategorien: Armut und Reichtum (& Ich und Meine Familie).

Bild 6109: „Deutschland" (Junge, 6 Jahre)

Selbstbeschreibung: Das bin ich und ein Auto. Die Türen von den Häusern sind in den Deutschland-farben, weil ich ein Deutschland-Fan bin.
Kategorien: Nationalfahnen (& Architektur, Ich und Meine Familie).

Bild 6202: „Wasserauto" (Junge, 7 Jahre)

Selbstbeschreibung: Das ist ein Auto, das mit Wasser fährt. Vorne saugt es das Wasser rein und hinten kommt es wieder raus. Der Mensch oben in der Glaskugel ist ein Ausguck.
Kategorie: Umweltschutz.

Bild 6205: „Die Welt geht unter" (Junge, 7 Jahre)

Selbstbeschreibung: Alles kracht zusammen. Es gibt keine Menschen mehr. Links ist ein Ritter mit Schwert und Schild. Er kämpft gegen einen Drachen. Ich habe vergessen, den Kopf vom Drachen zu malen. Daneben ist eine Rakete für den Krieg. Die soll alles zerstören. Rechts daneben ist ein Mensch, der brennt. Deswegen springt er in die Luft. Das Haus brennt auch und bricht in der Mitte auseinander. Oben drin ist noch ein Vater mit seinem Baby. Das Flugzeug stürzt ab.
Kategorien: Krieg und Frieden (& Phantasie).

Bild 6208: „Es ist immer Abend" (Mädchen, 7 Jahre)

Selbstbeschreibung: Es ist immer dunkel, die Sonne kann nicht mehr durch den Smog.
Kategorien: Umweltverschmutzung.

Bild 6213: „Star wars" (Junge, 7 Jahre)

Selbstbeschreibung: Ich habe aufgemalt, was ich in einem Film gesehen habe. Oben ist eine Maschine, die ist böse. Die Kugeln darum herum sind Raumschiffe, die gegen sie kämpfen. Unten ist auch Krieg. Kategorien: Krieg und Frieden.

Bild 6215: „Traurig/Glücklich" (Mädchen, 8 Jahre)

Selbstbeschreibung: Es macht mich traurig, dass immer mehr Wald stirbt, weil immer mehr Bäume abgeholzt werden. Rechts ist ein Leuchtturm. Ich finde es schön dazustehen und mir den Leuchtturm anzusehen. Kategorien: Umweltbedrohung vs. Umweltschutz.

Bild 6305: „Der letzte Krieg" (Junge, 10 Jahre)

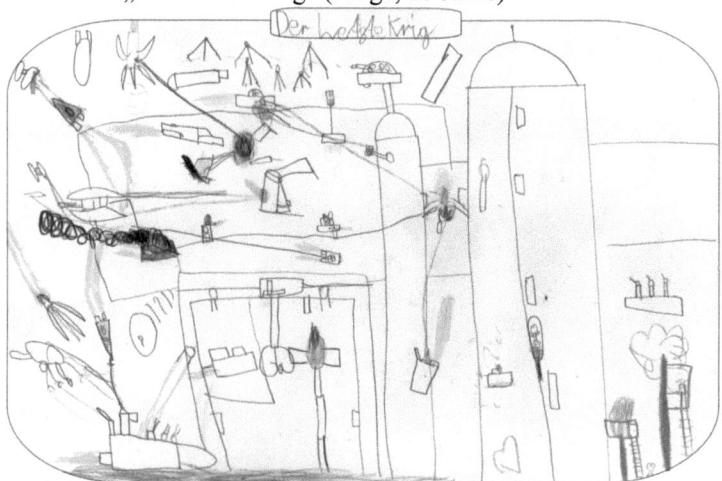

Selbstbeschreibung: Ich habe Krieg gemalt, weil ich es cool fände, wenn es Star Wars wirklich gäbe. Ich möchte dann Raumschiffpilot sein.
Kategorien: Krieg und Frieden (& Berufe).

Bild 6306: „Star Wars Kapitel 6" (Junge, 8 Jahre)

Selbstbeschreibung: Ich habe Angst, dass es in der Zukunft Krieg gibt wie bei Star Wars.
Kategorien: Krieg und Frieden.

Bild 6308: „Die Wunder der Natur" (Junge, 9 Jahre)

Selbstbeschreibung: Links ist die Polizei. Ich möchte Polizist werden. Da komme ich gerade zur Arbeit. Rechts ist ein Turm mit einer Kuppel. Ein Aussichtsturm. Darin sind Menschen und schauen durch ein Fernrohr. Dann ist da noch ein fliegendes Auto und eine Rakete. Rechts ist ein Krankenhaus. Ein Mensch wird gerade operiert. Außerdem ist da eine Luftmaschine, die dafür sorgt, dass es frische Luft gibt, weil nämlich alles von einer Glaskuppel überdacht ist.
Kategorien: Umweltverschmutzung (& Berufe, Architektur, Technik).

Bild 6310: „Zukunft/Krieg" (Junge, 8 Jahre)

Selbstbeschreibung: Ich habe Angst vor Krieg. Ich glaube, dass es in der Zukunft viele Hochhäuser gibt. Außerdem habe ich fliegende Autos gemalt. Das eine hat eine ausklappbare Basketballterrasse.
Kategorien: Nationalfahnen, Krieg und Frieden (& Technik, Architektur).

Bild 6311: „Meine Zukunft" (Mädchen, 8 Jahre)

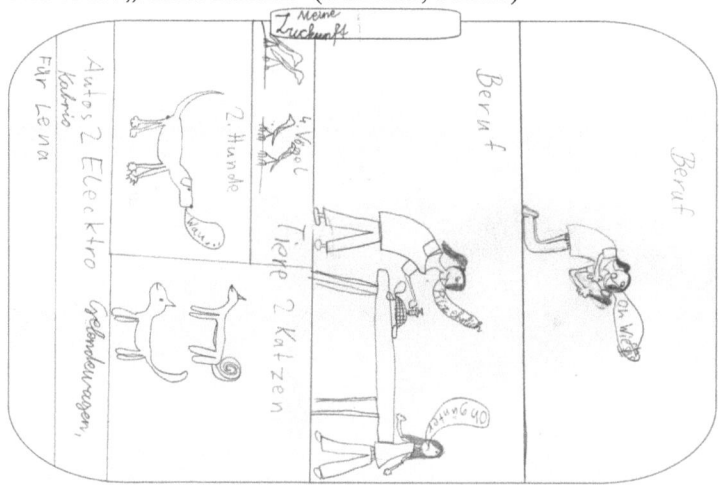

Selbstbeschreibung: Ich will ein Haus alleine haben und meine Tiere sollen ein großes Freigehege haben. Meine Mama wohnt auch im Haus und passt auf mein Kind auf, wenn ich nicht da bin. Und noch einen kleinen Pool. Ich möchte Edelsteinsucherin oder Tierärztin werden. Außerdem möchte ich Tiere haben und zwei Elektroautos. Einen Geländewagen, weil ich vielleicht auch mal aufs Land fahren muss als Tierärztin und ein Cabrio. Kategorien: Umweltschutz (& Berufe, Ich und Meine Familie).

Bild 6314: „Basketballnationalmannschaft/Krieg" (Junge, 8 Jahre)

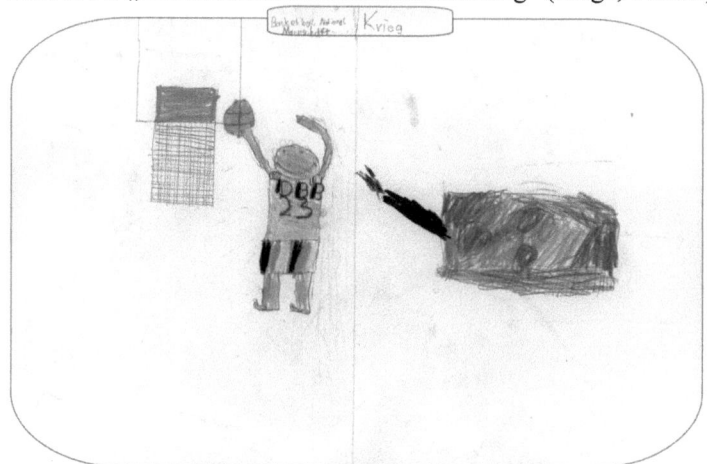

Selbstbeschreibung: Ich möchte Basketball-Nationalspieler werden oder in der NBA spielen. Ich habe Angst vor Krieg. Kategorien: Krieg und Frieden, Nationalfarben (& Berufe).

Bild 6401: „Schöne und schlechte Sachen" (Mädchen, 9 Jahre)

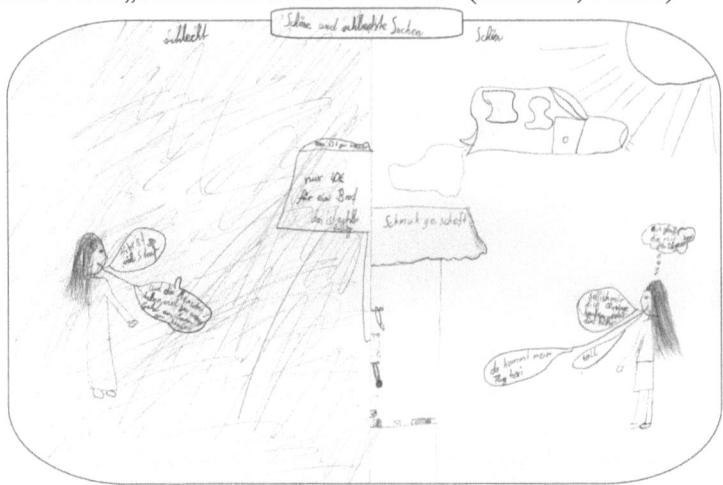

Selbstbeschreibung: Auf der linken Seite ist eine Frau, die nicht genug Geld für Essen hat, weil das Essen immer teurer wird. Es ist auch zuviel Staub in der Luft durch Luftverschmutzung, z.B. durch Autoabgase. Auf der rechten Seite bin ich. Ich möchte Geld haben und kaufe mir Schmuck und fliege mit dem Lufttaxi. Kategorien: Armut und Reichtum, Umweltverschmutzung.

Bild 6402: „Basketballzukunft" (Junge, 9 Jahre)

Selbstbeschreibung: Ich habe davor Angst, dass es Krieg gibt. Aber ich freue mich auf die neuen Basketballer. Hoffentlich bin ich einer von den Basketballern. Kategorien: Krieg und Frieden (& Berufe).

Bild 6403: „Positiv und Negativ" (Mädchen, 10 Jahre)

Selbstbeschreibung: Das links bin ich und ich möchte das Cabrio haben. Rechts sind Menschen, die zu wenig Geld haben, weil die Sachen immer teurer werden, damit die Geschäfte mehr verdienen. Kategorien: Armut und Reichtum.

Bild 6405: „Meine Zukunft" (Junge, 9 Jahre)

Selbstbeschreibung: Oben rechts ist ein Solarauto. In der Zukunft gehe ich nicht mehr zur Schule, sondern zur Arbeit. Unten rechts ist ein neues Handy. Das strahlt so, weil es neu ist. Es ist ganz klein. In der Mitte ist ein Auto mit Raketenantrieb und Luftdüsen. Oben links ist ein Flugzeug. Unten links ist ein Kohlekraftwerk. Das verschmutzt die Umwelt. Oben in der Mitte ist ein Teich. Die Fische sind gestorben, weil zuviel Müll im Wasser ist. Die Umweltverschmutzung finde ich nicht gut. Kategorien: Umweltbedrohung vs. Umweltschutz (& Technik).

Bild 6410: Ohne Titel (Junge, 10 Jahre)

Selbstbeschreibung: Oben ist ein Feuerwehrauto, weil ich Feuerwehrmann werden will. Darunter ist ein Elektroauto und ein Lieferwagen von DHL. Ganz unten ist ein Baum an dem Geld wächst. Das wäre toll. Kategorien: Armut und Reichtum, Umweltschutz (& Berufe).

Bild 6411: „2030" (Junge, 9 Jahre)

Selbstbeschreibung: Oben links ist ein Windrad. Das ist länger, damit es mehr Energie erzeugen kann. Rechts ist ein Solarauto mit Dynamos in den Rädern und einem Miniwindkraftwerk untendrunter. Das Haus rechts hat ganz große Fenster und das Haus links hat Swimmingpools anstelle eines Balkons. Auf dem Dach liegen Menschen und sonnen sich. Unten links ist eine Rakete mit Menschen drin, die zum Mars fliegt. DRT steht für Deutschland, Russland, Thailand. Ich weiß nicht, ob es in der Zukunft so sein wird, aber ich wünsche es mir, weil Atomkraftwerke und Kohlekraftwerke nicht gut sind. Kategorien: Umweltschutz (& Technik, Architektur).

Bild 6416: „2030" (Junge, 10 Jahre)

Selbstbeschreibung: Oben links ist ein Windkraftrad. Rechts ist ein Solarauto. Da sind auch Häuser.
Das eine hat eine Dachterrasse mit einem Fahrstuhl. Da fährt gerade ein Mensch hoch. Unten links ist
ein Mensch auf einem Fahrrad. Ich wünsche mir, dass es in der Zukunft mehr Solarenergie, Wind-
energie und grüne Wiesen gibt. Außerdem wünsche ich mir Frieden. Kategorien: Krieg und Frieden,
Umweltschutz (& Technik, Architektur).

Literatur

Abendschön, S., & Vollmar, M. (2007). Kinder, Politik und die Zukunft der Demokratie: Können Kinder ‚Demokratie leben lernen'? In J. van Deth, S. Abendschön, J. Rathke, & M. Vollmar (Hrsg.), *Kinder und Politik. Politische Einstellungen von jungen Kindern im ersten Grundschuljahr* (S. 205-223). Wiesbaden: VS – Verlag für Sozialwissenschaften.

Abendschön, S. (2010). Die Anfänge demokratischer Bürgerschaft. Sozialisation politischer und demokratischer Werte und Normen im jungen Kindesalter. Baden-Baden: Nomos.

Aissen-Crewett, M. (1989). Geschlechtsspezifische inhaltliche Unterschiede in Zeichnungen von Schulkindern. *BDK-Mitteilungen, 1*, 26-33.

Alanen, L. (1992). *Modern childhood? Exploring the „child question" in sociology.* Publication series A. Research reports 50. Jyväskylä: University of Jyväskylä, Institute for Educational Research.

Alt, C. (Hrsg.). (2005). Kinderleben – Aufwachsen zwischen Familie, Freunden und Institutionen. Band 1: Aufwachsen in Familien. Wiesbaden: VS - Verlag für Sozialwissenschaften.

Ariés, P. (1975). *Geschichte der Kindheit.* München: Hanser. (Im Original erschienen 1960: L'enfant et la vie familiale sous l'ancien régime).

Bandura, A. (1979). *Sozial-kognitive Lerntheorie.* Stuttgart: Klett-Cotta. (Im Original erschienen 1977: Social learning theory).

Beckmann, F. (2003). Warum machen die das? Fragen zum Krieg. *Televizion, 16*(2), 6-7.

Behnken, I., Günther, C., Kabat vel Job, O., Karig, U., Keiser, S., Krüger, H.-H., Lindern, B., Wensierski, H.J.v., & Zinnecker, J. (1991). *Schülerstudie `90: Jugendliche im Prozeß der Vereinigung* (Reihe Kindheiten, Band 1). Weinheim: Juventa.

Bennett, L.M., & Bennett, S.E. (1989). Enduring gender differences in political interest: The impact of socialization and political dispositions. *American Politics Quarterly, 17*, 105 – 122.

Berti, A. (2002). Children's understanding of society: Psychological studies and their educational implications (S. 89-108). In E. Näsman & A. Ross (Hrsg.), *Children's understanding in the new Europe.* Stoke on Trent: Trentham Books.

Berti, A., & Andriolo, A. (2001). Third Grader's understanding of core political concepts (law, nation-State, government) before and after teaching. *Genetic, Social and General Psychology Monographs, 127*(4), 346-377.

Berton, M., & Schäfer, J. (2005). Politische Orientierungen von Grundschulkindern: Ergebnisse von Tiefeninterviews und Pretests mit 6- bis 7-jährigen Kindern. Mannheim: Mannheimer Zentrum für Europäische Sozialforschung (Arbeitspapiere; 86).

Bertram, H. (Hrsg.). (2008). Mittelmaß für Kinder: Der UNICEF-Bericht zur Lage der Kinder in Deutschland. München: C.H.Beck.

Bilden, H. (1991).Geschlechtsspezifische Sozialisation. In K. Hurrelmann & D. Ulich (Hrsg.), *Neues Handbuch der Sozialisationsforschung* (S. 279-302). Weinheim u.a.: Beltz.

Blank-Mathieu, M. (ohne Datum). Was eine Kinderzeichnung verrät. Online in Internet: URL *http://www.kindergartenpaedagogik.de/429.html* (Stand vom 04.02.2011).

Boehnke, K., Fromberg, E., & Macpherson, M. J. (1991). Makrosozialer Streß im Jugendalter: Ergebnisse einer Wiederbefragung zu Kriegsangst und Angst vor Umweltzerstörung. *Praxis der Kinderpsychologie und Kinderpsychiatrie, 40*, 204-213.

Bolscho, D. (1977). *Grundschule und soziales Lernen.* Braunschweig: Westermann.

Bortz, J., & Döring, N. (2006). Forschungsmethoden und Evaluation für Human- und Sozialwissenschaftler. Heidelberg: Springer.

Britten, U. (Hrsg.). (2000). *2020: Kinder und Jugendliche über unsere Zukunft.* Reinbek bei Hamburg: Rowohlt.

Britten, U. (2001). Der Polizist im Baumhaus: Die Zukunft in der Sicht von Kindern und Jugendlichen. In J. Mansel, W. Schweins, & M. Ulbrich-Hermann (Hrsg.), *Zukunftsperspektiven Jugendlicher: Wirtschaftliche und soziale Entwicklungen als Herausforderung und Bedrohung für die Lebensplanung* (S. 230–240). Weinheim u.a.: Juventa.

Brosig, B., & Brähler, E. (2002). Die Angst vor dem Terror. Daten aus deutschen Repräsentativerhebungen vor und nach dem 11. September. *Journal für Konflikt- und Gewaltforschung, 4*(2), 77–94.

Bühler-Niederberger, D. (1991). *Legasthenie: Geschichte und Folgen einer Pathologisierung.* Opladen: Leske + Budrich.

Bundesministerium für Familie, Senioren, Frauen und Jugend (Hrsg.). (2006). *Kinder- und Jugendreport zum "Nationalen Aktionsplan für ein kindergerechtes Deutschland 2005 - 2010"* [Broschüre]. Berlin: BMFSFJ. Und Online in Internet: URL http://www.bmfsfj.de/bmfsfj/generator/BMFSFJ/Service/Publikationen/publikatione n,did=75104.html (Stand vom 08.03.2011).

Bundesministerium für Familie, Senioren, Frauen und Jugend (Hrsg.). (2007). Monitor Familienforschung. Ausgabe Nr. 9. Auf den Anfang kommt es an – Familien mit kleinen Kindern wirksam fördern. Online in Internet: URL *http://www.bmfsfj.de/BMFSFJ/Service/ newsletter,did=90010.html* (Stand vom 04.06.2010).

Bundesministerium für Familie, Senioren, Frauen und Jugend (2008). *„Nationaler Aktionsplan für ein kindgerechtes Deutschland 2005-2010"* – Zwischenbericht. Berlin: BMFSFJ. Und Online in Internet: URL http://www.bmfsfj.de/Redaktion BMFSFJ/Abteilung5/Pdf-Anlagen/nap-zwischenbericht.property=pdf,bereich=bmfsf j, sprache=de,rwb=true.pdf (Stand vom 08.03.2011).

Bundeszentrale für politische Bildung (2008). Bevölkerung nach Alter und Geschlecht. Online in Internet: URL *http://www.bpb.de/wissen/X39RH6,0,0,Bev%F6lkerung_ nach_Altersgruppen_und_Geschlecht.html* (Stand vom 08.03.2011).

Burdewick, I. (2003). Jugend – Politik – Anerkennung. Eine qualitative empirische Studie zur politischen Partizipation 11- bis 18-Jähriger. Bonn: Bundeszentrale für politische Bildung (BpB).

Butz, P. (1996). Zukunftseinstellungen Jugendlicher: Ergebnisse einer empirischen Längsschnittstudie in Berlin. In R. Möller, J. Abel, G. Neubauer, & K.-P. Teumann (Hrsg.), *Kindheit, Familie und Jugend: Ergebnisse empirischer pädagogischer Forschung* (S. 142 – 152). Münster: Waxmann.

Chisholm, L., Büchner, P., Krüger, H.-H., & du Bois-Reymond, M. (Hrsg.). (1995). *Growing up in Europe: Contemporary horizons in childhood and youth studies.* Berlin u.a.: de Gruyter.

Claußen, B. (1982). Wie entwickelt sich moralisches Bewusstsein und welche Bedeutung hat es für die Bewertung des Politischen? In B. Claußen & K. Wasmund (1982), *Handbuch der politischen Sozialisation* (S. 399 – 440). Braunschweig: Agentur Pedersen.

Claußen, B. (1996). Politisches Lernen in der Risikogesellschaft: Krisen, Gefährdungen und Katastrophen als Sozialisationsfaktoren. In B. Claußen & R. Geißler (Hrsg.), *Die Politisierung des Menschen. Instanzen politischer Sozialisation. Ein Handbuch* (S. 375-398). Opladen: Leske+Budrich.

Claußen, B., & Geißler, R. (Hrsg.). (1996). *Instanzen der politischen Sozialisation. Ein Handbuch.* Opladen: Leske + Budrich.

Claußen, B., & Wasmund, K. (1982). *Handbuch der politischen Sozialisation.* Braunschweig: Agentur Pedersen.

Davis, D. W., & Silver, B. D. (2003). Stereotype threat and race of interviewer effects in a survey on political knowledge. *American Journal of Political Science, 47,* 33-45.

Deutsches Kinderhilfswerk e.V. (ohne Datum). Webseite Kindersache [Internetportal für Kinder]. Online in Internet: URL *http://www.kindersache.de/bereiche/schongewusst/politik/artikel/was-ist-politik* (Stand vom 08.03.2011).

Deutsche Shell (Hrsg.). (2000). *Jugend 2000: 13. Shell Jugendstudie (Bd. 1).* Opladen: Leske+ Budrich.

Deutsche Shell (Hrsg.). (2002). Jugend 2002: Zwischen pragmatischem Idealismus und robustem Materialismus. 14. Shell Jugendstudie. Frankfurt: Fischer.

Duggal, H. S., Berezkin, G., & John, V. (2002). PTSD and TV viewing of World Trade Center. *Journal of the American Academy of Child and Adolescent Psychiatry, 41,* 494-495.

Dujmovic, S. (2006). Fernsehen für Kinder – und noch viel mehr. Kinder in Aktion mit dem Tigerenten-Club. *Televizion, 19*(2), 46-48.

Easton, D., & Dennis, J. (1969). Children in the political system. Origins of political legitimacy. New York: Mc Graw-Hill.

Eichholz, R., & Schröder, R. (2002). Kinder und Politik. In LBS-Initiative Junge Familie (Hrsg.), *Kindheit 2001- Das LBS-Kinderbarometer. Was Kinder wünschen, hoffen und befürchten* (S. 71-98). Opladen: Leske + Budrich.

Fix, M. (1996). Politik und Zeitgeschichte im Comic. *Bibliothek. Forschung und Praxis, 20*(2). Online in Internet: URL http://www.bibliothek-saur.de/t6020002.htm

Fuchs, G. (2006). Politische Partizipation von Frauen in Deutschland. In B. Hoecker (Hrsg.), *Politische Partizipation zwischen Konvention und Protest: Eine studienorientierte Einführung* (S. 235-260). Opladen: Leske + Budrich.

Fuchs-Heinritz, W. (2000). Zukunftsorientierungen und Verhältnis zu den Eltern. In Deutsche Shell (Hrsg.), *Jugend 2000* (Bd. 1, S. 23-92). Opladen: Leske + Budrich.

Furth, H. G. (1980). The world of grown-ups. Children's conceptions of society. New York u.a.: Elsevier.

Gebauer, M. (1994). Kind und Umwelt: Ergebnisse einer empirischen Studie zum Umweltbewußtsein von Grundschülern. Frankfurt a. M. u.a.: Lang.

Gebhard, U. (2005). *Kind und Natur: Die Bedeutung der Natur für die psychische Entwicklung*. Opladen: Westdeutscher Verlag.

Geis, F. (1993). Self-fulfilling prophecies: A social-psychological view of gender. In A.E. Beall & R.J. Sternberg (Hrsg.), *The Pschology of Gender* (S. 9-54). New York u.a.: Guilford Press.

Gemmeke, M. (1998). Politieke betrokkenheid van kinderen op de basisschool. Amsterdam: Thesis Publishers.

Geretschlaeger, I. (2003). Medienkompetenz gefragt. Mut machen, mit Kindern dem Krieg in den Medien begegnen. *Televizion, 16*(2), 62-65.

Gille, M., & Krüger, W. (Hrsg.). (2000). Unzufriedene Demokraten. Politische Orientierungen der 16- 29jährigen im vereinigten Deutschland. Opladen: Leske+Budrich.

Giligan, C. (1984). *Die andere Stimme: Lebenskonflikte und Moral der Frau*. München: Piper. (Im Original erschienen 1982: In a Different Voice).

Gloger-Tippelt, G., & Tippelt, R. (1986). Kindheit und kindliche Entwicklung als soziale Konstruktionen. *Bildung und Erziehung, 2*, 149-164.

Goffman, E. (1994). *Interaktion und Geschlecht*. Frankfurt a. M. u.a.: Campus.

Götz, M. (2003). „Wir sind dagegen!". Kinder in Deutschland und ihre Wahrnehmung vom Krieg im Irak. *Televizion, 16*(2), 27-36.

Götz, M., & Nikken, P. (2003). Kinder schreiben zum Krieg. Foreneinträge von Kindern in fernsehkonvergenten Websites im deutsch-niederländischen Vergleich. *Televizion, 16*(2), 49-53.

Götzmann, A. (2007). Naive Theorien zur Politik – Lernpsychologische Forschungen zum Wissen von Grundschülerinnen und Grundschülern. In D. Richter (Hrsg.), *Politische Bildung von Anfang an. Demokratie-Lernen in der Grundschule* (S .73-88). Bonn: Bundeszentrale für politische Bildung.

Götzmann, A. (2008). Politische Konzepte von Grundschüler/innen zu Öffentlichkeit. In G. Weißeno (Hrsg.), *Politikkompetenz. Was Unterricht zu leisten hat* (S. 293-309). Wiesbaden: VS - Verlag für Sozialwissenschaften.

Greenstein, F. I. (1960). The benevolent leader: Children's images of political authority. *The American Political Science Review, 54*, 934-945.

Greenstein, F. I. (1965). *Children and politics*. New Haven: Yale University Press.

Gugel, G. (2003). Betroffenheiten und Reaktionsweisen von Kindern durch und auf den Golfkrieg 1990/91. Online in Internet: URL http://www.friedenspaedagogik.de/themen/kriegsangst_und_kriegserlebnisse_bei_kindern/betroffenheiten_und_reaktionsweisen_von_kindern_durch_und_auf_den_golfkrieg_1990_91 (Stand vom 08.03.2011).

Hafner, V. (2006). Politik aus Kindersicht. Eine Studie über Interesse, Wissen und Einstellungen von Kindern. Stuttgart: ibidem.

Hagemann-White, C. (1984). *Sozialisation: weiblich - männlich?* Opladen: Leske + Budrich.

Hattenhauer, H. (1998). Über das Minderjährigenwahlrecht. In C. Palentien & K. Hurrelmann (Hrsg.), *Jugend und Politik: Ein Handbuch für Forschung, Lehre und Praxis* (S. 238-259). Neuwied u.a.: Luchterhand.

Hazard, B. (1992). Verunsicherungspotentiale bei Jugendlichen im Umgang mit Informationen über Gesundheitsgefahren aus der Umwelt am Beispiel Radon. In J. Mansel (Hrsg.), *Reaktionen Jugendlicher auf gesellschaftliche Bedrohung* (S- 124-142). Weinheim u. München: Juventa.

Hengst, H. (Hrsg.). (1985). *Kindheit in Europa. Zwischen Spielplatz und Computer.* Frankfurt a. M.: Suhrkamp.

Hess, R. D., & Easton, D. (1960). The child's changing image of the president. *Public Opinion Quaterly, 24*, 632-644.

Hess, R. D., & Torney, J. V. (1967). *The development of political attitudes in children.* Chicago: Aldine.

Hilgers, A. (1994). Geschlechtsstereotype und Unterricht: Zur Verbesserung der Chancengleichheit von Mädchen und Jungen in der Schule. Weinheim u.a.: Juventa.

Hoffmann-Lange, U. (Hrsg.). (1995). *Jugend und Demokratie in Deutschland. DJI-Jugendsurvey 1.* Opladen: Leske + Budrich.

Holler, A., & Bachmann, S. (2009). „Alpträume hatte ich lange". Wo gemeinsames Fernsehen überfordert. *Televizion, 22*(1), 44-47.

Honig, M. S. (1996). Normative Implikationen der Kindheitsforschung. *Zeitschrift für Sozialisationsforschung und Erziehungssoziologie, 16*(1), 9-25.

Honig, M.S. (1999). *Entwurf einer Theorie der Kindheit.* Frankfurt a. M.: Suhrkamp.

Hurrelmann, K. (1994). Orientierungskrisen und politische Ängste bei Kindern und Jugendlichen: Sozialisationstheoretische Perspektiven. In J. Mansel (Hrsg.), *Reaktionen Jugendlicher auf gesellschaftliche Bedrohung: Untersuchungen zu ökologischen Krisen, internationalen Konflikten und politischen Umbrüchen als Stressoren* (S.59-78). Weinheim und München: Juventa.

Hurrelmann, K. (1998a). Jugendliche an die Wahlurnen! In der Altersspanne zwischen 12 und 14 Jahren entsteht die politische Urteilsfähigkeit. *deutsche Jugend, 46*(1), 9- 17.

Hurrelmann, K. (1998b). Für eine Herabsetzung des Wahlalters. In C. Palentien & K. Hurrelmann (Hrsg.), *Jugend und Politik: Ein Handbuch für Forschung, Lehre und Praxis* (S.281-289). Neuwied u.a.: Luchterhand.

Hurrelmann, K. (2001). Warum die junge Generation politisch stärker partizipieren muss. *Aus Politik und Zeitgeschichte, 44*, 3-7.

Hurrelmann, K., & Andresen, S. (2007). Kinderpolitik: Das „ganze Dorf" wird gebraucht. In World Vision Deutschland e.V. (Hrsg.), *Kinder in Deutschland 2007: 1. World Vision Kinderstudie* (S.361-390). Frankfurt a.M.: Fischer Taschenbuch.

Hurrelmann, K., & Bründel, H. (2003). *Einführung in die Kindheitsforschung.* Weinheim u.a.: Beltz.

Hurrelmann, K., & Ulich, D. (Hrsg.). (1991). *Neues Handbuch der Sozialisationsforschung.* Weinheim und Basel: Beltz.

Inzlicht, M., & Ben-Zeev, T. (2000). A threatening intellectual enviroment: Why females are susceptible to experiencing problem-solving deficits in the presence of males. *Psychological Science, 5*, 365 – 371.

Jacobi, J. (1991). Sind Mädchen unpolitischer als Jungen? In W. Heitmeyer & J. Jacobi (Hrsg.), *Politische Sozialisation und Individualisierung: Perspektiven und Chancen politischer Bildung* (S.99-118). Weinheim u. München: Juventa.

Jugendkompass Niedersachsen (1985). Lebenssituation von Jugendlichen und jungen Erwachsenen in Niedersachsen: Befragungsergebnisse zum Jugendkompass Niedersachsen 1984 im Überblick. Hannover: Niedersächsischer Kultusminister.

Jugendkompass Niedersachsen (1990). Lebenssituation von Jugendlichen und jungen Erwachsenen in Niedersachsen: Befragungsergebnisse zum Jugendkompass Niedersachsen 1989 im Überblick. Hannover: Niedersächsischer Kultusminister.

Jugendwerk der Deutschen Shell (Hrsg.). (1985). Jugendliche und Erwachsene `85: Generationen im Vergleich (Bd. 1: Biographien, Orientierungsmuster, Perspektiven). Opladen: Leske + Budrich.

Kaiser, A. (1996). Lernvorraussetzungen von Mädchen und Jungen für sozialwissenschaftlichen Sachunterricht. Oldenburg: Zentrum für pädagogische Berufspraxis.

Kaiser, A. (2002). Geschlechtsperspektiven in Kinderzeichnungen. Interkultureller Vergleich von Selbstdeutungen japanischer und deutscher Kinder am Beispiel von „Ich-Bildern". In ZFG/ZFS (Hrsg.). *Körper und Geschlecht. Bremer-Oldenburger Vorlesungen zur Frauen- und Geschlechterforschung* (S.51-72). Opladen: Leske + Budrich.

Kaiser, A. (2003). Zukunftsbilder von Kindern der Welt. Vergleich der Zukunftsvorstellungen von Kindern aus Japan, Deutschland, Chile. Baltmannsweiler: Schneider Verlag Hohengehren.

Kalcsics, K. (2008). Was Kinder unter Politik verstehen [Abstrakt]. Online in Internet: URL   http://www.phbern.ch/die-phbern/organisation/institute/institut-vorschulstufe-und-primarstufe/institutsspezifische-forschung-und-entwicklung/laufende-projekte.html?tx_phbernresearch_pi1[view]=single&tx_phbernresearch_pi1[uid]=3250670&c Hash=859c8d9fe7 (Stand vom 08.03.2011).

Keller, H. (Hrsg.). (1979). Geschlechtsunterschiede: Psychologische und physiologische Grundlagen der Geschlechterdifferenzierung. Weinheim u.a.: Beltz.

Keller, M. (1982). Die Entwicklung der Entwicklungspsychologie. *Psychologie heute, 9*(6), 44-55.

Key, E. (1992). *Das Jahrhundert des Kindes.* Weinheim u.a.: Beltz. (Im Original erschienen 1900: Barnets århundrade).

Klafki, W. (1999). Schlüsselprobleme und Schlüsselqualifikationen. Schwerpunkte neuer Allgemeinbildung in einer demokratischen Kinder- und Jugendschule. In G. Hepp & H. Schneider (Hrsg.), *Schule in der Bürgergesellschaft. Demokratisches Lernen im Lebens- und Erfahrungsraum der Schule* (S. 30-49). Schwalbach: Wochenschau.

Kohlberg, L. (1974). *Zur kognitiven Entwicklung des Kindes.* Frankfurt a.M.: Suhrkamp.

Kohlberg, L. (1995). *Die Psychologie der Moralentwicklung.* Frankfurt a.M.: Suhrkamp.

Kuhn, P. (2003). Thematische Zeichnung und fokussiertes, episodisches Interview am Bild – Ein qualitatives Verfahren zur Annäherung an die Kindersicht auf Bewegung, Spiel und Sport in der Schule. *Forum Qualitative Sozialforschung, 4*(1), Art. 8. Online im Internet: URL *http://www.qualitative-research.net/index.php/fqs/article/-view/750/1624* (Stand vom 08.03.2011).

Lark-Horovitz, B., Lewis, H., & Luca, M. (1967). *Understanding childrens art for better teaching.* Colombus, Oh.: Charles E. Merill Books.

LBS-Initiative Junge Familie (Hrsg.). (2002). Kindheit 2001. Das LBS-Kinderbarometer. Was Kinder wünschen, hoffen und befürchten. Opladen: Leske + Budrich.

LBS-Initiative Junge Familie (Hrsg.). (2007). LBS-Kinderbarometer Deutschland 2007. Stimmungen, Meinungen, Trends von Kindern in sieben Bundesländern. Online in Internet: URL *http://www.hessenstiftung.de/files/07-09-26_gesamtbericht_kinderbarometer_2007.pdf* (Stand vom 07.03.2011).

LBS-Initiative Junge Familie (Hrsg.). (2009a). LBS-Kinderbarometer Deutschland 2009. Wir sagen euch mal was. Stimmungen, Trends und Meinungen von Kindern in Deutschland. Online in Internet: URL *http://www.lbs.de/west/die-lbs/initiative-junge-familie/veroeffentlichungen* (Stand vom 07.03.2011).

LBS-Initiative Junge Familie (Hrsg.). (2009b). 10 Jahre LBS-Kinderbarometer NRW. Wie unsere Kinder denken. Stimmungen, Trends und Meinungen von Kindern in NRW. Online in Internet: URL *http://www.lbs.de/west/die-lbs/initiative-junge-familie/veroeffentlichungen* (Stand vom 08.03.2011).

Lemish, P. (2006). Frieden fördern! Konflikt und Konfliktlösungen im Kinderfernsehen. *Televizion, 19*(2), 32-38.

Lenzen, D. (1985). Mythologie der Kindheit. Die Verewigung des Kindlichen in der Erwachsenenkultur. Versteckte Bilder und vergessene Geschichten. Reinbek: Rowohlt.

Lersch, P. (1956). *Aufbau der Person.* München: Barth.

Leu, H. R. (1996). Selbständige Kinder: Ein schwieriges Thema für die Sozialisationsforschung. In M. S. Honig, H. R. Leu, & U. Nissen (Hrsg.), *Kinder und Kindheit. Soziokulturelle Muster – sozialisationstheoretische Perspektiven* (S. 174-198). Weinheim u.a.: Juventa.

Liebel, M. (2006). Vom Kinderschutz zur Partizipation? *Zeitschrift für Sozialisation und Erziehung, 26*, 86 - 99.

Lüscher, K. (1993). Generationenbeziehungen. Neue Zugänge zu einem alten Thema. In K. Lüscher & F. Schultheis (Hrsg.), *Generationsbeziehungen in postmodernen Gesellschaften* (S. 17-50). Konstanz: Universitätsverlag.

Mansel, J. (Hrsg.). (1994). Reaktionen Jugendlicher auf gesellschaftliche Bedrohung: Untersuchungen zu ökologischen Krisen, internationalen Konflikten und politischen Umbrüchen als Stressoren. Weinheim u.a.: Juventa.

Mansel, J. (1995). *Sozialisation in der Risikogesellschaft.* Neuwied: Luchterhand.

Matthews, J. (2006). Nachrichten in Grün? Wie Kindernachrichten über Umweltthemen berichten: Newsround. *Televizion, 19*(2), 44-45.

Maydall, B. (Hrsg.). (1994). *Children's childhoods: Observed and experienced.* London u.a.: The Falmer Press.

Mayring, P. (2002). Einführung in die qualitative Sozialforschung. Weinheim u.a.: Beltz.

Mayring, P. (2008). Qualitative Inhaltsanalyse. Grundlagen und Techniken. Weinheim u.a.: Beltz.

McCarthy, S. A. (1924). *Childrens drawings. A study of interests and abilities.* Baltimore: Williams & Wilkins.

McGlone, M. S., Aronson, J., & Kobrynowicz, D. (2006). Stereotyope threat and the gender gap in political knowledge. *Psychology of Women Quarterly, 30,* 392 -398.

Meili-Schneebeli, E. (2000). Kinderbilder – innere und äußere Wirklichkeit. Bildhafte Prozesse in Entwicklung, Lebenswelt und Psychotherapie des Kindes. Basel: Schwabe.

Meinerzhagen, M. (Hrsg.). (1988). „Bäume und Vögel gibt es auch nicht mehr". Kinder schreiben über ihre Zukunft. Hamburg: Rasch und Röhring.

Merk, P. (1998). Wahlrecht ohne Altersgrenze? In C. Palentien & K. Hurrelmann (Hrsg.), *Jugend und Politik. Ein Handbuch für Forschung, Lehre und Praxis* (S.260-279). Neuwied u.a.: Luchterhand.

Meyer, B. (2002). Frauen/Männer. In M. Greiffenhagen & S. Greiffenhagen (Hrsg.), *Handwörterbuch zur politischen Kultur der Bundesrepublik Deutschland* (S. 144-157). Wiesbaden: Westdeutscher Verlag.

Meyer, U. (2003). Politische Sozialisation. In U. Andersen & W. Woyke (Hrsg.), *Handwörterbuch des politischen Systems der Bundesrepublik Deutschland* (S. 521 – 523). Opladen: Leske + Budrich.

Meyer-Probst, B., Teichmann, H., & Engel, H. (1989). Wünsche und Befürchtungen 14jähriger Jugendlicher: Phänomenologie und Abhängigkeitsbeziehungen. In H. Schmigalla (Hrsg.*), Psychologie und Frieden* (S. 36-46). Jena: Friedrich-Schiller-Universität (Wissenschaftliche Beiträge der Friedrich-Schiller-Universität, Pro Pace Mundi, Nr. 5).

Moll, A. (2001). Was Kinder denken. Zum Gesellschaftsverständnis von Schulkindern. Schwalbach: Wochenschau.

Müller-Brettel, M. (1993). Krieg und Frieden im Kindesalter: Entwicklungspsychologische Perspektiven. *Psychologie in Erziehung und Unterricht, 40,* 81-96.

Müller, S., & Schächter, M. (1991). „Ich kann nicht beschreiben, wie die Angst ist". Kinderbriefe für den Frieden. Niedernhausen Ts.: Falken.

Munker, J. (1985). Die Welt in 100 Jahren. Wie Kinder die Zukunft sehen – Ein Bilderbuch für Erwachsene. Düsseldorf: Richard Fuchs.

Neller, K. (2002). Politisches Interesse. In M. Greiffenhagen & S. Greiffenhagen (Hrsg.), *Handwörterbuch zur politischen Kultur der Bundesrepublik Deutschland* (S.363-369). Wiesbaden: Westdeutscher Verlag.

Neubauer, G., & Sünker, H. (Hrsg.). (1993). *Kindheitspolitik international.* Opladen: Leske + Budrich.

Neuß, N. (1998). Bilder des Verstehens. Zeichnungen als Erhebungsinstrument der qualitativen Rezeptionsforschung. *Medien praktisch, 3,* 19 – 22.

Neuß, N. (2000). Medienbezogene Kinderzeichnungen als Instrument der qualitativen Rezeptionsforschung. In I. Paus-Haase & B. Schorb (Hrsg.). *Qualitative Kinder- und Jungendmedienforschung. Theorie und Methoden. Ein Arbeitsbuch* (S. 131-154). München: KoPäd.

Neuß, N., & Neukirchen, I. (2003). Samson hat Angst. Sesamstraßen-Spots helfen Kindern und Eltern bei Angst auslösenden Fernsehbildern. *Televizion 16*(2), 66-67.

Nguyen-Clausen, A. (1987). Das Bild im Spiel. In W. Zacharias (Hrsg.), *Spielraum für Spielräume. Zur Ökologie des Spiels 2* (S. 31-33). München: Internationale Vereinigung für das Recht des Kindes zu spielen (IPA) und Pädagogische Aktion e.V. (PA).

Niedersächsisches Kultusministerium (Hrsg.). (2006). Kerncurriculum für die Grundschule. Schuljahrgänge 1-4. Sachunterricht. Online in Internet: URL http://db2.nibis.de/-1db/cuvo/datei/kc_gs_sachunterricht_nib.pdf (Stand vom 09.03.2011).

Niesyto, H. (2006). Bildverstehen als mehrdimensionaler Prozess. Vergleichende Auswertung von Bildinterpretationen und methodische Reflexion. In W. Marotzki & H. Niesyto (Hrsg.), *Bildinterpretation und Bildverstehen. Methodische Ansätze aus sozialwissenschaftlicher, kunst- und medienpädagogischer Perspektive* (S. 253-286). Wiesbaden: VS - Verlag für Sozialwissenschaften.

Oesterreich, D. (2002). Politische Bildung von 14-Jährigen in Deutschland. Studien aus dem Projekt Civic Education. Opladen: Leske + Budrich.

Overmann, A. (1977). Die Reduktion moralischer Entwicklung auf formal-logisches Denken, oder: Der kognitivistische Überhang bei Lawrence Kohlberg. *Politische Didaktik, 3*, 47-51.

Palentien, C. (1998). Pro- und Contra-Diskussion zu einer Veränderung des Wahlrechts. In C. Palentien & K. Hurrelmann (Hrsg.), *Jugend und Politik. Ein Handbuch für Forschung, Lehre und Praxis* (S. 290-299). Neuwied u.a.: Luchterhand.

Panofsky, E. (1975). *Sinn und Deutung in der bildenden Kunst.* Köln: DuMont. (Im Original erschienen 1957: Meaning in the Visual Arts).

Pawelka, P. (1977). *Politische Sozialisation.* Wiesbaden: Akademische Verlagsgesellschaft.

Petri, H. (1992). Umweltzerstörung und die seelische Entwicklung unserer Kinder. Zürich: Kreuz.

Petri, H., Boehnke, K., Macpherson, M. J., & Meador, M. (1987). Zukunftshoffnungen und Ängste von Kindern und Jugendlichen unter der nuklearen Bedrohung. Analyse einer bundesweiten Pilotstudie. *Psychologie & Gesellschaftskritik 42/43, 11*(2/3), 81–105.

Piaget, J. (1954). *Das moralische Urteil beim Kinde.* Zürich: Rascher. (Im Original erschienen 1954: Le jugement moral chez l'enfant).

Picot, S., & Schroeder, D. (2007). Kinderpersönlichkeiten. Porträts von 12 Mädchen und Jungen. In World Vision Deutschland e.V. (Hrsg), *Kinder in Deutschland 2007. 1. World Vision Kinderstudie* (S. 227-360). Frankfurt a.M.: Fischer.

Prout, A., & James, A. (1990). A new paradigma for the sociology of childhood? Provenance, promise and problems. In A. James & A. Prout (Hrsg.), *Constructing and reconstructing childhood* (S. 7-34). London u.a.: The Falmer Press.

Qvortrup, J. (1996). Zwischen „fürsorglicher Belagerung" und ökonomischen Interessen. Zur Wahrnehmung von Kindern und Kindheit in den nordischen Ländern. In H. Zeiher, P. Büchner, & J. Zinnecker (Hrsg.), *Kinder als Außenseiter? Umbrüche in der gesellschaftlichen Wahrnehmung von Kindern und Kindheit. Reihe Kindheiten Bd. 9* (S. 57-74). Weinheim u.a.: Juventa.

Qvortrup, J., Bardy, M., Sgritta, G., & Wintersberger, H. (Hrsg.). (1994). *Childhood matters. Social theory, practice and politics.* Aldershot u.a.: Avebury.

Raithel, J. (2008). *Quantitative Sozialforschung. Ein Praxisbuch.* Wiesbaden: VS - Verlag für Sozialwissenschaften

Reiß, W. (1996). Kinderzeichnungen. Wege zum Kind durch seine Zeichnung. Berlin: Luchterhand.

Reiß, W. (2000). Zur Produktion und Analyse von Kinderzeichnungen. In F. Heinzel (Hrsg.), *Methoden der Kindheitsforschung. Ein Überblick über Forschungszugänge zur kindlichen Perspektive* (S. 231-246). Weinheim u.a.: Juventa.

Redlener, I., & Grant, R. (2002). The 9/11 terror attacks: emotional consequences persist for children. *Contemporary Pediatrics, 9*, 43.

Richter, H.-G. (1987). Die Kinderzeichnung. Entwicklung, Interpretation, Ästhetik. Düsseldorf: Schwann.

Rogge, J.-U. (2003). „Ob auch Kinder überlebt haben?". Wie Kinder mit Tod, Trauer und Sterben in den Fernsehnachrichten umgehen. *Televizion, 16*(2), 54-61.

Rousseau, J.-J. (1989). *Emile oder Über die Erziehung.* Paderborn u.a.: Schöningh. (Im Original erschienen 1762: Émile, ou De l'éducation).

Row, Y. (1988). Grundmerkmale der Kinderzeichnung. Eine vergleichende Untersuchung von Kinderzeichnungen koreanischer und deutscher Kinder bis zum 12. Lebensjahr [Dissertation]. Gießen: Justus-Liebig-Universität.

Ruff, F.M. (1990). Ökologische Krise und Risikobewußtsein. Zur psychischen Verarbeitung von Umweltbelastungen. Wiesbaden: DUV.

Rusch, R. (Hrsg.). (1989). So soll die Welt nicht werden. Kinder schreiben über ihre Zukunft. Kevelaer: Anrich.

Sahr, M. (1990). Über die Ängste unserer Kinder. *Pädagogische Welt, 8*, 344 – 347.

Schmid, C. (2004). Politisches Interesse von Jugendlichen. Eine Längsschnittuntersuchung zum Einfluss von Eltern, Gleichaltrigen, Massenmedien und Schulunterricht. Wiesbaden: Deutscher Universitäts-Verlag.

Schmidt, M. G. (2004). *Wörterbuch zur Politik.* Stuttgart: Kröner.

Schneekloth, U., & Leven, I. (2007). Wünsche, Ängste und erste politische Interessen. In World Vision Deutschland e.V. (Hrsg.), *Kinder in Deutschland 2007. 1. World Vision Kinderstudie* (S.201-225). Frankfurt a. M.: Fischer.

Schoen, H. (2006). Der demokratische Musterbürger als Normalfall? Kognitionspsychologische Einblicke in die black box politischer Meinungsbildung. *Politische Vierteljahresschrift, 47*, 89-101.

Schoppe, A. (1991). Kinderzeichnung und Lebenswelt. Neue Wege zum Verständnis des kindlichen Gestaltens. Herne: Verlag für Wissenschaft und Kunst.

Schubert, K., & Klein, M. (2006). *Das Politiklexikon.* Bonn: Dietz.

Schuster, M. (1993). *Die Psychologie der Kinderzeichnung.* Berlin u.a.: Springer.

Schuster, M. (2010). *Kinderzeichnungen. Wie sie entstehen - was sie bedeuten* (3.überarbeitete und neu gestaltete Auflage). München: Reinhardt.

Selbmann, M. (1988). Wie Kinder ihre Zukunft sehen. *IJF-Notizen.* München: Institut für Jugendforschung

Spencer, S. J., Steele, C. M., & Quinn, D. M. (1999). Stereotype threat and women's math performance. *Journal of Experimental Social Psychology, 35*, 4-28.

Stadt Oldenburg (ohne Datum). Statistisches Jahrbuch 2008. Online in Internet: URL *http://www.oldenburg.de/stadtol/index.php?id=4316* (Stand 04.06.2010).

Statistisches Bundesamt (Hrsg.). (2009). Bevölkerung und Erwerbstätigkeit. Bevölkerung mit Migrationshintergrund – Ergebnisse des Mikrozensus 2006. Fachserie 1 Reihe 2.2. Wiesbaden: Statistisches Bundesamt.

Stein-Hilbers, M. (1994). Wem „gehört" das Kind? Neue Familienstrukturen und veränderte Eltern-Kind-Beziehungen. Frankfurt a. M.: Campus.

Strauss, A. (1976). Die Entwicklung und Transformation der Bedeutung des Geldes beim Kind. In A. Wacker (Hrsg.), *Die Entwicklung des Gesellschaftsverständnisses bei Kindern* (S.169-190). Frankfurt a.M. u.a.: Campus.

Strauss, A. L., & Corbin, J. (1990). Basics of qualitative research. Grounded Theory procedures and techniques. London: Sage.

Strohmeier, G. (2005). Politik bei Benjamin Blümchen und Bibi Blocksberg. *Aus Politik und Zeitgeschichte, 41*, 7-15.

Tausendpfund, M. (2008). Demokratie Leben Lernen – Erste Ergebnisse der dritten Welle: Politische Orientierungen von Kindern im vierten Grundschuljahr. Mannheim: Mannheimer Zentrum für Europäische Sozialforschung (Arbeitspapiere; 116).

Tillmann, K.-J. (1989). Sozialisationstheorien. Eine Einführung in den Zusammenhang von Gesellschaft, Institutionen und Subjektwerdung. Reinbek bei Hamburg: Rowohlt.

UN-Ausschuss für die Rechte des Kindes (2004). Behandlung der von den Vertragsstaaten vorgelegten Berichte nach Artikel 44 des Übereinkommens über die Rechte des Kindes. Abschließende Bemerkungen: Deutschland. Sitzungsbericht CRC/C/15/ Add. 226 der fünfunddreißigsten Sitzung vom 30.01.2004. Online in Internet: URL http://www.fluechtlingsinfo-berlin.de/fr/pdf/Ausschuss.pdf (Stand vom 12.01.2011).

Unterbruner, U. (1991). Umweltangst – Umwelterziehung. Vorschläge zur Bewältigung der Ängste Jugendlicher vor Umweltzerstörung. Linz: Veritas.

van der Molen, J. H. W., & Bushman, B. J. (2008). Children's direct fright and worry reactions to violence in fiction and news television programs. *Journal of Pediatrics, 153*, 420-424.

van Deth, J., Abendschön, S., Rathke, J., & Vollmar, M. (2007). *Kinder und Politik. Politische Einstellungen von jungen Kindern im ersten Grundschuljahr.* Wiesbaden: VS – Verlag für Sozialwissenschaften.

van Deth, J. (2007a). Einführung: Kinder als junge Staatsbürger. In J. van Deth, S. Abendschön, J. Rathke, & M. Vollmar (2007), *Kinder und Politik. Politische Einstellungen von jungen Kindern im ersten Grundschuljahr* (S.9-27). Wiesbaden: VS – Verlag für Sozialwissenschaften.

van Deth, J. (2007b). Politische Themen und Probleme. In J. van Deth, S. Abendschön, J. Rathke, & M. Vollmar (2007), *Kinder und Politik. Politische Einstellungen von jungen Kindern im ersten Grundschuljahr* (S.83-118). Wiesbaden: VS – Verlag für Sozialwissenschaften.

van Ijzendoorn, M. H. (1990). The relation of moral judgement to authoritarianism, sexism, ethnocentrism, and concern about nuclear war. *Journal of Moral Education, 19*(1), 38-47.

Vollmar, M. (2007). Politisches Wissen bei Kindern – nicht einfach nur ja oder nein. In J. van Deth, S. Abendschön, J. Rathke, J., & M. Vollmar (2007), *Kinder und Politik. Politische Einstellungen von jungen Kindern im ersten Grundschuljahr* (S.119-160). Wiesbaden: VS – Verlag für Sozialwissenschaften.

Wacker, A. (1976). Die Entwicklung des Gesellschaftsverständnisses bei Kindern. Frankfurt a.M. u.a.: Campus.

Walper, S., & Schröder, R. (2002). Kinder und ihre Zukunft. In LBS-Initiative Junge Familie (Hrsg.), *Kindheit 2001 – Das LBS-Kinderbarometer. Was Kinder wünschen, hoffen und befürchten* (S. 99–126). Opladen: Leske + Budrich.

Wasmund, K. (1976). Kinder und Wahlkampf. Eine empirische Untersuchung zur politischen Sozialisation bei Viertkläßlern. In B. Claußen (Hrsg.), *Materialien zur politischen Sozialisation* (S.29-56). München u.a.: Ernst Reinhardt.

Wasmund, K. (1977). Kinder und Wahlkampf. In D. Bolscho (Hrsg.), *Grundschule und soziales Lernen* (S.63-89). Braunschweig: Westermann.

Westle, B. (2000). Politische Partizipation: Mobilisierung als Faktor geschlechtsspezifischer Ungleichheit. In O. Niedermayer & B. Westle (Hrsg.), *Demokratie und Partizipation. Festschrift für Max Kaase* (S.136-159). Wiesbaden: Westdeutscher Verlag.

Westle, B., & Schoen, H. (2002). Ein neues Argument in einer alten Diskussion: „Politikverdrossenheit" als Ursache des gender gap im politischen Interesse. In F. Brettschneider, J. van Deth, & E. Roller (Hrsg.), *Das Ende der politisierten Sozialstruktur?* (S.215-244). Opladen: Leske + Budrich.

Widlöcher, D. (1974). *Was eine Kinderzeichnung verrät. Methode und Beispiel psychoanalytischer Deutung.* München: Kindler.

Wilk, L., & Wintersberger, H. (1996). Paradigmenwechsel in Kindheitsforschung und – politik. In H. Zeiher, P. Büchner, & J. Zinnecker (Hrsg.), *Kinder als Außenseiter? Umbrüche in der gesellschaftlichen Wahrnehmung von Kindern und Kindheit* (S.29-55). Weinheim u.a.: Juventa.

World Vision Deutschland e.V. (Hrsg.). (2007). *Kinder in Deutschland 2007. 1. World Vision Kinderstudie.* Frankfurt a.M.: Fischer.

Zeiher, H. (1996). Von Natur aus Außenseiter oder gesellschaftlich marginalisiert? In H. Zeiher, P. Büchner, & J. Zinnecker (Hrsg.), *Kinder als Außenseiter? Umbrüche in der gesellschaftlichen Wahrnehmung von Kindern und Kindheit* (S.7-27). Weinheim u.a.: Juventa.

Zimmermann, P. (2006). Grundwissen Sozialisation. Einführung zur Sozialisation im Kindes- und Jugendalter. Wiesbaden: VS Verlag für Sozialwissenschaften.

If you have any concerns about our products,
you can contact us on
ProductSafety@springernature.com

In case Publisher is established outside the EU,
the EU authorized representative is:
Springer Nature Customer Service Center GmbH
Europaplatz 3, 69115 Heidelberg, Germany

Printed by Libri Plureos GmbH
in Hamburg, Germany